袁世凯的开场与收场

薛观澜 等◎著　蔡登山◎主编

当代中国出版社
Contemporary China Publishing House
2018年·北京

图书在版编目(CIP)数据

袁世凯的开场与收场/薛观澜等著;蔡登山主编
. --北京:当代中国出版社,2018.1
ISBN 978-7-5154-0829-3

Ⅰ. ①袁… Ⅱ. ①薛… ②蔡… Ⅲ. ①袁世凯(1859—1916)—传记 Ⅳ. ①K827=52

中国版本图书馆 CIP 数据核字(2017)第 278910 号

出 版 人 曹宏举
策划编辑 隋 聃
责任编辑 隋 聃
责任校对 康 莹
装帧设计 胡椒设计
出版发行 当代中国出版社
地 址 北京市地安门西大街旌勇里 8 号
网 址 http://www.ddzg.net 邮箱:ddzgcbs@sina.com
邮政编码 100009
编 辑 部 (010)66572264 66572154 66572132 66572180
市 场 部 (010)66572281 66572161 66572157 83221785
印 刷 北京润田金辉印刷有限公司
开 本 787 毫米×1092 毫米 1/16
印 张 21.25 印张 1 插页 281 千字
版 次 2018 年 1 月第 1 版
印 次 2018 年 1 月第 1 次印刷
定 价 65.00 元

目　录

001 【导读】一代枭雄袁世凯

001 袁世凯与北洋三杰
013 中山先生让总统·袁世凯不肯南来
030 袁世凯不敢南来就总统职忆述
036 孙、黄、袁三巨头会见记详
052 民国元年　中山先生与袁世凯会谈记
059 宋教仁被刺秘闻
071 宋教仁被刺与孙黄失和
080 时势造英雄——黎元洪外史
089 袁世凯、黎元洪结合之史实
105 袁世凯、段祺瑞之间的微妙关系
119 袁世凯、段祺瑞、曹汝霖
134 杨度误认袁世凯为“真命天子”
148 六十年前的“洪宪皇帝”
163 民初倒袁历史人物：是非功过说陈宧

180 追忆陈宧参加倒袁运动的一幕
190 蔡松坡与云南起义的真相
——云南起义、再造共和六十年纪念
198 云南起义的史实解剖
215 唐继尧轶事
222 讨袁之役中的李宗黄
——纪念云南起义再造共和五十一周年而作
234 身历其境的讨袁之役
246 陆荣廷参加护国讨袁的经过
255 我所知道的袁大公子
269 因刊《辛丙秘苑》且谈袁克定
277 袁克定治病记
297 袁克定做了我的芳邻
309 袁大少爷谈袁世凯与戊戌政变
319 北京吉祥茶园初晤袁寒云记
322 自命为“风月盟主”的袁寒云

【导读】一代枭雄袁世凯

蔡登山

说到袁世凯，称他是一代枭雄，应该是没有异议的。他一生充满传奇，在晚清末年声势煊赫，风云际会，扶摇直上，曾与张之洞同入军机。到溥仪继位后，醇亲王载沣为摄政王，载沣及隆裕后因戊戌政变旧怨都主张杀袁世凯，后以张之洞力请而罢，始命其以足疾之借口开缺回籍。袁世凯此次被黜，实乃其生平之最大挫折。到宣统三年，他东山再起，任内阁总理大臣，重揽大权。当时爱新觉罗之孤儿（溥仪）寡妇（隆裕），只有任其摆布了。到了民国成立，他一变为中华民国之大总统，再变为只有八十三天的“洪宪皇帝”！他就任民国总统后，内政外交，本有可为，但他不知民主政制为何物，又受其子袁克定之怂恿，因此有民国五年的称帝之荒谬举措，弄到后来护国讨袁，众叛亲离，及身而败，他也忧愤而死！

袁世凯（一八五九至一九一九年），字慰庭，号容庵主人，河南项城人。父亲袁保中官至候补同知。袁世凯自幼过继给叔父袁保庆为嗣子，袁保庆病故后，复随堂叔袁保恒至燕京念书。早年科举失意，乃弃文从军，投身淮军。一八八一年五月，袁世凯至山东登州，投靠袁保庆的结拜兄弟吴长庆（淮军名将），任“庆军”营务处会办。次年，随吴长庆率师渡海援朝鲜，以援韩之役有功，奉旨以同知用。及至一八八四年春，中法战起，海疆多故，吴军奉命调防金州，而以袁世凯任留后，吴长庆为之请于直隶总督李鸿章，而有“总理庆军营务处，会办朝鲜防务”之命。直至一八九四年中日甲午战争前始奉调回国。

甲午战败后，清廷认为淮军不足恃，欲改练新军。一八九五年十月袁世凯奉命于小站练兵，所用将校人员，一部分为淮军宿将，一部分是天津武备学堂毕业生。如王士珍、段祺瑞、冯国璋、陈光远、王占元、张怀芝、雷震春、田中玉、孟恩远、陆建章、曹锟、段芝贵等，当时都属副将，而徐世昌当时亦在幕中，赞襄营务，民国以来的“北洋军阀”，大抵孕育于此时。

一八九九年（光绪二十四年）光绪帝锐意变法，新党谭嗣同建议利用袁世凯，夺旧党直隶总督荣禄兵柄，袁世凯却告知荣禄，荣禄遂据以上呈，谓新党不利慈禧太后，太后大怒，引致戊戌政变，袁世凯以告密有功，升任山东巡抚。综观袁世凯在清朝时，其所以风云际会官运亨通者，始则由于吴长庆之提携，继则由于李鸿章之识拔，及翁同龢、李鸿藻之庇护，最后则得力于荣禄之汲引。

一九〇〇年庚子之乱，袁世凯加入东南自保。一九〇一年袁世凯于李鸿章死后接掌直隶总督。翌年，实授直隶总督兼北洋大臣，一时成为清廷唯一之机辅重臣。朝有大政，每由军机处询诸于他，以资取决。其声势之煊赫，事权之繁重，实驾各省督都之上，也因权势过重，又手握重兵，引起清廷皇族亲贵不安，一九〇八年（光绪三十四年）被迫以足疾开缺返回河南。

一九一一年（宣统三年）武昌起义后，获清廷重新起用，九月任内阁总理大臣，袁世凯组阁后，暗示前方将领段祺瑞等通电主张共和。一九一二年（民国元年）孙中山就任中华民国临时政府大总统，袁世凯颇感不悦。一月十五日孙中山与袁世凯协议，若清帝退位，即推其为临时大总统。因此，袁对清廷软硬兼施，造成溥仪下诏退位。二月十五日，南京参议院选袁为临时大总统，并促其南下就职。袁世凯却借故北京兵变，三月十日于北京继任临时大总统。

民国二年国会选举，宋教仁为实现政党政治，联合诸党同组国民党，选孙中山为理事长，由宋代理，准备以国会优势对抗袁世凯。三月二十日宋教仁遭暗杀；七月十二日，爆发二次革命，讨袁军兴，但不久孙中山与黄兴分别败走日本、南洋。二次革命后，袁世凯先利用军警胁迫国会，选举其为正式总统；当选后，又解散国会，废止民元《临时约法》，另订《中华民国约法》，规定总统总揽治灌，并改任期为十年，且得连任。总之，袁世凯不但是独裁元首，且是终身总统。民国三年第一次世界大战爆发，日军攻占青岛，夺取德国在华利益，更乘机提出"二十一条"要求，袁世凯为得到日本的外交支持，民国四年五月九日接受其中第一号至第四号。稍后杨度等人发起"筹安会"，鼓吹君主立宪，十二月十二日袁世凯正式接受，且改民国五年为"洪宪元年"，元旦行登基大典。袁世凯谋帝制自为，引起举国反弹，蔡锷乃于民国四年十二月二十五日在云南起兵反袁。袁世凯因军事失利，加以众叛亲离，先将登基之期押后，复于民国五年三月二十二日，下令撤销帝制，仍欲自居总统。但各省先后独立，袁世凯羞愤成疾，于六月六日尿毒并发逝世，享年五十八岁。

有关袁世凯的传记，坊间已出版不少。本书所搜集者乃有关袁世凯从小站练兵到后来当总统到称帝之间的种种过程，包括他与段祺瑞有其不可分之密切关系，至于袁段之间有无摩擦？有无裂痕？段氏如何事袁？袁又如何待段？其中种种隐秘，实非局外人所可得而知。其中薛观澜为晚清名臣薛福成之文孙，又为袁世凯之东床快婿，与段氏为姻娅，故对当年政海内幕，知之独详，凡所记述者，无一而非彼时所身亲目击之珍贵事实。

孙中山为履行其诺言，向临时参议院提出辞职，推荐袁世凯继任临时大总统，而以就职南京为条件，蔡元培、宋教仁等人甚至奉命北上迎袁，但袁世凯这个老狐狸仍然有其借口，而在北京就职。《中山先生让总统·袁世凯不肯南来》《袁世凯不敢南来就总统职忆述》两篇文章有详细的探讨。

一九一五年十二月二十五日蔡锷、唐继尧等人联名通电全国，宣布云南独立，举行护国运动，西南爆发反袁运动。名报人黄天石少时参与云南戎幕，历掌簿书，曾代表唐继尧报聘湘粤。值云南起义五十七周年纪念，特撰《云南起义的史实解剖》一文，公正平允，堪称传世之作。

另外林熙为香港著名掌故大家高伯雨，他从香港大学图书馆中找到美国萨培医生（Dr. William Sharpe）的自传，其中第八章有《为中国一个贵族动手术》（Operation on Chinese Royalty）一文，高伯雨因此译写了《袁克定治病记》。袁世凯怎样请到这个大夫，他怎样到洹上养寿园为“太子”袁克定脑部开刀治疗腿疾，可说是第一手资料。

袁世凯的次子袁克文（寒云），自幼聪慧异常，六岁学识字，七岁读经史，十岁习文章。“读书博闻强记，十五岁作赋填词，已经斐然可观。”其诗文在当时被誉为“高超清旷，古艳不群”。除此之外，他很早就表现出与众不同的艺术天赋，在一九〇六至一九〇八年间随父居津沽时，便从老一辈罗瘿公、吴保初、方地山等名士交游，与古器物、书画词翰结下不了缘。他为人风流旷达，被称为“民国四公子”之一，更被少数史家比作“近代曹子建”。《自命为“风月盟主”的袁寒云》一文有详尽的叙述。

本书搜集许多当事者的亲历亲闻之作，对于“拥袁”与“倒袁”的种种细节经过，多有不同已往的看法，此正可补正史之缺，为研究者提供不同的解读。

袁世凯与北洋三杰

薛观澜

张謇的公允之论

回忆昔年在上海写稿之时，写到袁项城（世凯）段合肥（祺瑞）二人之事迹，最易受到读者欢迎，此因民国开国时期之人物，大众属望至殷。袁氏逝世之后，张南通（謇）曾叹息而言曰："三十年更事之才，三千年未有之会，可以成华盛顿，而卒败于群小之手。"张氏此言，可谓公允之论。至于段合肥三造共和，三任阁揆，卒因醉心武力，实自取败亡之灾。按袁氏与革命党有深仇，故袁常为昔年革命党人攻击之目标，以往报籍所载，难信者居多，类皆深文罗织而言之。例如世人以为袁氏无中文根柢，又谓袁氏与张謇有师生之谊，皆离事实甚远。盖袁氏在吴武壮（长庆）幕府时，张謇与周家禄二人为袁氏改卷，事诚有之，未闻袁氏曾拜二人为师。张謇果为袁师，又焉能跻于以后"嵩山四友"之列！袁氏于光绪七年投入吴长庆幕，早已中了秀才，将赴乡试，故有倩张謇改卷之举。适于此时吴长庆奉命征韩，袁世凯被派为随营同知，与吴同赴高丽，以袁氏诗文底子，可中举人，但欲如徐世昌之考入翰苑则甚难矣。因袁书法似孙中山，不合清华之选也。

拟取韩王以自代

世人谈及袁世凯时，或误信冯国璋之言，冯曾云："公府仆役某失手，打碎古玩，恐得咎，诿称袁之帐中现一大虾蟆，而袁信之不疑。”据观澜所知，此实无稽谰言。惟有一事则系事实。袁氏在韩时，某日袁突走访张謇，放下帐子，向张耳语曰：“李王懦庸，不足扶持，筱帅（吴长庆）胆小，难图大事，吾拟取韩王以自代，请公主谋。”张氏聆罢是言，极力告诫，力主不能妄动，并面允不将此“密语”泄之第三者。此时袁氏在韩固兵权在握，其势力确已渗透韩国宫廷，然以一军中司马（同知尊称）而思染指他国帝王之位，可称骇人听闻之事。此因袁氏系中州河南人，魄力较大，帝王思想较为浓厚，若易吾辈太湖区域之江浙人，决无此种胆量矣。须知袁氏是十九世纪人物，对于古籍图谶之说，深信不疑，记得袁氏称帝之顷，曾有直隶省长朱家宝告密。谓江苏都督冯国璋曾以密电征询各省同意，实与西南陆荣廷暗通款曲，而欲假手护国军以倒袁也。袁氏掐指一算，自己五十八岁，不觉黯然伤神，凄然谓内史夏寿田曰：“完了，一切都完了！我昨晚观天象，见巨星陨落，此属生平第二次，首次即李文忠（鸿章）逝世，这次要轮到我了。”总之，袁于洪宪之事，不无深自克责，以速其死，非天下可悲可愤之事耶！

山东投靠吴长庆

袁公生于咸丰九年，祖树三；叔祖甲三，甲三由侍郎升云贵总督，因征捻匪有功，谥端敏；袁公父保中，母程氏；嗣父保庆字笃臣，曾任江宁盐法道；叔父保恒字小午，庚戌翰林，官至刑部左侍郎，毓庆宫经筵讲官，谥文诚。袁公嫡室于氏，勤俭达理，合家无谇诟之声。袁公本人行四，其三兄世廉与五弟世显皆任道员，世显曾知无锡县。（按：袁甲三袁保恒皆居官清廉，获朝廷旌表，建坊城南——项城）同治十二年袁之嗣父保庆殁于江宁盐法道任所，袁公年仅十三，以袭荫生。乃由先祖叔耘公引袁至两江督署，谒见曾文正公（国藩），当时吴武壮公（长庆）驻节清江浦。因吴长庆与袁之嗣父保庆曾义结金兰，保庆殁后，由吴经纪其丧事，且资送遗孤回籍。袁年十七已中秀才，名列前茅，翌年入泮（生员十分之一入府学，谓之入泮），睥睨一乡，惟袁重武轻文，好读兵法。当时国势陵替，青年皆喜“峨眉”“武当”之剑术，袁公家境非裕，当时仍能资助好友徐世昌入京应礼部试，其有用世之志，可想而知。至光绪七年，袁公年二十三岁时，为了自己前程，决心离乡图发展，乃率淮军旧部四十余人，径至山东登州投靠吴长庆。吴公好文学，幕中皆知名之士。袁既投奔而来，吴命袁公在庆军营中好好读书，但此非袁公之志也。

李鸿章遗折保荐

袁虽好勇，然在乡党有孝悌之称，吴长庆曾云：“慰亭（世凯字）敏捷而心细，本来五六天办好的事，他却于三日内能办妥。”翁文恭公（同龢）日记亦云：“袁慰亭来辞，谈兵事，吃点心而去，此人不滑，可任也。”日记又云：“光绪廿一年十月三日，我与恭王议定三事：（一）胡燏棻造芦汉铁路；（二）袁世凯练洋队；（三）荫昌办武备学堂。”（澜按：此时翁同龢任户部尚书。）此一议定，实为肇建中华民国之契机岂翁氏始料所及哉！翌年翁之日记又载：“直隶臬司袁慰亭来见，长谈兵事，此人究竟直爽可取，他说米价日贵，他在小站垫不起了。”后来，袁既骎骎大用，乃与盛宣怀合作，反对李合肥（鸿章）当时的联俄政策，袁盛二人，实皆为李之亲信。光绪廿七年李鸿章任直隶总督，薨于天津，遗折保袁氏继任，折内且谓“环顾宇内，人才无出袁世凯右者”。当时北洋宿将聂士成、马玉昆、董福祥等皆已溃不成军，仅袁氏一军尚保持完整，直督一席舍彼其谁?

勿以成败论英雄

袁氏在小站练兵之时，赔钱真的不少。直至任直隶总督之后，一身兼十八个大臣职务，而且连任六年，始积资二百余万元。此笔公款，袁于卸任时，亦扫数留给后任杨士骧，俾获办理建设事宜，杨氏因而顿成巨富焉。袁既显达，大受当时清室一班亲贵之猜忌，袁处此环境，若无自卫之术，势必早归淘汰！故其结纳奕劻，诚有难言之隐。至其反对革命党，亦为当时潮流所趋。平心而论，袁对戊戌政变所以要报告荣禄，对庚子义和团之役，所以要联省自保，乃至于辛亥逼清帝退位，癸丑又取缔革命，其所作所为，实皆属势所必至，智者岂能以成败论英雄而遂抹杀一切事实哉！近世人云亦云，对袁已无丝毫认识。作者以为袁之真正弱点，在处新时代而无新知识，智力有余而认识不足。当年既得汪兆铭（精卫）为助手，即应与孙中山开诚合作，孙袁若能合作，全国必能长久统一，孙袁不能合作，国人遂遭厄运到如今。夫袁足迹不出总统府，高高在上，既与民众隔阂，又与僚属脱节，故为群小所包围。突然变更国体，卒致自毙以谢国人，不亦大可哀乎！

击败过日韩联军

回忆袁昔年从朝鲜被调归国，并不得志，但何以袁竟获派往小站建立新军？据观澜所知，其原因如次：（一）袁乃淮军领袖袁甲三之侄孙，吴长庆之庆军即属淮军支系，淮军曾以屯田之法驻小站二十年之久。（二）李鸿章亦淮军领袖，自始即赏识袁氏，袁在小站练兵之前任胡燏棻，为泗州进士，甲午年胡氏佐李鸿章治糈台，胡在小站先练了“定武军”十营，亦系由于李鸿章所推荐。（三）袁之叔父保恒，尝为同治帝师，与李鸿藻、翁同龢共事，故翁李二人在枢廷亦力保袁氏。（四）袁著有《兵书》一部，阐述德国训练法，枢廷大臣读此著作后，咸以袁为知兵。（五）最重要者，是袁驻朝鲜时，曾有事实表现，光绪八年朝鲜发生政变，吴长庆诱执朝鲜大院君，送保定。光绪十年中法战起，日本驻韩公使竹添进一郎乘时在韩策动政变，率日韩联军进宫，矫诏杀大臣，宣布独立，是为甲申之乱。当时袁乃率所练韩兵两营及庆军两营进攻王宫，与所谓日韩联军血战竟日。

竹添进一郎自知不敌，逃往仁川，日本大失败，向中国表示无挑衅意，终清之世，中国军队能胜日本者，只此一仗。故袁为当时清廷主战派翁同龢、李鸿藻所垂青。当袁驱走日韩联军、得胜回营、过税关时，见一文员持手枪，把守闸口，袁即下马互通姓名，知为中山唐绍仪，袁问："持枪何为？"唐答："防日军。"袁大喜，引为同志。即此一问一答，注定唐为未来内阁总理。

小站练兵的开始

光绪十年，吴长庆由韩被调回国，直隶总督李鸿章派袁接统在韩庆军。翌年中日双方议定撤兵，袁以商务委员名义留韩，日人恨袁次骨。直至光绪廿年，中日战争，袁始由韩回国，即以浙江温处道派往小站练兵，足见当时清廷并不重视小站练兵之举，饷糈亦不充分，惟袁办事认真，立将"定武军"四千人扩充至七千，改名"新建陆军"，组成督练处，以徐世昌任参谋，唐绍仪、田文烈任文案（田文烈曾随袁氏到韩任军事文案，后任河南省长）。袁氏当时且规定高级将领之任用，必经考试选拔，表示用人惟贤，此实良法。冯国璋、段祺瑞等辈，皆藉此砥砺成器。惟袁以文人为幕僚长，急需军事人才，爰请天津"北洋武备学堂"总办荫昌保荐数人。荫昌字午楼，尝与德皇威廉第二同学，娶德妇，与袁为亲家，在北洋军阀中，除袁之外，资格无出其右者，高级将领什九是其门生。荫昌身材矮小，军装笔挺，蓄"威廉"须，眇一目，代以玻璃眼，人极温良，喜与予等讲笑话，稍有旗人举动轻佻之习，故入民国，始终沦为公府侍从武官长。

北洋四杰剩三杰

荫昌当时所保荐之四人，第一名是冯国璋，第二名段祺瑞，第三名梁华殿，第四名王士珍，皆为北洋武备学堂毕业生。袁氏召见四人时，见皆眉清目秀，英姿飒爽，冯居首名，又是秀才，军中秀才难得，袁自特别赏识。惟袁心中最喜段祺瑞，因段是安徽人，朴实无华，袁以为可靠，且段曾赴德国学习军事，袁更视为奇货，故袁立即委派商德全与段祺瑞两人为考官，命其甄拔中下级军官。无何，梁华殿在一次夜操中失足溺死，此子若不早殁，必能爬到国务总理之地位，殊可惜也！袁既急于建军，乃委冯国璋为步兵学堂总办，兼督练营务处坐办。段祺瑞为炮兵学堂总办，兼炮兵统带（等于团长）。王士珍为工程学堂总办，兼工兵统带。三人实皆速成人才，足见当时才难之一斑。袁对三人职位，始终保持平衡，细加分析，此时冯之地位较高，机会亦占优先，关于领兵之道，冯似胜过王段，惟冯过于圆滑与袁个性不合，故其优势遂渐消失，先为王士珍所追上，后为段祺瑞所压倒，冯氏为此老大不平。袁又加意提拔北洋军中之老兵，新建陆军中所谓“小站旧人”，有张怀芝、孟恩远、段芝贵、王怀庆、雷振春、陆建章、曹锟、田中玉、陈光远、卢永祥等。至于受袁节制者，有姜桂题、张勋、倪嗣冲各军。一日，兵部侍郎于式枚被派到小站视察。于氏谙相术，归语同僚曰：“小站官佐，吾相其面，非将即相，起码督抚，其中容有高于将相者（袁冯段曹皆为元首）是可异也！”清室亲贵闻此，乃大起恐慌，遂定制袁之策。

考协统暗通关节

不久，袁以道员升任直隶按察使，所率军队皆受直隶总督荣禄节制，是故戊戌政变，仓促之间，袁氏不能接纳维新派之意旨。夫袁早入强学会，内心赞成维新，然斥维新派之措施为幼稚。庚子年袁升山东巡抚，与直隶总督李鸿章、两江总督刘坤一、两湖总督张之洞等划界自保，义和团不能入鲁境一步。袁并命北洋巡防军统领副将张勋北上勤王，又将山东省旧军改编为新军二十营，派冯国璋主持山东全省操练事宜。当济南秋操，德皇所派青岛总督特来参观，既见兵操皆采德国式，大加赞赏，并誉冯国璋、段祺瑞、王士珍为三杰，此乃“北洋三杰”之称所由来也。光绪廿八年袁迁直隶总督，以北洋大臣兼练兵大臣，在保定设督练公所，委段祺瑞为参谋处总办，冯为教练处总办，永庆为兵备处总办，王士珍为步兵第一协统兼直隶全省操防营务处督理。从此以后，始有北洋军之名称。是亦为袁氏扩军时期，所以协统一职，为冯段王三杰所必争，但此时王士珍已捷足先登矣，王且兼任全省操防之要职。翌年又成立一协，此次考中协统者为冯国璋，段祺瑞大懊丧。不久又要成立一协，袁怕段祺瑞考不中，暗中私通关节，竟将试题示段。段大感激，一生常提此事。

王士珍淡于功名

兹将袁与北洋三杰之关系，并胪于次，以见端倪：

王士珍字聘卿，直隶正定人。曩者北洋宿将聂士成向朝阳镇总兵杨瑞卿（杨度之父）调用军事人才，杨荐守备王士珍，士珍辞谢，乃以聘卿顶替，实为假王士珍。聂送聘卿至北洋武备学堂，三年毕业，随聂驻芦台，那位真王士珍后在湘潭杨家当烧饭司务，噫嘻！命运之说，可不信乎。按北洋三杰之中，聘卿品学最优，得袁信任，虽学工程，每试辄冠其侪，用能脱颖而出，较冯段先任协统，先任统制。依其多才多学，无是无非，上峰信任之专，各方人缘之佳，王士珍应为袁之承继人。但王胆小，尤畏段祺瑞如虎，又好黄老之学，淡于功名利禄，故虽数任总理，勋业不逮冯段之彪炳。然王始终受人尊敬，袁段之间，冯段之间，胥赖其缓冲。伊任统率办事处坐办，权倾一切。在公府签押房，袁坐中央，右为坐办王士珍，左为榜眼夏寿田，发号施令，实假王夏二人之手。其时王士珍之权力，实超陆军总长段祺瑞之上。

冯国璋工于心计

冯国璋字华甫，直隶河间人。中秀才后，入北洋武备学堂步兵班，曾供职聂士成武卫军，再进武备学堂，从荫昌习战术，毕业时考得冠军。冯最热心名利，且好货，善于交际，笑语不休，故非袁所绝对信任。但冯是秀才，又学步兵，每届考试，常能压倒段祺瑞，故其职位常优于段。清末荫昌为陆军大臣时，冯任军咨使，地位崇高。按北洋三杰有王龙段虎冯狗之称，喻冯为狗，其实大谬不然。又按军中秀才难得，昔日曹锟重视吴佩孚，张作霖肯让冯德麟，即因吴冯俱属秀才出身。至于冯玉祥之参谋长邱斌曾以举人入陆军大学，北洋军中殆无第二份。辛亥冯国璋率第一军，攻下汉阳，晋封男爵，且表示与袁政见不同，力主大张挞伐。袁最不喜其部下“功高震主”，即从汉口调回冯国璋，命其接统禁卫军，以段祺瑞署理湖广总督，所以后此段祺瑞率将领四十七人逼清退位之电，冯亦不得预名。从此以后，段之势力压倒冯国璋，冯乃外放直隶都督。嗣又调任江苏都督。然冯机警非常，京中禁卫军死不放手，在外则为长江三督之领袖，有举足轻重之势。故入民国后，冯氏得以副总统代黎元洪而为大总统，从此与段明争暗斗，北洋军分为直皖两系，兵连祸结，是诚北京政府失败之征兆也。（澜按：北洋三杰有一共通之点，即皆矢忠于清室，冯国璋其尤显著者也，其事不关本文，恕不琐赘。当项城尚未称帝时，小站旧人早即恢复跪拜礼，段祺瑞独不愿，冯曾劝说：“芝泉别任性，皇帝与终身总统何别？跪礼与鞠躬何异？”二人至公府拜年，冯先跪，段依样，袁侧身不敢当。见袁克定时，亦行大礼，克定跛一足，行动不便，仅以右手一挥，段忿其架子十足，出谓冯曰：“我们还要做下一辈的狗么！”此后冯反帝制，有甚于段，冯之勾结陆荣廷，实乃帝制失败之症结。克定谈及此事，犹瞠瞠然曰：“我若不折其骄气，将来更难驾驭。”盖冯工于心计，步步高升是其唯一志愿也。）

段祺瑞刚愎自用

段祺瑞字芝泉，安徽合肥人。在北洋武备学堂学习炮兵，毕业后曾奉派到德研究军事，王士珍是工兵出身，吴佩孚是学测量出身，段皆轻视之。段之为人，恂恂儒雅，貌似学究，意志坚定，不善逢迎，居常拙于辞令，讷讷不能出诸口，惟其个性太强，流于刚愎自用。段在小站，得袁之袒护，未为王冯所掩。入民国后，段氏久任陆军总长，兼公府军事处长，三分之局一变而为大权独揽。段用徐树铮为助手，因锋芒毕露，竟使袁生猜疑之心，特设"陆海军大元帅统率办事处"，以王士珍为坐办，段大权被削，遂称病，以徐树铮代拆代行。袁克定素忌树铮，不啻芒背，乃怂恿其父另建立模范团，一切以小站为蓝本。段更不安于位，当时京中谣传袁段即将决裂，段故通电辟谣云："二十年前大总统在小站练兵，祺瑞以武备学生充下级武秩，与大总统素无关系，乃承采及虚声，立委炮队统带，升任统制，以大总统知瑞之深，信瑞之坚，遇瑞之厚，殆无可加，是以感恩知己，数十年如一日，分虽部下，情逾骨肉，祺瑞不得不略表心迹，以息讹言。"云云。

大姐夫最没良心

段氏所谓"分虽部下，情逾骨肉"，确系实情，并非虚语。盖段继室张氏夫人系袁义女，张氏夫人之父与袁家为表亲，曾随袁甲三征捻，殉难而死。故项城抚其孤女，视同己出，吾辈呼为大姐，大姐归段之后，袁以婿礼待段，且以争子视段，故段供职期间，挨骂最多。袁对王冯，较为客气。段继徐世昌为国务卿，请袁裁撤"大元帅统率办事处"，袁瞪眼曰："你能天天到部看公事么？"直至最后，项城对段仍能控制得住。段任参战督办时，观澜每星期到北京府学胡同与段对弈二三局，"段大姐"每次见面，必定手指老段对我夫妇说："最没有良心的是你大姐夫。宣统元年，爸爸（指项城）告老还乡，自知不会再起，他老人家知道我们穷，就将这所三十三万元新买的房子送给我们，还私底下给我三千块钱，怕我不够开销。”言时泪下两行。段畏夫人如虎，不敢分辩，只说“没有没有。”大姐则唠叨不休，我反不好意思。我说：“大姐夫所办爸爸饰终典礼，再隆重没有了，大姐夫是有良心的。”

周道如嫁冯国璋

段夫人说：“得啦！人都死了，这算什么！”（澜按：袁以府学胡同巨宅赠段，为其穷且懒，别无用意。）段怕上衙门，惟巨宅后院可与陆军部打通，袁常告诫小辈说：“你们太奢侈，段家大姊的卧室只以布幔隔开。”此亦实言，段任太上总理时，室中仍悬粗布白幔，此乃安徽人俭朴风尚，有足劭者。段受夫人影响极大，故袁逝后，段竭力主张尊袁，他说：“反对帝制是个人主张不同，反袁乃忘恩负义之小人。”又云：“袁总统在小站向我先通关节，使我考取协统，此与曾文正受知于倭文端事，完全相同。”（澜按：曾公晋京升见，其师倭仁仅赠一语：“你在某殿待召时，要把一切联语记熟。”文宗果提楹联，曾公大称旨，文宗赞他遇事留心。）执笔至此，想起民国二年，冯国璋请师景云夫人作伐，聘袁之家庭女教师周道如为继室，周年四旬，提出亲迎条件。袁派三姨太（寒云生母）送亲南下，三姨太到南京，冯待以大总统礼，鸣炮廿一响，省长韩国钧代大总统为证婚人，此亦冯段暗争之一幕也。民十九袁云台（克定）抵吾乡无锡小住对任何人绝口不谈政治。我当时曾对云台大兄说：“你骂徐东海是活曹操，此话不合逻辑，东海始终无负于你家。”云台莞尔而笑曰：“‘老滑头’耳。”我说：“这是旗人使得他们一辈不得不滑头。”我又对云台大兄说，“你们昆仲都恨老段，这也是不对的，段坐人力车过南海，你们几个小兄弟掷以雪球，还当面骂他歪鼻子，真是叫人难堪，其实与你家作对的，只有冯华甫。”云台说：“也不尽然，要怪自家不好。”噫！悔之晚矣。

三杰四友的总结

上述袁与北洋三杰之关系，可见袁对王士珍印象最好，始终未加猜疑。袁对段祺瑞最亲，却生权利冲突。袁对冯国璋比较客气，感情愈来愈差。袁恐冯段功高震主，渐有敬而远之之心。冯段亦因此渐起离心作用。按三杰之外，袁尚有好友四人，即徐世昌、黎元洪、张謇、唐绍仪是也。袁与徐世昌感情始终融洽；袁与黎元洪关系亦甚密切，直至最后变更国体，二人始起利害冲突；袁与张謇尚能维持友谊，张亦悲悯袁氏之遭遇；惟有袁与唐绍仪之间，凶终隙末，唐绍义致函于袁，径书“慰亭足下”，似乎稍欠涵养。又在袁氏“统率办事处”，有两人最红，文有夏寿田，武有唐在礼。夏为湖南才子，袁喜其敏捷。唐为统率办事处事务厅长，上海人，袁喜其拘谨。回述袁在小站积极建军，已招旗人之猜忌，故袁至山东，即保道员荫昌“佐赞军务”，取其人之易与也。旋升直督，袁挑八旗子弟三千人参加训练，奏保道员铁良为京旗练兵翼翼长，参预训练新建陆军事宜。按在旗人中，铁良与良弼反袁最烈，迄光绪卅年，袁受排挤，几难自保，于是奏请成立“京畿督练新军处”，以庆亲王奕劻为督办，袁世凯、铁良为会办，总提调派徐世昌，下设三司，派段祺瑞为军令司正使，冯国璋为军学司正使，王士珍为军政司正使兼第二镇统制。又命段祺瑞负责恢复北洋武备学堂。此一优缺何以不派冯而派段，耐人寻味。然王士珍先得统制，显又夺得锦标矣。

交还兵权返故乡

至光绪卅二年，袁已成立六镇，以王英楷、王士珍、段祺瑞、吴良纯、张怀芝、冯国璋为统制，番号屡更，而第三钢永为袁之基本队伍，辄归段祺瑞统率。第三镇即以后吴佩孚第三师之前身，吴佩孚率雄兵，鹰扬虎视，乃得以扫荡中原，歼灭皖奉。由是可知段以第三镇统制让曹锟后，而又无法驾驭，实为莫大失策，若以第三镇早畀徐树铮，则自民五以后历史必须重写。

在光绪卅二年秋操后，陆军部尚书铁良即与直隶总督袁世凯摊牌，袁不得已，奏请交还“一、三、五、六”四镇兵权，改归陆军部尚书直辖，“二、四”两镇尚须继续训练，仍归直督调遣。清廷许可，立委凤山为督练处会办，接统北洋四镇。惟清廷仍不放心，翌年内调袁世凯为军机大臣，实欲取消其兵权。袁乃欣然入京，遂见重用。不久，光绪帝崩，袁称足疾诣津。当时摄政王意欲问罪，犹豫不决，首询奕劻，奕劻以为应问各镇统制。次问张之洞，张磕响头，并云：“国有大故，不宜罪及旧臣。”摄政王遣使问统制，四镇吴凤岐六镇赵国贤等皆请解职，以免兵士有变。时则张勋部队已驻近郊。袁之僚属亦多位居要津，故摄政王对袁，无可奈何，只得降旨“回籍养疴”。英国驻华公使朱尔典保袁安全，袁始回京谢恩，遄返彰德，惟精锐之师，仍在袁手，故有辛亥封侯拜相之事，清社遂屋。

中山先生让总统·袁世凯不肯南来

草湖钓叟

一九一二年（民国元年）清帝退位，改朝换代，中华民国正式推翻了清王朝。当时南京临时政府参议院接受孙大总统（中山先生）辞职，并以十七票一致通过，选举袁世凯为临时大总统。中山先生功成身退，推位让国；而另一问题是袁世凯愿不愿离开北京，到南京就职了。

袁提大堆理由不能南来

袁世凯是个纯粹讲实力政治的人，他不懂革命，也讨厌革命，只知有枪杆子。南京虽已选他为大总统，但他自始即不愿离开他的老巢——“北方”，更不愿离开他的资本——“军队”。所以他的私心，根本就未考虑过到南京来就任大总统。因为他认为叫他南下是调虎离山，所以他在是年二月十五日给南京方面的电报，就明白地表露他不肯南来。原电如下：

南京孙大总统、黎副总统、各部总长、参议院、各省都督、各军队长鉴：清帝退位，自应速谋统一，以定危局，此时间不容发，实为惟一要图，民国存亡，胥关于是。顷接孙大总统电开：已提出辞表，提荐鄙人，嘱速南来各等因。世凯德薄能鲜，何敢肩此重任？南行之愿，真（十一日）电业已声明。然暂时羁绊在此，实为北方危机隐伏……军民尚多纷歧，隐患实繁。皇族受外人愚弄，根株潜长。北京外交团向以世凯离此为虑，屡经言及。东北时有动摇；外蒙各盟迭来警告；内讧外患遽引互牵！……然长此不能统一，外人无可承认！……反复思维，与其孙大总统辞职，不如世凯退居。……今日之计，惟有南京政府将北方各省及军队妥筹接收以后，世凯立即归田里……决不欲以大总统问题酿成南北分歧之局……已请唐君绍仪代达此意。……袁世凯咸（十五日）。

袁世凯有大堆的理由不能南来：其一是各国驻华外交团的意见，其二是北方的军队有问题，其三是满蒙两地的不稳。所以他在咸电中竟使用摊牌式的口吻，如："与其孙大总统辞职，不如世凯退居。"又如："由南京政府将北方各省及各军队妥筹接收以后，世凯即退归田里。"云云。这种语气，不仅是要挟，简直是挑战！

蔡元培率团欢迎袁南下

袁世凯最大的凭借就是全国人民都不愿再有战争和流血，人心厌乱，认为清帝已经退位，凡事可以用和平手段达成，因此当时袁的予智自雄面孔并没有引起大的反对，只是中山先生认为无论如何要坚持袁氏南来。所以南京临时政府乃于是年二月十八日派出教育总长蔡元培为欢迎专使，参议院副议长王正廷、外交部次长魏宸组、海军顾问刘冠雄、前议和参赞汪兆铭、参谋次长钮永建、法制处长宋教仁、陆军部军需处曾昭文、步卅一团长黄恺元等为欢迎员，偕同袁所派来的代表唐绍仪前往北京迎袁氏南下，并将欢迎人员名单电告袁氏。

迎袁专使蔡元培等一行，于二月廿一日由上海启程，廿六日抵天津，廿七日抵北京晋谒袁世凯，面呈孙大总统手书，劝袁南下就职。中山先生手书之内容如下：

慰庭先生鉴：文服务竭蹶，艰大之任，旦夕望公。以文个人之初愿，本欲藉交代国务，薄游河朔。嗣以国民同意，挽公南来，文遂亦以为公之此行，易新国之视听，副舆人之想望，所关颇巨。于是已申命所司缮馆舍，谨陈章绶，静待轩车。现在海内统一，南北皆有重要将帅，为国民之心膂，维持秩序之任，均有所委付，不必我辈簿书公仆，躬亲督率。今所急要者，惟以新民国暂时中央机关之所在，系乎中外之具瞻，勿令天下怀庙宫未改之嫌，而使官僚有城社尚存之感。则燕京（指北京）暂置为闲邑，宁府（指南京）首建为新都，非特公之与文，必表同意于国民，即凡南北主张共和及疾首于旧日腐败官僚政治之群公，亦必人同此心！嗟乎！我辈之国民，为世界贱视久矣！能就民国之发达，登我民于世界人道之林，此外岂尚有所恤乎？……公其毋以道途为苦，以为强勉服务者倡。公旅南莅，文当依末光，左右起居，俾公安愉。俟公受事而文退。翘盼不尽！

留守北京人选一时难决

袁世凯用最隆重的礼节，打开北京正阳门来欢迎蔡元培等。他对这些客人不再谈到拒绝南来就职，反而用非常诚恳的态度，商谈南行的路线问题。他打算由京汉铁路南下，先到武昌和黎元洪副总统见一面，然后换乘轮船到南京就职。他的这种态度，使来迎的专使们松了一口气，认为袁氏基本态度已有改变；同时南京方面竟认为袁氏的软化是怕南京方面翻脸，采取新行动——或挽留中山先生留任，或另行改选一位新总统。

其实袁氏葫芦里究竟卖什么药，谁也不知道。他不动声色地作自己的安排。他在蔡元培等抵达北京的当天，即予接见，倾谈欢洽，并招待晚宴。第二天又召集谈话会，在会上又把自己南行的路线提出来让与会人士研究。至于袁本人离北京后，北京留守决定何人，亦要蔡元培和北方人士共商。蔡氏立即分别和北方的各统制及民政首长会晤，征求大家意见，以何人为最理想。大家都很谦让，使留守的人选未能决定。

曹锟统制的第三镇兵变

蔡氏等抵达北京后，北方的一般舆论却对袁世凯南行就职不予同意，甚至有认为袁的南行是自投罗网！这些话，使蔡等感到一种无形的压力。袁世凯个人的态度虽然乐观，但其他方面则和南方的意见完全相反。

殊不料二月廿九日晚上的北京城，突然枪声四起，只见许多身穿灰色军服的兵，到处抢劫，首先受难的是正阳门一带。这时南方迎袁专使们正酬应完毕，回到迎宾馆，忽然人声鼎沸，枪弹横飞，血红的火光浮在窗面，人们奔走相告，说是兵变了！为什么会兵变呢？大家异口同声说是由于北方驻军反对“袁宫保”南下，反对专使们抢走他们的衣食父母，所以怀恨作乱。专使们听到这个消息，不由不信！乃仓皇检拾细软，匆匆奔到六国饭店去避难。

兵变的部队是第三镇，第三镇是北洋军的主力，段祺瑞便曾两任该镇的统制，后来则由曹锟接掌。曹锟据说是袁身边的“赵子龙”，攻打娘子关叫他去，攻打涿州也叫他去！他每次谒见“袁宫保”时，都是笔挺挺地站立着，叫他坐他从不敢坐；袁对他讲话，他除了“是……是……”之外，不敢多说一个字！袁氏平素对段祺瑞、冯国璋都礼貌有加，独对曹锟则不假辞色。按照当时官场习惯，若长官对属员很客气，就是不把他当作亲信人；相反，如果长官对部下越不客气，骂得越厉害，则这人一定是“圣眷甚隆”！所以当时有人便以挨骂的多寡，作为自己升官快慢的温度表，每挨一次骂，便欣欣然有喜色，且奔走告人说：“我今天又挨骂了！”旁边人也为其高兴，且祝贺说：“恭喜阁下不日就要腾达了。”依照这个习惯来看，曹锟当时已是北洋三杰以外最重要的一个人。

舆论认定兵变由袁主使

第三镇兵变时，统制曹锟亦在北京；兵变原因虽然很多，但主要的一点是：不愿袁世凯南下。所以当时或是事后的舆论都把这次兵变的主使人推在袁的身上。究竟是不是袁，一直是史家争论的重点。笔者认为袁对兵变绝对有责任，或者故意纵容纵放；但决不会直接主使。道理很简单：袁氏当时已被南京参议院尊为中国华盛顿，他能获选为中国临时大总统，最主要的原因就是他代表"安定力量"，不只国内人心如此，即国际间亦如此。袁氏一代枭雄，怎会不了解这一点。至于袁反对建都南京，当时反对最激烈的是同盟会中的巨头宋教仁、章炳麟；而武昌的黎元洪也主张建都北京。加上参议院投票决定国都地点时，亦可看出有不少人反对南京。因此袁尽可使用其他方法达成其不南行的愿望，用不着策动兵变。袁是搞军队起家的人，当然明白兵变这玩意不能随便玩，玩兵变等于玩火，星星之火可以燎原，能放不一定就能收。

还有最重要一点，兵变一发生，很容易招致国际干涉，尤其是日本正处心积虑，主张将中国分而食之。袁氏不致因不愿南行，而冒险制造外人干涉瓜分中国的借口。

不过袁也当然愿意军队表示一点行动，适可而止，使自己不能离开北京的借口有事实证明。

兵变的直接起因及背景

至于北洋军在此时闹兵变，也是有其背景的：

冯国璋在统率北洋军攻克汉口、汉阳时，汉阳曾遭北军洗劫。当时有一位记者曾问北洋军士说："大家都说你们抢掠，有没有这回事？"兵士说："有的，我们不抢就没得吃了。革命军到处受人欢迎，家家奉献食物；而我辈到来，老百姓坚壁清野，甚至用钱买东西都买不到，我们不抢怎么办？”

由这一段对话可以看出当时北洋军的处境。北洋军在汉阳的暴行，当时曾受中外舆论严厉的指责，加上清帝退位以前，与革命军作战的，几乎全是北洋军。清帝退位，革命成功，南方公私团体不时以文电揭发北洋军抵抗民军的罪状。袁世凯当选大总统后，竟有解散北洋军的谣传，于是，势倾一时的北洋军，内心既失望、又疑惧，其实在和议以前，北方秘使廖少游和黄兴代表曾签有一个草约，其中特别注明：

“南北汉军出力将士各享其应得之优待，并不负战时害敌之责任。”

这本可以算为保证，可是这是个秘密条款，未被公开；而公开流行的，多是不利于北洋军的谣言。因此兵变时，乱兵一边抢掠、一边嚷着说：“不成了，不成了，国家用不着我们了，我们乘早搞点盘缠回家吧！”

第三镇士兵哗变的直接起因是裁饷，原来当时陆军部所定的营制饷章，凡出征出防将士，照例自起程之日起加给津贴，以慰劳士卒，优待征夫，事平后仍回原防，回防后即无津贴。辛亥起义之际，北洋军第二、第四镇奉令开赴前线，按照饷章，每兵每月加发一两银津贴。第三镇由东北长春开赴北京拱卫，亦照出征惯例加发津贴。和议达成，二、四两镇回防，于是照章裁饷。第三镇仍在北京并未回原驻防区的长春，所以不在裁饷之列。不知怎的，传说第三镇也要裁饷，兵士遂以讹传讹，想闹事了。

蔡电南京速建统一政府

二月廿九日晚八时，第三镇士兵在北京朝阳门东狱庙哗变。先在朝阳门外劫掠果摊食铺，然后分头抢掠，凡金银首饰店、饭馆及洋杂货铺，全遭洗劫，并焚东安市场、东四牌门等处，受灾区域之惨，尤胜于庚子八国联军。兵变前后绵延三日，兵变的第二天，三月一日下午四时，袁世凯在迎宾馆（袁当选总统后改为总统府）召集北京高级军政首长会议，决定立即采取行动，制止乱事蔓延。除照章补发未变各军应领之欠饷外，并派统制曹锟等分赴各部队驻扎地剀切开导，同时严令缉捕再图逞乱兵士。另姜桂题亲率卫队四出弹压，遇见乱兵任意抢劫者，立即格杀勿论。

二月廿九日北京兵变之晚，迎袁专使团被困，南京迎袁专使下榻之招待所内亦受骚扰，乱兵持枪毁门而入，招待所内卫兵措手不及，无法阻挡，南来诸人只得分路避去，蔡元培、汪兆铭、范绩熙入僻室，闭门熄灯静坐以待。乱兵在所内遍处掳掠，志不在人，饱掠而去。蔡元培等见乱势继续扩大，乃潜赴美国友人格林家小住。格林殷勤招待，借住一宿，第二天即由美领馆派人将蔡元培等护送至六国饭店。中午时间，王正廷、王景春、钮永建、黄恺元、魏宸组、宋教仁、刘冠雄等均陆续赶到，大家交换消息，才知招待所已遭洗劫一空，南来诸人的文件衣物已荡然无存。

三月二日蔡元培等致电南京临时政府及临时参议院，认为："速建统一政府，为今日最重要问题，余可迁就，以定大局。"迎袁专使态度的改变，并不是受兵变的威胁，而是感到北方局势的严重；北方有北方的许多问题，南方的人是无法了解的。

兵变期中各种花边新闻

兵变后的北京，约有一个星期都是凄凉满目。白天的街市亦似死城一样，店铺住家关门闭户，路上只有巡逻的兵士和站岗的警察以及弃置的死尸。此外则是外国兵士驰马往来，间中有外国记者沿路拍照。首善之区变为瓦砾之场，穷民嗷嗷待哺，有钱人则虽以加倍的金钱也买不到食物。警厅颁令午后六时即禁止行人，入夜路灯不明，繁华的北京城成了黑暗世界。内城被劫者四千余家，外城被劫者六百余家。

在这场大动乱中，曾出现很多花边新闻，特摘录于后：

一、朝阳门内竹杆巷王君，是在度支部当司员（等于现在财政部的科员），廿九日晚间有乱兵十余人叩门而入，王君延之上座，款以酒，其中一兵士操山东口音说："俺们这回子捣乱实在是给逼出来的，你老要是有余钱，借给俺们作些盘缠。俺在山东曹州府居住，过些日子你老到俺那小地界去，俺一定加倍地奉还。这回可实在对不起得紧。"

言讫张嘴大笑。王某即坦白地答说：

"我本是一个穷京官，所以身无余蓄，恰巧昨日领到薪水，原封未动。诸位既然赏面枉驾，特奉上薪水袋，请勿见笑。"

遂以银圆数十枚及旧衣四套相赠，乱兵称谢而去。午夜又折返，把一个大包袱付与王君的雇人，并且说："一些小意思，留着你们用吧！"王君打开包袱一看，乃是袜子数十双。

二、四条胡同义丰钱铺关闭甚严，乱兵来扰，攻门不得破，于是，肩接攀爬登墙。钱铺主人知不能免，乃开门揖入。乱兵蜂涌进门，四处搜掠，掳获银圆无数，并找一人力车来拖载，车夫亦乘机取若干置于怀中。乱兵欲壑已填，才相继走出，其中有一人好似队长，还向铺主告辞。主人躬送之出，队长向主人打一拱说："借光借光！"铺主人亦答礼说："劳驾劳驾！"

三、三里河一家洋广货铺，在兵变前一天，有第三镇兵数人前往购货，货款值十余银圆，可是兵士们所带的钱不及一半，甚为难堪。店主人很大方地说："老总们拿去吧！这回全国到处作乱，独北京无恙，都是各位老总的力量保护我们，这一点钱太少了，您们何必计较。"士兵们称谢取货而去。

第二天兵变，有街无赖领着兵士过三里河欲抢掠这家店铺，突有兵士三五冲了出来，大声地说："这家店铺对我们当兵的最好，谁敢侵犯他们，我们将以死力保护。"结果这家洋广货铺终告无恙。

兵变由北京扩及天津，保定、丰台、天津的洗劫较北京尤烈。保定乱后几乎没有了居民。丰台本为小地方，不过是交通要道，因此过往行人受害最惨。

四、天津于三月二日清晨即不稳，直隶总督署的卫队和北段巡警以及张怀芝所带的巡防营酝酿兵变。下午三四点钟在通衢街市即见灰色衣袴、头扎黑巾的营兵，三五成群地和巡警聚语。晚上八点，北京火车开到，车上跳下乱兵四五十人，一下车即乱放一阵排枪，新火车站于是起火。接着，大胡同、老洋钱厂、造币厂等同时着火，枪声四应，各繁盛街市富商大贾和新旧洋钱厂均遭焚掠，先是兵，后是匪，还杂以少数巡警，沿街挨户抢掠。北京乱兵陆续到天津，前后共达二千余人，并劫夺开往东三省的火车。二日午夜维持秩序的巡警捕获乱兵和匪徒四百余名，三日晨在天津东马路处斩，三日午后再提出十二名抢匪在北门处斩，天津华界人心才告安定。

乱起的时候，天津市的电车尚开行，可是在北马路官银号前，突有乱兵向电车轰击，于是所有电车均告停驶，而人力车夫亦有弃车参加行劫者。因此，天津华界居民欲逃入租界避难，都雇不到人力车，只好扶老携幼，肩背手提，甚为狼狈。据事后统计，天津因属商业城市，所以商民的损失比起北京来，实在巨大得多。

五、保定在三月一日即有变象。保定是个驻军区域，驻军垂涎保定之富，早有蠢动之意，因此一触即发。开始是驻军和一个剪短发的人口角，然后驻军出动搜捕短发人，驻东关的第二镇兵士乘机肇乱，以煤油将城门烧毁，到处抢掠烧杀。风大火大，西街被祸最惨，由西门至二道口一带都成灰烬，满城枪声如爆竹，哭声彻天，连各医院所存衣物亦遭洗劫。自三月一日至五日，连续遭难，疮痍满目，瓦砾如山，且蔓延至附近十数县。

保定东关子火药库储存快枪七万余杆，子弹不计其数，均被抢去。乱兵又抢劫藩库存款五万余，并烧毁各司道厅。

六、丰台遭难是在三月一日午夜，由于第三镇溃兵由北京乘火车至丰台，在丰台亦有第三镇驻兵二千余人。于一日晚十一时起事，丰台镇居民铺户及洋商新泰兴和洋行等均被抢掠一空。第二天有火车开抵，车上行李货物及旅客随身所携各物也遭洗劫。

袁调兵镇压并宣布戒严

袁世凯处理兵变的紧急措施是宣布戒严并缉捕乱兵。由于第三镇第九标的士兵已溃散，乃调第十标兵入北京，保卫总统府，调第六镇的两营兵来北京，分驻禄米仓、羊仪宾胡同、总布胡同等处。另将驻小站的巡防营调北京以资弹压。同时把第三镇的兵一部分调至琉璃河和良乡，一部分开拔到山西，责成统制曹锟认真约束。另调驻彰德的武卫后军王有祥，武卫中军王汝贤，武卫右军刘金标率部入北京。

这时徐州的驻军拟由陆路北上，烟台的驻军欲由海路北上，驻汤河的第廿镇兵也打算拔队进北京，有人还建议调蓝天蔚带兵进北京，可是统筹京师治安的最高首长民政首领赵秉钧（赵原任民政大臣，这时袁尚未就任民国大总统，因此所有北京各部首长都暂称首领）认为京师万万不可再增加军队；赵氏并表示愿独负保护京师地方之责。于是，调蓝天蔚之议始寝。袁世凯并派陆军参谋王培宽驰赴汤河，阻止廿镇兵进京之行动；并令第一镇马步兵六营驻军南苑、北苑以资镇慑。

禁卫军得力，清室未受扰

在大变乱中，清廷的皇城全部由禁卫军负责保卫，防守颐和园、地安门、东华门、西华门各处，由于防卫得力，使甫告退位的清廷皇室未受到骚扰，连王公奕劻、载沣、载泽、载恂、载涛的府第亦未受惊。禁卫军由于在这次变乱中恪尽职守，于是上书袁世凯，愿入京护卫总统，请袁把所有在北京的军队调出，改由禁卫军接替。禁卫军虽然由冯国璋统率，可是这支军队原本是由宣统帝的父亲载沣所建立的，其任务在于保护清廷皇室，如今皇帝退位不久，北京竟出了这么大的乱子，作乱的军队又是袁氏的嫡系部队，奉职最勤的却是清廷的禁卫军，这对袁来说，实在是一个大讽刺。所以禁卫军的这个请求，袁是不会接受的，只是象征性地调派一队来京。禁卫军因之很不满意，再上书给禁卫军军统冯国璋，请调全部禁卫军入城捍卫，并谓如有差失，愿扣全军饷银。冯得书深怕该军擅自行动，乃亲赴该军驻地西苑嘉勉和抚慰一番，并加阻止。

三月二日袁氏面谕段芝贵转知各军队，凡未附和兵变剽掠者，不论官弁兵丁，每名各赏银廿两，其后又加发禁卫军饷银一月。巡警因维持地方有功，亦赏饷半月。冯国璋则奖赏禁卫军兵士每名一只银戒指，上刻名誉二字。珠宝市大栅栏的富商，因为在这次变乱中未受祸害，乃备银二千两及酒肉等物送至军营，以表谢意。

民间团体以红十字会为首，集议商讨救济事项，救死扶伤，不遗余力。

各国公使会议讨论应变

北京兵变时，东交民巷的使馆区立即戒严，各国士兵荷枪实弹布防。三月二日驻北京各国公使齐集英国使馆，开会商讨应变步骤，有谓“中国现况和庚子年相同，已没有能力维持秩序，各国必须自行设法”云云。

经过这次会议，便产生了几项行动：

一、日本急调在烟台的军舰前来大沽，俾沟通北京、天津、大沽及国外的电讯联络。各国关于军事上的消息，皆用意大利使馆的电台传到黄邨，由黄邨转大沽。

二、各国紧急抽调军队来北京，每一国以二百名为限。

三、组织国际兵团，由各使馆抽调武装人员七百名，于三月六日上午十时在英领馆集合，巡察北京街市，以维持京城局势。三月三日这天，洋兵曾从长安街出崇文门绕外城一匝，自正阳门返回东交民巷。

迨天津与保定兵变，于是各国又纷纷派兵前往天津和保定，因之北京、天津、保定三地，外国兵车往来不绝于途。三月三日美兵到北京一百五十名；五日日本兵四百名到京；英国则由北京派出武官四名领兵八百名前往天津，并押解子弹七十余箱暨其他军用物品来北京；德国则由青岛调兵百余名至北京；其他各国亦日日有兵运来。保定、正定均有洋兵沿路巡逻，天津所驻洋兵甚多，尤以日本兵最伙，军粮城、北塘沽、山海关、开平、唐山均有外国重兵驻扎。

袁分函各公使保证安全

各国使馆对于各国侨民的生命财产最为关心，变起时便致书袁世凯，请求保护洋商生命财产。北京崇文门内北至总布胡同口，以日本商业为多，三月二日起，凡日本商店均有日兵二名，荷枪守护。英使馆则派专员乘车至天津各处访问侨民。德使则派兵廿名前往井陉保护煤矿。外交团在给袁氏的公文中，并质问袁是否继续清廷所缔结的各项条约。袁氏乃分函答复各国公使，其内容为：

> 一、力阻各国分别调遣军队来京；二、强调京师现已平静，此后决无意外之虞，以及自己如何尽力维持现状；三、力陈此次兵变决不影响国际关系，所有满清过去所缔条约均将承认与信守。

三月四日袁氏特派颜惠庆、富士英、曹汝霖等前往东交民巷，分赴各国使馆慰问，并致谢各国军队协助弹压。同时并有照会给各国使馆，对此次兵变表示遗憾，并申明今后决不会再有意外，若万一有变，损失外人财产，均负责赔偿一切损失。此外并派赵秉钧、姜桂题、乌珍、曹锟、王占元等剀切晓谕部下，对于洋兵入北京不可敌视，应互相友爱。更电民政部出示晓谕商民，勿相惊扰。

袁氏告各军书情文并茂

袁世凯于四月六日发表告各军书，情文并茂，特录之于下：

本大总统自小站创练陆军以来，先后统兵近廿年，凡所以遇待我军人者，无不以诚悃相孚，恩义相结。有功必赏，有劳必录。有过必教，有罪必惩，秉大公之心，行至信之法。如家人肉骨之相爱，如师长子弟之相规。其在本部下由士卒擢升统将者，颇不乏人；而各将士等相从多年，亦皆听我指挥，遵我约束。且不独我陆军为然，即我巡防各军亦莫不同隶范围，共遵号令。是以同胞之中咸重气谊，薄海之内蔚起声名。至于武卫左军，创始于宋忠勤，饱经战阵，懋著勤劳，迄今五十余年，人皆推为劲旅，此皆无俟本大总统之赘言，亦我各军同人所自喻，而并堪共喻者也。近数年来，本大总统养疴家园，无志问世；四方多难，迫我出山。督师于饷械两绌之秋，受任于国事阽危之日。焦思劳虑，心竭力逋。察大势之所趋，顺舆情之所向，始终希望惟以国利民福为依归。幸得共和确定，众志翕然，南北东西各省，满蒙回藏各族，文电交驰，佥以大总统之任相属，孙大总统复荐以自代，参议院正式选举，全院一致均以大总统相推，南来欢迎各使，亦并无坚持南行之意，统一政府行将成立，自维德薄，曷足堪此！第念艰巨投遗，勉担义务，值此民国初建，缔构方新，如我军界同人齐力一心，竭诚赞佐，从此太平可致，郅治可臻，非但鄙人受其光荣，实我国民蒙其乐利，前途幸福，自必与我军人共之。倘其乐祸幸灾，意存破坏，不识大体，徒怀自私自利之心，误听浮言，甘为病国害民之举，则是作全国之公敌，为人群之败类，非但负本大总统十数年教育之苦心，抑且辜负举国四万万同胞之厚望，中外交诟，天下不齿，于尔军人又何利焉？万一因暴动而召致外衅，大局瓦裂，土宇瓜分，目前则战血横飞，有化为沙虫之惨，顾后则神明胄裔，有作人牛马之悲，尔军人纵不为一身计，独不为子孙计耶？总之军人者亦国民之一分子也，入伍则为兵，离伍则为民，兵与民本属一体，民出饷以养兵，兵食饷以维民，兵与民更同休戚，故爱民保民乃军人惟一天职。至于服从命令，遵守纪律，则凡为军人者之第一要义，古今中外莫不同之，能不失军人之资格，方能不失军人之荣誉，本大总统用是谆切相告，泣涕陈言，愿我军人共体斯意，共明斯理，此劝彼勉，念兹在兹，勖哉三思，怀之毋忽！

北京舆论对袁毫不留情

民国缔建时的舆论，很有许多敢说敢讲的文章，北京兵变后许多报纸的评论都很激烈，对袁世凯的批评也毫不留情。现在特抄数段以一睹当年舆论的风范：

一、时事杂感——吾阅袁总统布告各军，谓本总统自小站练兵，先后近廿年，待军诚悃相孚，恩义相结等语，吾不禁代总统忧，以总统待彼如是之厚，无端而有此变，待军不及总统者将何如？或曰是之谓养兵千日用兵一时。变兵为总统亲信之兵，惟不识当其大焚大抢之时，其心目中尚有总统在否？总统布告北京市民，有欲竭区区之愚为同胞谋幸福之语，吾思之，吾总统若仅区区之愚诚有不足，无怪乎而猝遭兵变也，尚望吾总统扩而大之。总统布告各军文有云：有功必赏，有劳必录，有过必教，有罪必惩。吾阅斯言，乃大疑惑，此次已变之兵为有功乎？有劳乎？有过乎？有罪乎？赏之耶？录之耶？教之耶？惩之耶？总统能无负此言否？

二、谁为祸首？——共和成立，总统举定，专使到京，正在一团高兴之时，忽然保卫大总统之第三镇兵变起萧墙，祸生咫尺，土匪忽乘间窃发，京城内外落花流水，噫嘻吁奇乎怪哉！人人所不及料也。岂止人人不及料，即袁大总统及军官等亦未及料。然人人之不及料，理也！袁大总统及军官等之不及料，非理也！何则？知兵莫如将，知将又莫如总统也。

三、恭颂袁总统——近日以来，共和定矣！总统举矣！南方革命军所推戴者惟我公，北方人民所推戴者，亦惟我公，皇族所推戴者，亦惟我公，全国无老无幼无男无女无种无族无南北，心中所期望者，胥为我公，且皆信我公能镇抚军心，我公自兹以后，当有以副天下之望矣，当有以慰天下之心矣，吾北方人民之生命财产皆付托予我公之手矣。无何而贺电至，无何而贺表呈，无何而专使来，无何而军队变……今虽如此，吾总统必有以善其后矣，初一日虽有抢劫，初二日竟能寂然无事，是吾总统善后之力也。绅商各家虽被抢掠，而外交团及大内与总统府乃能寂然无事，是吾总统平日教养之功也。杂物虽被抢掠，人民生命竟无伤，是吾总统平日训练之效也。小疵不掩大醇，吾总统可告无罪于天下矣。尔绅商当有以谅之。

像这类文章很多，足以想见当日的舆论并不畏惧权势和军阀。也可以看出当年推翻清廷、缔造民国的一段时期，写文章的人对当时是有重大的鞭策力量的！

袁就职时要履行三件事

北京兵变后，北方各省督抚皆通电反对袁南下就职，蔡元培将使亦曾致电南京临时政府和临时参议院，主张迁就。于是三月六日临时参议院议决，允许袁世凯在北京通电就职，不过就职时必须履行三个手续：

一、接电后须向参议院宣誓效忠共和；

二、新内阁名单必须得参议院同意；

三、新内阁在南京办妥接收手续后，孙大总统始行解职。

由于情势的变化，迎袁专使的任务已经失去作用，所以三月六日蔡元培等乃致电南京孙大总统，要求南返。原电云：

孙大总统鉴：培等受命欢迎袁君南来就职，前月廿七日已以此意面达袁君，而袁君亦极愿南行，一俟拟定留守之人即可就道。不期廿九夕北京兵变，扰及津保，连日袁君内抚各处军民，外应各国驻使，恢复秩序，镇定人心，其不能遽离北京，不特北方呼吁，即南方闻之亦当具有同情。故培等据所见闻，迭电陈述，兹承电示，知袁君不必南行，并由袁君委托副总统黎元洪君代赴南京受听，是培等欢迎之目的已经消灭，似应回南面陈一切。谨先电闻，并祈即复，元培等鱼。

布告全国文作历史交代

蔡元培南返，是在袁世凯在北京就职大总统以后；启程前，迎袁专使特发表《布告全国文》一篇，措辞委婉而严峻，把当日袁世凯种种私心完全揭露，且对当时所发生的一切，作了一个历史的交代。这篇文告，后来许多研究近代史的人都认为是蔡元培的手笔，认为汪精卫写不出，宋教仁已南返，亦写不出。蔡氏文章谨严，章炳麟推崇蔡是“雅善修辞”。蔡专使的《布告全国文》如下：

培等为欢迎大总统而来，备承京津诸同胞之欢迎，感谢无已。南行在即，不及一一与诸君话别，谨撮培等近日经过之历史以告诸君，托于临别赠言之义。

一、欢迎新大总统袁公之理由：（中略）……袁公当莅南京就临时大总统职，为法理上不可破之条件。盖以立法行政之机关，与被选大总统个人较，机关为主体，个人为宾体；故以个人就机关则可，而以机关就个人则大不可。且当专制共和过渡时代，当事者苟轻违法理，有以个人凌躐机关之行动，则为专制时代朕即国家之嫌疑，而足已激起热心共和者之反对。故袁公之就职于南京，准之理论，按之时局，实为神圣不可侵犯之条件，而培等欢迎之目的，专属于是；与其他建都问题及临时政府地点问题，均了无关系者也。

二、袁公之决心：培等廿五日到北京即见袁公，廿六日又为谈话会，袁公始终无不能南行之语。……

三、京津之舆论：（中略）大抵于袁公南行就职之举甚为轻视。……所谓袁公不可离京之理由……惟北方人心未定之一义，然袁公之威望与其旧部将士之忠义，当清摄政王解职清帝退位至危偪之时期，尚能镇摄全京，不丧匕鬯，至于今日复何疑忧？且袁公万能，为北方商民所认，苟袁公内断于心，定期南下，则其所为布置者，必有足以安定京津之人心而无庸过虑。……

四、二月廿九日兵变以后之情形：（中略）自然有此变，而军队之调整，外交之应付，种种困难，急待整理；袁公一日万机，势难暂置，于是不得不与南京政府协商一变通之办法。

五、变通之办法：总统就职于政府，为神圣不可侵犯之条件；临时统一政府之组织，不可旦夕缓也；而袁公际此时会，万不能即日南行，则又事实不可破也。……于是孙公提议参议院，经参议院议决者，为袁公以电宣誓，而即在北京就职，其办法六条如麻电。由此袁公不必南行，而受职之式不违法理，临时统一政府又可以速立，对于今日时局，诚可谓一举而备三善者矣。

六、培等现时之目的及未来之希望：培等此行为欢迎袁公赴南京就职也。袁公未就职，不能组织统一政府；袁公不按法就职而苟焉组织政府，是谓形式之统一，而非精神之统一，是故欢迎袁公，我等直接之目的也；谋全国精神上之统一，我等间接之目的也。今也……袁公之尊重法理，孙公之大公无我，参议院诸公主持大局而破成见，是代表大多数国民，即昭扬于天下……于是培等直接目的之不达，虽不敢轻告无罪，而间接目的所谓全国精神上统一者，既以全国同胞心理之孚感而毕达，而培等亦得躬逢其盛与有荣焉。……

袁世凯不敢南来就总统职忆述

柯　堂

袁世凯于西太后去世后，因摄政王载沣忌其威权，以谕旨命袁氏回籍养疴，闲居洹上。尝作诗云："室小堪容膝，檐高老树齐。开窗平北斗，翻觉太行低。"其野心勃勃之神气，不难于言外得之。

南京政府提出三条件

袁世凯五十寿辰时，张之洞曾作寿联云：

五岳齐尊，惟嵩为峻极；
百年上寿，如日之方中。

此等联语，对袁氏似乎捧得太过，他根本便是一个野心勃勃的人，经张之洞这么一捧，自不免更加飘飘然了。惟据笔者所知，袁氏之为人，其谲诈虽似司马懿，然却无曹孟德之雄才大略，且不知时代人心之趋向。到了暮年，衰气笼罩，倒行逆施，贻笑当世，奸雄云乎哉！孙中山先生为中国之华盛顿，可称为新式的英雄；袁世凯虽自命不凡，仅可称为旧式的枭杰耳。

辛亥南北议和之际，南京革命政府，要求袁世凯到南京宣誓就总统职，袁始终不肯南行。迨至袁氏在北京就职以后，邀请孙中山北上，中山竟毫无疑忌，大胆地走入燕都，英雄气概，毕竟不凡。兹将孙袁两氏当年一个拒绝南行、一个欢迎北上之经过，记述一番，当亦青年读者之所欲闻也。

民国肇建后，南京革命政府之惟一政策，首在推倒清廷皇位；政权之争夺，认为是第二步骤。故情愿以总统一席让与袁世凯，明知袁世凯之头脑，与共和相去甚远，但为息事宁人计，亦不妨姑试为之。但附有三个条件：

一、临时政府，须设于南京。

二、新总统须到南京宣誓就职。

三、新总统须遵守《临时约法》。

第一次通电言不及义

袁世凯对于这三个条件，认为是调虎离山之计，而革命党之手枪炸弹，遍地皆是，离开北方一步，则宝贵生命将马上丧失。然而老袁一向是官僚作风，并不直接反对到南京宣誓之说，总是满口官话，言不及义。袁氏所发出宣布共和后之第一次通电云：

> 南京孙大总统、黎副总统、各部总长、参议院同鉴：共和为最良国体，世界所公认，今由帝政一跃而几及之，实诸公累年之心血，亦民国无穷之幸福。大清皇帝既明诏辞位，业经世凯署名，则宣布之日，为帝政之终局，即民国之始基，从此努力进行，务令达到圆满地位，永不使君主国体，再行于中国。现在统一组织，至重且繁，世凯极愿南行，畅领大教，共谋进行之法，只因北方秩序，不易维持，军旅如林，须加部署，而东北人心，未尽一致，稍有动摇，牵涉全局。诸君皆洞鉴时局，必能谅此苦衷，至共和建设重要问题，诸公研究有素，成竹在胸，应如何协商统一组织之法，尚希迅即见示。袁世凯真。

再致孙黎电以退为进

此通电发出不久，接着袁氏又致孙中山与黎元洪一电，虽然大打官话，却已露出其不欲到南京就职之意。该电原文云：

清帝辞位，自应速谋统一，以定危局，此时间不容发，实为惟一要图。民国存亡，胥关于是。顷接孙大总统电开，提出辞表，推荐鄙人，嘱速来宁，并举人自代，电知临时政府，畀以镇安北方全局等因。世凯德薄能鲜，何敢肩此重任，南行之愿，真电业已申明，然暂时羁绊在此，实为北方危机隐伏，全国半数之生命财产，万难契置，并非因清帝委任也。孙大总统来电所论，共和政府，不能由清帝委任组织，极为正确，现在北方各省军队暨全蒙代表，皆以函电，推举为临时大总统，清帝委任一层，无足再论，惟总未遽组织者，特虑南北意见因此而生，统一愈难，实非国家之福。若专为个人职任计，舍北而南，则实有无穷窒碍，北方军民意见，尚多纷歧，隐患实繁，皇族受外人愚弄，根株潜长，北京外交团，向以凯离此为虑，屡经言及，奉江两省，时有动摇，外蒙各盟，迭来警告，内讧外患，递引互牵，若因凯一去，一切变端立见，殊非爱国救世之素志，若举人自代，实无措置各方面合宜之人，然长此不能统一，外人无可承认，险象环集，大局益危，反复思维，与其孙大总统辞职，不如世凯退居，盖就民设之政府，民举之总统而谋统一，其事较便。今日之事，惟有由南京政府将北方各省及各军队妥筹接收以后，世凯立即退归田里，为共和之国民。当未接收以前，仍当竭忠尽愚，暂维秩序。总之，共和既定之后，当以爱国为前提，决不欲以大总统问题酿成南北分离之局，致资渔人分裂之祸。已请唐君绍仪代达此意，赴宁协商，特以区区之怀，电达聪听，惟亮察之为幸。袁世凯咸。

终于演出假兵变怪剧

袁氏第二次之通电，有“与其孙大总统辞职，不如世凯退职归田”之语，此系拒绝到南京就职之哀的美敦书，即是说你们如果要坚持前说，我姓袁的便不与你们合作了。

南京临时政府，接到此电，自然加以再三考虑，且唐绍仪亦由北方到南京，努力斡旋。由是，南京参议院马马虎虎选袁为大总统，并派蔡元培、汪兆铭、宋教仁、魏宸组、钮永建五专使到北京迎袁南下。五专使抵京时，袁大举欢迎，与五专使屡开谈话会，装作可以南行的模样，并致电武昌，将与黎副总统晤面，一同前往南京。实际上袁氏早已布置一种无聊戏法，暗命第三镇统曹锟于二十九晚假装兵变，崇文门一带，火光遍地，枪声四起，五专使吓得魂飞天外，避居交民巷。兵变后，各国驻军出动，形势紧张，袁又令北方各督抚通电反对袁氏南下就职。于是，南京政府乃提出折中办法，允袁在北京向参议院宣誓就职。

袁氏为了免到南京，以身试险，乃装出许多花样，震动国际。此为袁氏拒绝南行怕离巢穴之一幕怪剧。

中山先生毅然赴北京

革命政府之要求袁世凯到南京就职，无非对袁世凯不能相信，你果诚意赞成共和，则应当离开军队，效法“黄天霸拜山”故事，单人独马，到我革命军势力之下，赤忱宣誓，方足表示诚意。当时革命元勋，多半少年，不免意气用事。至今回思，假令袁世凯果轻车寡从，前往南京，能否自由行动，安然北返，即孙中山恐亦不能保险。袁世凯老奸巨猾，又安肯轻入虎穴，落入圈套？革命政府之此种要求，无非高高讨价，使袁世凯不敢轻视革命团体，俾其在组阁政权上放松一步而已。后来因一场假兵变，革命政府终于取消原议，袁世凯捻须笑曰：“你们这班小伙子，乃想对袁某开玩笑么？”

袁世凯就职之初，颇思牢笼革命元勋，收为己用，乃派人邀请孙中山、黄克强、黎元洪三元勋到北京相晤，交换意见，联络情感。当时黎元洪因受革命派所攻击，不肯北行，黄克强亦踌躇不前，惟孙中山相信袁无恶意，且欲以诚意感化袁氏，故毅然北上。

中山先生抵京之日，袁氏待以外国元首之礼，欢迎仪式，异常隆盛，并嘱中山同乡唐绍仪、梁士诒为招待专使。袁氏除正式宴会招待外，并时约中山秘谈。

中山对袁氏谈话，多注重于美法两国之建国精神，及开辟中国富源，使中国日增富强之一切政策。

袁氏所谈，则注重在强兵，以为自义和团肇事以后，俄日两国欲瓜分我国之东北西北，德国欲瓜分我之山东，英国欲瓜分我之长江，法国欲瓜分我之广东滇桂，形势岌岌，中国非练百万精兵、五十万吨海军，不足以保全疆土。

中山先生则以为强兵必先富国，欲富国必先稳定共和基础、推进法治，而后，国可得富、兵可得强。

“袁世凯煮酒论英雄”

袁孙谈得高兴时，袁氏举杯祝曰：“中山先生真不愧为中国的华盛顿。”

孙氏亦举杯祝曰：“我希望慰亭（袁字）先生，成为中国的华盛顿。”

老袁捻须笑曰：“美国只有一个华盛顿，而中国乃有两个华盛顿，岂非中国优于美国耶？”

中山亦笑曰：“我希望中国后来之总统，个个是华盛顿，岂以两个为满足耶？”

当时北京文化社会中人，闻袁孙此项谈话，乃用三国故事，以形容之曰：“黄金台煮酒论英雄，天下英雄，惟使君与操耳！”

当时中山先生之建筑二十万里铁路政策，以与梁士诒讨论为多。笔者是时年甫弱冠，方从事新闻事业，曾访问中山先生于迎宾馆，见中山先生方与梁氏伏案指点地图，规划路线。见余等至，乃起而相迎，谈论当前时事。中山先生颇多乐观之语。盖因当时政治斗争，尚未表面化，袁氏方极力牢笼革命元勋，故中山先生态度，从容如此。袁氏以中山有在野为国家启发富源，尤宜先从铁路着手之表示，故以全国铁路督办名义相委托。中山亦受之而不辞。中山与老袁屡次欢谈后，认为老袁非不可共事之人，乃致电黄克强云："到京后，与项城接谈数次，关于实业各节，彼亦向有计划，大致不甚相远，至国防外交，相见略同。以弟所见，项城实陷于可悲之境遇，绝无可疑之余地，振武案实迫于黎之急电，非将顺其意，无以酬黎之望。弟到此以来，大消北方意见，兄当速来，则南方风潮，亦可止息，统一当有圆满结果也。"

清皇室宴孙黄一幕

由是黄克强亦到北京，黄氏是一个南人北相的大胖子，穿着西式高帽礼服，北方人向未见过这个革命怪人，争以一睹丰采为快。清皇室亦于金鱼胡同那桐宅中，设宴招待孙黄两公，由贝子溥伦致词云："两先生都是非常之人，所以能建非常之业，这次国体变更，是两先生鼓吹奔走之力，咱们皇太后久仰孙先生仁德，且信共和政体为二十世纪大势之所趋，所以毅然以国政还之国人。咱们所期待的，五族一律平等，国基从此巩固，皇室受福无穷。"

黄克强致答词云："共和告成，是由孙先生数年的领导，所以人心一致，举国景从，然非隆裕太后之明哲，其成功必不能如此之速。"云云。回想当年，孙黄则高唱排满革命，清廷则目孙黄为乱臣贼子大逆不道之人，曾几何时，乃开欢迎之宴，互致颂扬之词，虽双方皆言不由衷，然不得不谓为一种奇迹！

中山先生这次北来，为平生第一次，黄克强从前亦未到过北京，二人于革命志愿形式完成之后，来游故都，各界争睹伟人丰采，大有高歌大风之气概，亦人生之一快也。

孙、黄、袁三巨头会见记详

安　邦

民国元年四月三日孙中山先生交卸临时大总统后，无官一身轻，乃离南京至上海，随行有胡汉民、汪兆铭、廖仲恺、李晓生等。在上海遇到廿年前旧友宋嘉树，相见甚欢，乃下榻宋寓，畅叙往事；并请宋引导、胡汉民等至西服店添置西服。中山先生并说："尽量做，多多益善。"

袁世凯函邀中山先生

民国元年四月九日晨中山先生率胡汉民等卅余人抵达武汉，会晤副总统黎元洪，计留武汉三天，武汉方面举行盛大欢迎会，并请中山先生演讲民生主义。据说黎元洪对民生主义不太懂，且持反对意见。这是黎元洪首次和中山先生会面，黎的表现予同盟会的巨头们很不好的印象，尤其是胡汉民——胡为人高傲，和黎谈政治，黎竟浑浑然，于是，胡便不理睬黎。自此而后，黎和同盟会距离更远了。

袁世凯听说中山先生到了武汉，深怕南京和武汉合流以对抗北京，因此急遣唐在礼、范源濂、张大昕和王揖唐持亲笔函至武汉，恭邀中山先生赴北京访问。四月十一日中山先生在汉口行辕接见范源濂和张大昕，范、张把袁的亲笔函当面呈递。袁函原文如下：

中山仁兄先生阁下：大业告成，高飞遐举，鸿冥天幂，蝉脱尘埃，企慕私忱，匪言可喻。顷得沪上消息，知大驾将赴鄂中与黎君宋卿倾谈国军，两贤相聚，天炳德星，世凯羁滞幽燕，不获饫闻政论，伊人秋水，寤寐交萦。本拟欢迎旌节，示我周行，因前承电覆须先回粤一行，粤事棼如乱丝，非先生才望不足以转危为安，世凯何敢以一人之私，孤粤中父老云霓之望，惟数月后，粤事大定，务请屈临指教，俾纾车饥。兹遣范君静生、张君真吾两员莅鄂上候起居，并呈小影，一如世凯躬陪盛谦，亲挹雄谈。临颖神驰，无任延跂，惟为自重不宣。

该函为红色八行笺楷书，末亲署“袁世凯叩上”五字，未写月日。

四月十二日中山先生一行离鄂，十四日返抵上海，换乘泰顺轮南下。二十日抵福州，在闽只停留一天，继续乘轮前往广东，二十四日抵香港，改搭宝壁兵舰，廿五日下午抵广州。广州万人空巷欢迎这位同乡伟人莅临，而中山先生自首次倡义被香港放逐起，足不踏广州城已有十七年。这次重临，虽不是衣锦荣归，却是功成还乡，其中滋味，非亲历者无法体会。

孙总理决定单刀赴会

中山先生北京之行的酝酿，已经好多个月了，最后决定启程的日期是民国元年八月十七日乘铭新轮北上，后又改为搭十八日的安平商轮。就在筹备动身时，北京传来消息，袁世凯于八月十五日秘密枪杀革命同志张振武和方维。上海方面得到消息为之震动，所以当时蔡元培、吴敬恒、徐宗汉（黄兴的夫人）等都反对中山先生与黄兴赴北京，认为袁世凯无信无义；而北京、天津方面的党人，也因袁残害革命同志，包藏祸心，来电劝阻。但中山先生则主张以诚信感化袁，坚持“无论如何，不能失信于袁”。不过同意黄兴暂缓北上，由他一人“单刀赴会”。这时黄兴正染喉疾，于是，孙行黄止，便成为当时的一个重大决定。

黄兴和宋教仁是当时革命领导人物中地位仅次于中山先生的，对袁世凯来说，袁在人格上、革命功勋上、革命思想上，都无法和中山先生相比，所以袁所仇视的真正对象不是革命创造者的中山先生，而是革命实行家黄兴和政党策划家宋教仁。

袁早就想促成一次民国四巨头会议，就是邀请孙中山、黄兴、黎元洪一同到北京来和他晤面。这个四巨头会议的积极意义是：宣告中外，民国已经统一了；消极意义是：袁个人总统地位已经确定。因此，袁便需要加强四巨头的联系，以化除相互的成见。

可是袁氏这个目的只达到了一半。由于张振武案发生，黎元洪已不敢到北京来，怕参议院和舆论轰他；又怕袁和同盟会方面对他采取不利的手段，所以黎是绝对不会来了。黄兴也由于张振武案托病裹足不前。因此中山先生的单独北上晤袁，成为民国成立后的第一件大事！

中山先生毕生以诚信感人，他并不关心个人的安危，只想用自己的精诚和善意去感化老袁。他轻入虎穴，不计安危，想说服袁世凯与同盟会真诚合作，摆脱北方的旧势力，同意迁都南京。

袁世凯对于中山先生敢于单刀赴会的精神，不由得暗中惊佩。他极力装出非常热诚的欢迎姿态，派总统专用的金漆朱轮双马车，饰以黄缎，到北京前门外迎接孙氏，并命北京的军警以总统之礼欢迎。北京市民则是自动地热烈欢迎这位革命伟人，全城悬旗致敬。

孙氏抵京后下榻迎宾馆。孙、袁两位还是第一次晤面，袁见了这位手创民国的革命伟人，满脸堆着笑容，握手握得特别亲热。从此，三日一大宴、两日一密谈，前后竟谈了十三次。

君子可欺以其方，袁使用了另一套手法对付孙氏，孙以诚信待人，竟相信袁。这里可以从孙给黄兴的一通电报中看出：

到京后与项城接谈二次，关于实业各节，彼亦向有计划，大致不甚相远。至于国防、外交，所见亦略相同。以弟所见，项城实陷于可悲之境遇，绝无可疑之余地。弟到此以来，大消各方意见，兄当速来，则南方风潮亦可止息，统一当有圆满之结果。

逗留一月，面谈十三次

中山先生赴北京的目的，是想以德化袁，以诚信使袁合作，所以他的北行任务有三：一是拟吸收袁世凯加入国民党，且愿意把党魁的地位让给袁，使袁能为党所用；二是拟以政党责任、内阁限制袁滥用总统权力，以便与袁真诚合作；三是拟说服袁仍然还都南京，以避免北方腐朽势力的包围。

为了表示和袁真诚合作，他和黄兴相约，共同放弃竞选民国的正式总统，以让袁在毫无敌手的情况下当选正式总统。他还进一步发表了十年不换总统以安定国家政治的主张。

是年九月六日，中山先生抽空到张家口去眺望长城景色。北中国的风物，对这位民国伟人来说是生疏的。他毕生奔走革命，推翻清廷，创建民国，功成不居，退位让袁，如今以国民一分子，仆仆风尘，不忘国家统一和建设，这种坦荡的胸怀，实在是令人崇敬万分的。

可是，他在北方的努力却白费了：由于袁世凯已是一个入了魔道的独裁者，对于这位革命伟人对他的感化，完全没有反应。民国初年政治陷于动乱，以及袁后来称帝失败，皆与这次孙、袁晤面，袁不能接受孙的教诲有很大关系。

中山先生在北京前后住了一个月，和袁的谈话共十三次。每次谈话自下午四时起到夜晚十时至十二时，更有三四次是谈到午夜二时以后。这些次会晤，除了孙、袁两人而外，有时则有梁士诒参加。这些会谈都没有公布，因此内容是讳莫如深的。

据说有一晚孙对袁说：“国家建设首在交通，兄弟打算在十年内造筑铁路廿万里，望君能练成百万精兵，则中国可达富强境地了。”

袁微笑说：“办铁路我知先生是有把握的，若练成精兵百万，则不是一件容易的事情。”

另一晚，孙、袁谈到午夜一时，梁士诒送中山先生返行馆，中山先生留梁叙谈，曾说：“我与项城谈话，所见略同，我的政见，他都能领会；但有一事我至今尚不明白。我认为中国以农立国，倘不能于农民自身求彻底解决，则革新根本谈不到，欲解决农民自身问题，非耕者有其田不可。我与项城谈到耕者有其田的政见，以为项城可能反对，怎知他不但不反对，且肯定认为事所当然，我实在不解是何故。”

梁答说：“先生环游各国，目睹大地主之剥削；又生长南方，亲见佃田者之痛苦，故主张耕者有其田。项城生长北方，足迹未曾越大江之南；而北方多属于自耕农，佃农少之又少，故项城以为耕者有其田系当然之事。”

孙氏同意梁启超回国

中山先生是否把他的三个北行目的对袁说了，不得而知；但他曾和袁说到收回硬币而代以纸币的政策。他每提出一个问题，袁都击节赞赏，从没有不同意。有一天两人谈得兴高采烈时，袁兴奋地站了起来，举手高呼：“孙中山先生万岁！”中山先生也回报一声：“大总统万岁！”

袁对中山先生的态度是亲切、诚恳、百依百顺，使中山先生误认为袁的一切并不如传言中的恶劣。袁从未对孙提过什么要求，仅谈过一件事，是梁启超的回国问题。袁说：“辛亥年我组织责任内阁时，曾经请梁卓如回国来担任司法部副大臣，他虽然没有回国，但此后经常和我通信。我知道他已经放弃了君主立宪的主张，现在允许他回国来参加政治，对我们不但没有害处，而且多少可得到他的一些帮助。”中山先生立即同意了袁的意见。

原来梁启超在戊戌政变后，得到日本人山田、小郙俊三郎、野口内多三个人的掩护，由天津逃到日本，从事保皇立宪的运动。中华民国成立后，云南都督蔡锷电请黎元洪转电中央政府，要求起用他的老师梁启超。这对袁世凯来说，正想把这个君主立宪派领袖延揽回国，以供他的利用，所以他才如此热心地向中山先生提议，希望中山先生不念旧恶，给梁以效力民国的机会。

黄兴入京受热烈欢迎

中山先生既然相信袁有合作就范的诚意，于是敦促黄兴仍来北京一行，俾免袁心中有所不快。黄兴虽不惬于袁的为人，但为调和南北，维持大局起见，乃毅然前往北京。

早在七月中旬，袁即遣蒋作宾持亲笔函和照片访黄，邀黄入京，黄兴当时复袁函如下：

> 慰公先生大总统钧鉴：日咋由蒋雨岩（作宾）次长交到手书尊照，私衷钦仰，未可言喻。念自南北统一，先生独排众议，竭力主持，造福国民，诚推浅鲜。方今建设伊始，经纬万端，财政日陷于危机，舆论未衷于一致，潮流所至，国本堪虞，尤赖展布鸿猷，以匡大局。兴历年奔走，学殖久荒，才智不及中人，精力亦渐疲惫，临时政府成立以来，迭次忝膺重任，勉竭驽钝，实无寸长，退职之余，方思补过，而赐示乃奖励逾量，策以方来，命速至京，共筹大计，再三只诵，愧悚弥深。惟是国事关怀，肝胆尚存，深念我公独当冲要，劳怨不辞，兴也何人，岂敢惜此一行，苟安旦夕，虽管蠡之见无可贡献，而得见君子，藉聆名言，实所欣愿。前因风扇伤手，创痕未愈，近复脚气发痛，跬步艰难，俟稍就痊可，即当遵命北行，抠衣进谒。兹因蒋次长还京之便，附呈相片，先表企慕之忱，伏维垂鉴，敬颂钧安！黄兴顿首。

元年九月上旬黄兴在上海搭铭新轮北上，同行者有陈其美、李书城、张孝准、何成濬、赵铁、徐少秋、徐申伯、梅同生、杨谱笙、陆惠生、孙棣山等。北京特派总统府顾问官张仲华和旅长陈元白来沪迎接。宋教仁则迎之于天津。九月十一日抵北京，北京政府和各界热烈欢迎，其隆重仅稍逊于欢迎孙中山先生。第二天，黄兴赴总统府拜访袁，袁同样地和黄热烈握手，亲切寒暄。

廿一日袁正式宴黄及随来诸人，同座者有参议院正副议长、秘书长、各部总次长及各高级军官约七八十人。酒酣，袁起立致欢迎词谓：

“现在世界专制国断不能成立，非建设共和不可。盖专制国为家天下，仅以少数人负国家责任，故国事愈颓废；共和国为公天下，以全国人负国家责任，故国家可振兴时至今日，我国非采用共和国体不足巩固国基。克强先生有见于此，惨淡经营，苦心创设共和，其丰功伟烈，彰彰在人耳目，无俟赘述。在南京留守府时军队林立，鄙人未能时时接济饷项，先生于军饷缺乏之余，不仅能慑军心，并能首倡退伍，此先生至诚感人，是谓武备的精神，望我军界诸君均以先生武备的精神为模范，然后可维持于不败。曾国藩曾说：‘真心爱国百折不回。’先生艰苦卓绝成此大业，乃所谓真心爱国百折不回者。鄙人对于先生敬之爱之，莫可言喻。此次先生北来，各界极表欢迎，我两人相见所谈政见均属相同。先生所筹划各事皆出于真挚爱国之心，由惨淡经营而来，切实可行。今人言以国家为前提者甚多，大率口头禅，惟先生真是以国家为前提。”

黄兴答词谓：“今谬蒙大总统奖饰逾恒，愧不敢当。共和成立，实赖大总统救国之决心及国务员与各军长、师长各位一致赞助，始能收此效果，兴极为感佩。现在国基初立，建设之事甚多，大总统代表中华民国人民，当此艰巨困难之时局，一方面要维持破坏秩序，一方面要建立共和国家基础，其困难情形可以想见。兴此次来京，亲见大总统为国宣劳之苦心及一切规划，尤为感佩。以后国家困难之事，或较今日为尤甚。凡中华民国之人民，无论在政界、在社会，须出真实爱国心，以赞助大总统建设之伟业，使中华民国与各国立于平等之地位，维持世界之真正和平。此兴之所希望于在座诸君，并用以自勉者。”

黄兴上书辞陆军上将

袁以大总统名义颁令授黄兴为陆军上将，黄于十二日上书辞谢，函云：

> 大总统赐鉴：元年九月七日奉钧令授兴为陆军上将，闻命之下，愧悚莫名。……兴湘上书生，军旅之事本未尝学……十年以来，屡蹶屡起，中间亡命海外，虽不敢苟安旦夕，爱惜余生；然多败垂成，无功可记。去岁武昌首举义旗，各省响应，卒致一体赞成，建设民国，时仅三月，兵不蔓延，而大局略定，皆出于我大总统救国之决心，与全国同胞之毅力。兴随诸君子后，强效驰驱，本国民分所应为；乃蒙宠以殊荣，侪之上将，则是不谙武学之身，滥竽军界……才同下驷，位忝冠军，时值种瓜，功非老将，倘竟被此荣名，恐无以励戎行而诏来兹也。况复河口督师，丧吾精锐；粤城苦战，失我良朋。以及历年各处相从起义，或运动革命，而身死妻离子散久陷囹圄者，数且千百计。汉阳之役，舆尸多凶，皆为兴生平至痛之事。今独以侥幸残生，觍膺上赏，回念荒原白骨，冢且垒垒；创造共和，皆诸先烈之碧血所化。曾记日本社会党有歌云：“彼大将胸间光辉灿烂之物，原非荣誉之金鸡勋章，乃为最可怜之兵卒骷髅。”今之上将头衔，何以异此！此则兴午夜扪心，诵一将功成万骨枯之句而悲不自胜者也。务恳我大总统俯鉴愚忱，而重视名器，不可滥假，收回成命，使兴得为共和国民，免滋咎戾，实所感激，不胜屏营之至。

袁世凯这时正在讨好孙、黄，因此对黄谦辞批复不准，批词如下：

据呈阅悉，该前留守，奔走国事二十年。提倡共和，改革政体，热心毅力，百折不回；出死入生，坚苦卓绝。凡所经历，中外咸知，即起诸先烈于九泉而质之，当无愧色。授以上将，非曰酬庸之典，只征心理之同。来呈谓共和造成皆诸先烈之碧血所化，抚今悼昔，悲壮苍凉；蒿目时艰，弥深悚惕。斯则本大总统与国民所当同思刻励，永矢不忘者也，该前留守谦挹之怀，足以风世，惟事经国务会议，佥谓该前留守各冠军界，众论翕然，所请收回成命，碍难照准。

与逊清皇族杯酒言欢

中山先生在北京的活动非常博大，他认为革命并非以排满为目的，而是在于以平等地位结合五族汇为大中华民族。因此他这次在北京曾和前清摄政王载沣互相拜会。前清隆裕太后曾命太保世续开放颐和园欢迎他参观，九月十二日又命贝子溥伦等在金鱼胡同那桐宅欢宴孙、黄二公，席间并由溥伦致欢迎词。溥伦说：

“孙、黄两先生都是非常之人，所以能建非常之业。这次国体变更，完全是两先生鼓吹奔走之力，咱们太后久仰孙先生的仁德，且信共和政体为二十世纪大势所趋，所以毅然以国政还之国人。咱们所期待的是五族一律平等，国基从此永固，皇族受福无穷。”

这天中山先生因感染喉疾，所以没有讲话，改由黄兴起立致答词。黄说：

“这次共和造成，是由孙先生数十年的领导，坚苦卓绝，才使国人闻风景从，人心依归；如果没有隆裕太后的明哲，毅然决然主张让国退位，则革命成功不能如此容易。所以我们今天追源溯始，隆裕太后对于民国成立也有莫大的功绩。我们大家举杯为她的健康干一杯！”

十月三日参谋部在颐和园欢宴革命党的两位伟大军人黄兴和陈其美，邀请了前清太保世续作陪。黄兴和世续坐得很近，黄问起溥仪这位小皇帝的起居近况，世续说溥仪今年四岁，已经剪了发，每日读书写字甚勤。黄说："我们今天五族一家，满清皇族多才，也是民国之福。"

由于这几位创建民国的伟人在北京的活动，使得逊清皇族感到非常安慰，认为他们今后在新中国里面是不会遭到迫害或是清算了。

三巨头协定八条大纲

袁世凯本希望在民国元年双十节（即辛亥武昌起义周年纪念）于北京举行孙、黄、袁、黎四巨头会议，共同签署一个施政纲领。因为《民国约法》早经公布，可是政府本身并无明确切实的施政纲领，在辛亥武昌起义周年，孙、黄、黎如能联袂晋京，不仅象征全国统一，也能奠定袁的总统地位。不巧的是黎元洪因张振武案不敢入京，四巨头只好改成三巨头会议。孙、黄、袁三巨头几番讨论，最后确定了几条大纲，用电报征得副总统黎元洪的同意，遂于九月廿五日由总统府秘书厅正式通告，宣布"孙、黄、袁、黎协定之八大政策"，全文是：

> 民国统一，寒暑一更，庶政进行，每多濡缓；欲为根本之解决，必先有确定之方针。本大总统劳心焦思，几废寝食。久欲联合各政党魁杰，捐除成见，商榷救济之方；适孙中山、黄克强两先生先后莅京，过从欢洽。从容讨论，殆无虚日。因协定内政大纲，质诸国务院诸公，亦翕然无间。乃以电询武昌黎副总统，征其同意，旋得复电，深表赞成，其大纲八条如左：
>
> 一、立国采统一制度；
>
> 二、主持是非善恶之真公道以正民俗；
>
> 三、暂时收束武备，先储备陆军人才；
>
> 四、开放门户，输入外资，兴办铁路矿山，建置钢铁工厂以厚民生；

五、提倡资助国民实业，先着手于农林工商；

六、军事、外交、财政、司法、交通皆取中央集权主义，其余斟酌地方情形，兼采地方分权主义；

七、迅速整理财政；

八、竭力调和党见，维持秩序，为承认之根本。

根据这八大政策，又制定了实行手续四项协议：

一、实行统一：各省军政府尚未取消者，电饬其限期取消。一面派员分赴各省调查情形，军事、外交、交通各司长皆由中央委任，一切军宜均直隶于中央各部，以期统一；

二、整顿海陆军：拟筹集专款，速组织陆军大学，并组织海军学校，饬由海陆军部选派人员，赴各国考察；

三、兴办铁路，已归孙中山先生办理，请黄兴先生担任开矿事宜，于北京、南京两处建设钢铁工厂，以能达到全国军械皆出于自造之目的；

四、资助国民组织实业银行，农林、工商诸事，官督绅办，以救政府不及之患。

上项协定和实行步骤，没有一项提到遵守《临时约法》、尊重国会和贯彻责任内阁的一些根本问题，条文有些抽象而不具体。袁当然是达到了目的，因为中央政府好像就是袁个人的中央，且从这个宣言中把一切大权抓到袁手里，让他主持军事、举借外债，国民党所主张把首都迁回南京的问题竟只字没有提到。只是中山先生被特授以筹划全国铁路全权，黄兴则被任为汉粤川铁路督办。

这就是革命伟人们的热情和爱国热心，斗不过袁世凯这老狐狸的缘故！

宋教仁主持“毁党造党”

民国元年的政党，可谓五光十色，林林总总。原来在南北议和的前后，许多同盟会会员，事实上是排满主义（狭义的民族主义），认为革命的目的已经消失，于是便从同盟会中分化出来，另组成了一些为了争取政治地位的小政党。它们只是竖起一块招牌，发出一篇宣言，拉出几个名气较大的政治要人作为他们的领袖，以便于进行个人的政治投机。还有些政党是以地区或历史关系结合起来的。所有这些政党都没有旗帜显明的党纲，没有一定的政治主张。他们视跨党脱党为家常便饭，其所拥戴的领袖，也可能兼另外一个党的领袖；而被推者等于今天兼任公司行号的董事长一样，是一个挂名玩意，对任何一党都不关心。

南京临时政府时期，临时参议院内部相互对立的政党，主要的是同盟会与江浙人士章炳麟、张謇为中心的统一党。临时政府北迁后，统一党和以湖北人孙武、蓝天蔚、刘成禺为中心的“民社”，以及君主立宪分子籍忠寅、周大烈等所组成的国民共进会三方面联合起来，于民国元年五月九日成立了一个共和党，推戴黎元洪为名义上的领袖，成为同盟会的主要竞争者。除了这两个政党而外，参议院还有谷钟秀、张耀曾、吴景濂等的“统一共和党”，该党站在第三者的地位，举足轻重。这个统一共和党和宋教仁曾有密切的联系。

由于事实需要，同盟会必须合并许多小党，完成“毁党造党”的目的。因此宋教仁乃以敏捷的政治手段，不仅和统一共和党取得密切的联系，同时与国民共进会、国民公党、共和实进会三个小党也取得联系。这三个小政党本是从同盟会和君主立宪派内分化出来的一些混合组织，大家协议合组一个大政党以与共和党抗衡。

宋教仁是一个天才的政党活动人物，他取到同盟会以外四个政党的协议合并后，遂在八月十一日与各党代表会议于北京安庆会馆获致协议。再于八月十三日召集同盟会全体职员大会，推举宋教仁、张继等十六人为筹备员，并由总务部发出通告，宣布同盟会改组为一般形态的政党。孙总理和黄兴在上海为此一改变，联名致电各支部征求同意。电文如下：

> 各支部鉴：据北京本部来电云，“连日与统一共和党、国民共进会、国民公党协商合并，另行组织，彼此提出条件于下：一、定名：国民党；二、宗旨：巩固共和，实行平民政治；三、党纲五条：保持政党统一，发展地方自治，励行种族同化，采用民生政策，保持国际和平；四、采用理事制，于其中推一人为理军长。昨日开全体职员评议联合会，合并条件已通过”。云云。文等以上列条件与本会宗旨毫不相悖，又得此多数政党同心协力，将吾党素所怀抱者见实行，此非独同人之幸，亦民国前途之福也，文等深为赞成，且同盟会成立之始，其命名本含有革命同盟之意义，共和初建，改为政党，同人提议更名称者益众，即此时而易之，可谓一举而两得矣。特此通电贵支部，务求同意，以便正式发表。文等屡承袁大总统遣使持函来邀，已定十七日起程北上，赐覆即交北京同盟会本部为盼。孙文、黄兴。

元年八月组成国民党

中山先生到北京的第二天，同盟会即宣布与统一共和党、国民共进党、国民公党、共和实进会合并，成立国民党，这是民国元年廿五日的事。国民党成立大会在北京湖广会馆举行，孙总理亲自出席，并发表了组织新党的演说。依规约第四章的规定，推选职员，计理事九人：孙中山、黄兴、宋教仁、王宠惠、王人文、王芝祥、吴景濂、张凤翙、贡桑纳尔布。参议廿九人：胡汉民、柏文蔚、陈锦涛、李烈钧、张继、蒋翊武、孙毓筠、谭延闿、尹昌衡、于右任、马君武、田桐等。名誉参议钮永建等七人，各部干事三百余人。九月三日由黄兴、宋教仁、吴景濂、王宠惠、王芝祥、王人文、贡桑纳尔布七理事互推孙中山先生为理事长，中山先生并遴请宋教仁代理理事长。

宋教仁是个政党组织的好手，他年轻，能说会写，不仅是一位天才的演说家，而且还是一位有名的政论家，经常用“桃源渔父”的笔名在报上发表政见。他早年参加过萍浏醴起义，与蹈海而死的陈天华同为“华兴会”中头角峥嵘的人物。南京临时政府成立时，他是湖南所派的参议，在修改《临时政府组织大纲》时，他极力主张实行法国式的责任内阁制，反对美国式的总统制，这个主张连孙中山先生都不同意。由于他少年气盛，别人都说他想做内阁总理，于是南京临时参议院通过《临时政府组织大纲》时，不仅不是责任内阁制，而是总统制，根本连内阁总理都不设置，由各部总长直接向总统负责，甚至孙大总统提出宋为内务总长时，参议院也不予通过，而改提程德全递补。

当中山先生把临时大总统一职让给袁世凯时，大家又觉得总统的权力太大，怕袁滥用职权，施行独裁，乃把《临时内阁组织大纲》修改为《临时约法》，将总统制改为内阁制。

革命党人虽然对名位看得很淡，但是都有强烈的责任感，因此宋教仁想做内阁总理是可能的。南京临时政府结束时，宋所持的政见和中山先生有很大的距离：中山先生主张将政权让给袁后，同盟会退而为在野党，以鞭策政府；宋则主张“毁党造党”，放弃同盟会的名称，吸收其他小政党，组成一个大政党，在国会中成为第一大党的地位，由国会的多数派进而组织责任内阁。宋的主张是：放弃在总统问题上和军事实力上对袁斗争，应在国会方面取得优越地位，使袁的总统没有权力。这个主张很快就得到同盟会会员的热烈支持，才有国民党的组成。

杨度不入党，黄兴光火

这一时期的国民党，组成分子极为复杂，龙蛇混杂，投机分子甚多，因此宋教仁“毁党造党”的目的只达到了扩大同盟会组织，并未把国民党变成一个坚强有组织的政党。

国民党成立后，宋教仁所致力的是在国会中控制多数，同时准备在正式国会议员选举中赢得胜利，以备将来组成一党内阁；黄兴则致力争取各色各样的人入党——他以为无论你是何等样人，只要入了国民党，就可以漂染你成才。黄兴本不愿意来北京的，怎知他入京后，受到袁的迷惑比中山先生更厉害，他不只是到处劝人入党，而且当面邀袁世凯入党，并且承诺推袁为党的领袖。他认为：不论生张熟魏，不论为敌为友，只要今天肯加入国民党，大家就是同志。所以他除了拉袁入党外，还以十二分的诚意拉杨度、拉赵秉钧等人入党。

袁没有当面拒绝黄的邀请，也不肯做正面的答复，但却把这件事偷偷地告诉了杨度。袁说："哲子，你看我像个革命党吗？"他一面流露着奸雄的笑容，一面又说，"如果他们不坚持责任内阁，我们便做个革命党玩玩。"

杨度本是中山先生和黄兴缔交的介绍人，早在十年前他在东京时，就婉拒中山先生的邀请加入同盟会，所以他对革命和国民党都是没有信心的；他这时已经死心塌地地选中了袁世凯，因此他自不会接受黄兴的提议。他根据袁世凯的意思写了一封信给黄兴，函云：

前承不遗，邀入国民党，只以才识无似，未敢遽诺。近日京中贵党干部诸君继续招邀，议及党略，度以为贵党以前之经过及以后之行动，皆不免于困难者，实为政党内阁四字所缚，虽云根据学理，然贵党从前对于项城尚未充分信用，含有防间政策，亦事实之昭然。度意此后贵党对于民国，对于总统，宜求根本解决之方，若不信袁，则莫如去袁，而改举总统，度必劝隐，袁必乐从。若能信袁，则莫如助袁，而取消政党内阁之议，宣布全国以求实际沟通，度方可有效力之处。若仍相挟相持，互生疑虑，实于国家大计有损，非上策也。度姑以党外之人预为建议，自分于贵党党员，关系甚浅，不敢轻于投身，乞公据度此电，通电全国贵党本部支部，征集意见，若多数赞成鄙意，见诸实行，方敢追随左右，不仅以此觇贵党之方针，且以此卜一身之信用。进退所关，伏维裁察是幸。

杨度的这一表示，使得黄兴等大为光火，入党还附有条件，于是国民党对杨度只好关门了。

袁氏不知政党为何物

赵秉钧是加入了国民党的，据说他是奉袁的命令而加入，借此充当内线。赵对人说："我本不晓得什么叫作'党'，不过有许多人劝我入党，统一党也送党证来，共和党也送党证来，国民党也送党证来，我有的拆开看看，有的根本搁置不理。我何曾懂得什么党？"

据说袁世凯一生不会办的事是财政，其实他一生不会明白的是政党，他把"党"当作玩弄的工具。陆征祥时代标榜超然，袁便主张所有总统府的职员都不许入任何党派。孙、黄入京后，袁又主张大家入党。他心中的政党确是玩玩的！

甫告成立的国民党，前面已经提到，组成分子并不够坚强。中山先生是一位当然的领导人物，中山先生而下，大家有所谓黄系和宋系之分。其实黄兴和宋教仁自己都无各树派系之意，不过，两人之政见或党见各有不同，遂有泾渭之分。譬如说，宋一直主张责任内阁，黄则不主张。同盟会改组为国民党时，则为宋一人之力；至于在北京奔走、参与密谋的，是胡瑛、张耀曾、李肇甫、魏宸组等。黄兴任南京留守时，主张国民捐，主张换纸币，而宋则反对；黄主张建都南京，宋则主张建都北京。因为有这些分歧的意见，大家遂把两人分为两大派系。其实，黄宋确是只知为国、不为己谋的。

黄兴在北京除了想拉袁世凯、杨度加入国民党而外，一切表现的都是热诚过人，可是在严格的政党理论和组织上，他却和宋教仁有很大的距离。可惜他两人都死得太早了！

民国元年　中山先生与袁世凯会谈记

周开庆

民国元年八月，中山先生应袁世凯的邀请，由沪北上，二十四日抵北京，先后与袁晤谈共十三次，于九月十八日离京赴太原，在北京共留二十五日。这是中山先生一生三次到北京的第二次，第一次是在民元前十八年六月，他偕陆皓东北游津京，以窥清廷的虚实。第三次入京是民国十三年十二月三十一日，因病于十四年三月十二日逝世在那里。中山先生与袁世凯晤谈，这是第一次，也是最后一次。这次中山先生北上，对袁颇抱期望，有心助其完成全国之统一和建设，不意袁利令智昏，不久而暗杀宋教仁案以及善后大借款等违法乱纪事件相继发生，中山先生对袁遂正式加以申讨。此后袁帝制自为，终于民国五年羞愤而死，国事亦愈不堪问。假使袁于与中山先生晤谈后，能衷心接受中山先生当时一片精诚的感召，公忠为国，则国家前途和袁氏个人事业的发展，绝不至如后来那样悲惨的结果。谈到民初这些往事，不禁令人生出无限感怀。

中山先生与袁世凯会谈经过

中山先生自民元四月一日解卸临时大总统任，便漫游武昌、上海、福州、广州、香港等地。当中山先生抵广州时，袁世凯即致电邀请其北上，并拟派长子克定到上海相迎。六月，中山先生北返上海，袁再电促驾。那时京津党人以袁残杀革命同志、包藏祸心，都不主张中山先生北上。中山先生则以当时大局混乱，愿与袁当面恳谈，合力澄清，所以不顾个人安危，毅然北上与袁会晤。

中山先生和袁会谈经过，《三水梁燕孙先生年谱》有较详的记载。梁燕孙即梁士诒，当时任总统府秘书长，孙袁谈话，每次梁均参与，所记当属可据。年谱编者岑学吕，文中所称先生即指梁士诒，这一段记载如次：

> 民国元年八月二十四日，前临时大总统孙文入北京。中山先生自南京解临时大总统职后，周历各省，宣传主义。袁总统迭电邀请晋京，晤商要政。至是抵北京，政府及市民为盛大之欢迎。约留一月，与袁会晤共十三次，每次谈话时间自下午四时至晚十时或十二时，更有三四次谈至二时后者。每次会晤，只孙袁及先生三人，屏退侍从。所谈皆国家大政，中外情形，论事最为畅洽。一夕孙语袁，请袁练成陆军一百万，自任经营铁路，延长二十万里。袁微笑曰："办路事君自有把握，若练精兵百万，恐非易易耳。"某夕夜深，先生送回行馆，中山要先生叙谈，问曰："我与项城谈话，所见略同。我之政见，彼亦多能领会。惟有一事我至今尚疑，君为我释之。"先生问："何也？"中山曰："中国以农立国，倘不能于农民自身求彻底解决，则革新匪易。欲求解决农民自身问题，非耕者有其田不可。我说及此项政见时，意以为项城必反对。孰知彼不特不反对，且肯定以为事所当然，此我所不解也。"先生曰："公环游各国，目睹大地主之剥削，又生长南方，亲见佃田者之痛苦，故主张耕者有其田。项城生长北方，足迹未尝越大江以南，而北方多属自耕农，佃农少之又少，故项城以为耕者有其田系当然之事理也。"中山大笑。

袁约中山先生北上，同时亦邀请黄兴入京，故在八月十三日孙黄联名致各支部征求同意同盟会改组为国民党一电中，有"弟等屡承袁人总统遣使持函来邀，已定十七日起程北上"之语，但黄并未与中山先生同行。中山先生入京与袁相见后，乃电促黄先到北京一行。原电谓："到京以后，项城接谈两次。关于实业各节，彼亦向有计划，大致不甚相远。至国防外交，所见亦略相同。以弟所见，项城实陷于可悲之境遇，绝无可疑之余地。张振武一案，实迫于黎之急电，不能不照办。中央处于危疑之境，非将顺无以副黎之望，则南北更难统一，致一时不察，竟以至此。自弟到此以来，大消北方之意见。兄当速到，则南方风潮亦止息，统一当有圆满之结果。千万先来此一行，然后赴湘，幸甚。"黄得电后，即于九月十一日抵京，与袁会晤。从上引电文里，可以看出当时中山先生要促成全国统一的期望和热忱。

中山先生与袁世凯会谈内容

中山先生与袁世凯会谈的内容如何呢？上面已略有提及，以下再分述如次：

第一是助袁统一建设：民国初成，中山先生辞卸临时大总统，而推荐袁继任。当时南方人士疑袁将帝制自为，拥护共和非出真意，故有倡南北分治之说者。中山先生以时局混沌，绝非国家民族前途之福，乃竭力设法调和南北意见，号召国民党同志以全力赞助政府及袁世凯。此次之毅然北上，就是这种意向的具体表现。所以他在八月二十八日袁氏欢宴席上致辞，即明白表示："欲收真正共和效果，以私见所及，非十年不为功。今袁总统富于政治经验，担任国事，可为中国得人庆。"又于同月二十九日与北京各报记者谈话时说明，他不愿担任第二期总统。他说："我有自由权，国民不能相强。第二期总统，仍以袁总统为宜。"中山先生如此一再明白表示，不外推重袁世凯，使其消除猜疑，安心为国服务。迄至是年十月五日中山先生返抵上海，在国民党欢迎会上演讲，"国民党当以全力赞助政府"，尤足以显示当时中山先生欲助袁统一建设之一番诚意。

第二是实行铁路政策，这是中山先生与袁会谈的又一重要项目。中山先生以民国成立，民族、民权两主义已获初步成就，今后致力方针：“必须极力振兴实业，讲求民生主义，共濬富源，使我五大族人民，家给人足。”（见在袁世凯欢宴席上答词）而振兴实业，以发展全国交通为入手要著，所以主张于十年内要建筑二十万里铁路。中山先生与袁会谈愿自负经营之责，一方面是实现自己的怀抱，另一方面也是表示与袁合作。袁氏接受了中山先生的主张，于九月九日发布明令，特授中山先生以“筹划全国铁路全权”。九月十五日中山先生在北京国民党欢迎会上演讲：“余此次来京，所极欲办者为铁路。今幸得参议院诸公及大总统之赞成，又已奉大总统命令，自当积极进行。”可见中山先生对于此事之重视。

第三是充实国防力量。中山先生自愿负责只筑铁路，而勉袁练兵以充实国防。在袁氏欢宴席上中山先生说：“中国向以积弱称，由于兵力不强。前袁总统在北洋时，训练兵士，极为得法，北洋之兵，遂雄全国。现共和粗建，须以兵力为保障。昔南非洲有某二共和国，以无兵力，卒至被人吞没，可见共和国家，无兵力亦不足救亡。今幸有袁总统善于练兵，若以中国之力，练兵数百万，足以保全我国领土，外国人断不敢侵略我边圉，奴隶我人民。”交通实业发达，人民既庶且富，“又有强兵以为之盾，十年后当可为世界第一强国”。

第四是主张还都。中山先生认为“北京乃民国首都，而东交民营乃有大炮数尊，安置于各要隘，殊与国体大有损辱。且北京乃前清旧都，一般腐败人物，如社鼠城狐，业已根深蒂固，于改良政治，颇多掣肘。又以地势衡之，北京地点偏于东北，当此满蒙多事之秋，每易为外人所挟持”。所以他在北京参议院欢迎会上演讲说：“兄弟来京，认此为最大问题，二三日后，即将与袁总统详细协商。在袁总统对此亦无甚成见，将来不难得其同意。”于此可见迁都问题，当为中山先生与袁会谈主要题目之一。

此外，袁氏还对于借款问题、军民分治问题以及边疆问题，分别提出征询意见，中山先生均一一作答，这里不必引述了。

袁世凯发表协订内政大纲

在中山先生访袁离京后一周，即九月二十五日，袁世凯发表了与中山先生协订的内政大纲八条。在九月二十六日的政府公报上，是以《大总统秘书所纪录》的标题发表的。原文题目为《大总统与孙中山黄克强两先生暨黎副总统协商订定内政大纲八条》，全文如下：

民国统一，寒暑已更，庶政进行，每多濡缓，欲为根本之解决，必先有确定之方针。大总统劳心焦思，几废寝食，久欲联合各政党魁杰，捐弃人我之见，商榷救济之方。适孙中山黄克强两先生先后莅京，过从欢洽，从容讨论，殆无虚日。因协定内政大钢八条，质诸国务院诸公，亦翕然无间。乃以电询武昌黎副总统，征其同意，旋得复电，深表赞成。其大纲八条如下：

一、立国取统一制度。

二、主持是非善恶之真公道，以正民俗。

三、暂时收束武备，先储备海陆军人才。

四、开放门户，输入外资，兴办铁路矿山，建置钢铁工业，以厚民生。

五、提倡资助国民实业，先着手于农林工商。

六、军事外交财政司法交通，皆取中央集权主义；其余斟酌各省情形，兼采地方分权主义。

七、迅速整理财政。

八、竭力调和党见，维持秩序，为承认之根本。

此八条者，作为国民共和两党首领，与总揽政务之大总统之协定政策可也。各国元首与各政党首领互相提携，商定政见，本有先例。从此进行标准，如车有辙，如舟有柁，无旁挠，无中阻，以专趋于国利民福之一途，我中华民国，庶有豸乎。大总统府秘书所记。

上引文件，除在政府公报刊登外，袁氏并以自己名义，通电各方，电文除在“大总统”三字上加一“本”字外，与上引全同。

上文中有“电询武昌黎副总统，征其同意，旋得复电，深表赞成”等语。此项去来电文，现载《袁大总统书牍汇编》中。袁致黎电称：“连日与孙黄二君，商榷内政进行方针，由凯开出大纲八条（见前，略）。以上八条，孙黄皆表同情。如执事亦予赞成，即作为我四人协定政策。嗣后进行事件，即悬为目的，以决疑义，而杜庞言。诸祈教正，盼速电复。”黎氏复电称：“捧读筱电，八大政纲，兹事体大，于中国政治前途，极有关系。大总统具闳中肆外之嘉谟，奋长驾远驭之伟略，熟筹审度，计出万全。孙黄两先生业表同情，元洪粗知大义，自当赞成。政策聿定，公理无殊，交资互益，勉为后盾。嗣望时加训诫，无任悚惶。”同时袁并将大纲征询黄兴意见，黄氏复函，载于十月一日政府公报。原函谓：“入京以来，屡次进谒，渥蒙赐教，并垂询一切，感佩殊深。昨承示内政大纲八条，关系民国前途，极为重要。兴才识疏浅，于政治素少研究，然顾念大局，允宜亟定方针，睹兹伟画，实所赞同。”云云。

袁世凯言与行道违，误国自误

上引内政大纲八条，自为中山先生与袁会谈中之一重要文献。中山先生正式赞同此项大纲之文电，虽至今未能查出，在现存演讲中，亦无提及内政大纲八条字样；但各条主张，与当时国民党之政见，实亦无甚冲突之处；中山先生于十月五日返抵上海，对国民党欢迎演讲时，并勉励“国民党同志，当以全力赞助政府及袁总统”，可见中山先生当时对于袁氏的政见，自表赞同，并具有助袁统一建设之一番热忱。而袁氏在与中山先生会谈中的各种表示，似亦颇能接受中山先生的主张，共谋国是。不意为时不久，袁即言与行违，违法乱纪之事，层见迭出。到了民国二年七月，中山先生遂不得不电劝袁氏辞职。电中曾谓：“文于去年北上，与公握手言欢，闻公谆谆以国家与人民为念，以一日在职为苦。文谓国民属望于公，不仅在临时政府而已，十年以内，大总统非公莫属。此语非对公言之，且对国民言之。自是以来，虽激昂之士于公时有责言，文之初衷未尝少易。何图宋案发生，证据宣布，愕然出诸意外，不料公言与行违，至于如此！”又在民国十二年所撰《中国革命史》里，中山先生回忆这一段的经过说：“余于袁世凯继任时大总统也，固尝以小康期之，乃倡率同志，退为在野党，并自任经营铁路事业。盖以为使国无大故，则社会进步，亦足以间接使政治基础，臻于完固。如此，则民国之建设，虽稍迟滞，犹无碍也。顾袁世凯之所为，则无一不与民国为仇，其不轨之心，日甚一日。于是有铲除南方党人势力根据之计划，有推倒民治恢复帝制之决心。”终之误国自误，造成民国十余年纷纭扰攘之局。袁氏辜负中山先生当时推诚相与的一片热忱，致使国家民族亦受其无穷的祸害，我们现在再来回溯这一段往迹，真不禁有无限的感怀！

宋教仁被刺秘闻

余　青

前记

癸丑讨袁，是民国初年的一件大事。袁世凯因为嫉忌国民党，畏惧宋教仁，乃不择手段，指使心腹赵智庵（秉钧）、洪述祖等，辗转密遣流氓浪人应夔丞（桂馨），贿买武士英等人，在上海北火车站开枪射击宋教仁，弹中要害，不幸丧生，国人悲恸不已。

所喜破案神速，应桂馨、武士英等人同时被捕，并搜得赵秉钧、洪述祖和应桂馨往来密电。在短短几天之中，全案侦破，当年上海的报纸，对于这一有关民国政治史的巨案，记载尚详。但当时因有种种原因，仍未能完全详尽宣布全貌。前几年，笔者从姨父口中，得知很多未曾公布的内幕珍闻，兹特将姨父所述当年破案时的实际情形，以往国内报纸所未及采登的，详细写出来，供《中外杂志》补白。姨父原是破获该案参加逮捕应桂馨、武士英的当事人某君的妹夫，对宋案知道得非常确实而详尽，可供史家考证。

袁欲独裁，亟思去宋

宋教仁先生湖南省桃源县人，别号遁初，笔名渔父，清末民初上海《民立报》常载其社论。时宋任该报总编辑，是国民党中最有抱负的领袖人物之一，《中华民国临时约法》，就是宋教仁在辛亥年费了一夜之力一手草成的。袁世凯既在北平就临时大总统职，对于主张民治的国民党，便十分嫉妒，尤其对于宋教仁一夜草成约法，知道他是位非常人物，所以格外畏惧他。民国第一届国会选举（当时系两院制，分参议院及众议院），国民党因获得广大民众的支持，选举结果，在华南华中十一省当选的议员，国民党党员占绝大多数，宋教仁即在湖南以最高票当选。依据约法规定，总统任命国务总理、组织内阁，必须将阁员名单提交两院通过，方可正式任命。袁世凯预料他自己的羽党组阁，两院决不会通过，不得已就竭力笼络国民党，尤其希望宋教仁为他所利用。宋教仁不受袁的利诱，而出任内阁总理的呼声甚高。

袁世凯深知立宪政治的实权在于内阁，总统不能离开内阁单独行动。于是，决定刺杀宋教仁以消除政敌，然后由他的羽党组阁，任凭他弄权操纵，独断独行。

上海北站枪声突起

刺杀宋教仁的详细计划，事先非常秘密，袁世凯、赵秉钧、洪述祖为主谋人，应桂馨是实际的执行人。应桂馨利用杀人不眨眼的羽党，把各事准备好，等待宋教仁由湖南来到上海时，侦知宋教仁决定某天晚上要坐沪宁铁路（即京沪路）夜车从北站出发，再由南京转道津浦路北上，于是决计实行谋杀。因南方为国民党势力范围，其原定计划，必使宋教仁死于济南附近，刺客可以规避责任，又可示威。袁世凯在表面上还电宋教仁到北平去商量国事，其实是袁的诡计。应桂馨经赵秉钧、洪述祖的催促，见事机急迫，乃命他手下临时雇佣的刺客武士英等三人到北站去实行暗杀。刺客三人中，除在监狱里被毒毙命的武士英外，还有两人，一是小宁波，另一人姓名不详。开枪即是武士英一人，其余两人，仅在车站把风。又传小宁波也曾开一枪，但未命中，这点无从细考。那时宋教仁正跟许多国民党送行的政要如黄克强（兴）、居觉生（正）、于右任等，走近栅门，正要进入月台，不意枪声遽响，秩序大乱。跟宋教仁靠得最近的是黄兴，因此当时黄兴左右的人，还误认黄已遇刺。后来见到宋教仁受伤倒地，送行诸人员立将宋教仁抬到汽车里，飞送上海老靶子路铁路医院救治，无奈时值深夜，医生都已回家，无人诊治。这时国民党上海交通部交际主任周南陔已赶到，在医院里四处打电话，催请医生，通知报馆发新闻缉凶。周南陔办事极为干练。

三枪中一神智仍清

先是宋教仁早先上车时，由交际部干事吴颂华赴站招待。周南陔另有宴会，在某地聚会中坐席甫半，忽有安徽众议员陈策进入报告宋教仁在北站被人枪击，但不详其情。周南陔立即辞出，同席有王全发（号季高，曾任笔者故乡绍兴都督）向周说："我的车快，我陪你一同去吧！"王自开汽车与周同往。王的驾车技术，在当时非常高超，王周两人到了北站，站长等人都认识周，告以枪击情形，并说宋教仁已被送到铁路医院去了。王周随即驶往医院，但见宋教仁在楼下一间小屋里，坐在板床上，神智很清，绝不模糊，只有于右任与居正二位在侧。当时因深夜，院内并无医生，经周南陔打电话到各处找了好久，才来一位医生和一位女看护，共扶宋教仁上楼，安卧在某号病榻上。医生验明伤在腰部，枪弹未出，深夜不及开刀，决定到翌日天明时施行手术。

当晚宋教仁睡卧在小病房木板床上，跟于右任、居正商量发电报给袁世凯。对于电文措辞，三人斟酌再三，才得定稿。起稿时，一面说着，一面由周南陔在榻旁笔录，其中有"为奸人狙击，计发三枪，中者仅一"等句，是宋教仁亲口所述。电文由周南陔坐着王季高汽车（跑车，王有好几辆汽车），亲送到四川路福州路电报局去拍发。事毕，回到医院，已是凌晨二时左右。

宋教仁平日自奉俭约，受伤时所穿西装已敝旧，裤腰上的钮扣系薄洋铁质且已发锈，武士英所发射的子弹正好把钮扣射碎，穿进腰去，侵到肾部，这是加重伤势的一大原因。铁路医院医师因宋教仁伤势十分严重，特与党方商量，邀请沪上手术最高明的名医会诊，最后邀请到德国兵舰上一位外科解剖专家，于次日下午替宋教仁动手术取出子弹。手术时，组织里为郑重起见，特派于右任到现场（楼下手术室）从旁监督。子弹从前面胸下腹上取出后，伤势仍无起色，反渐加重。晚饭时，宋教仁频频呼痛，医生及看护急为注射止痛剂，痛苦略减，但不久又痛。到了夜半，已入危险状态。周南陔招待党内党外各方面来院探病的要人，日夜不离病院，又到榻前问询，随时用电话分头向各政要报告。夜半弥留前，居正、陈英士两人先到，黄兴继来。其时宋教仁，已不能言语，诸人环绕病榻，莫不呜咽失声。气绝时，黄兴、陈英士分坐病榻两旁，各执宋手，再三说："遁初！放心！我们要代你报仇的！"黄兴操湖南音，陈则湖州官话。其时宋虽不能言，但仍认识黄、陈两人，又因痛苦过度，宋教仁的头在枕上转侧不停。众嘱周南陔从床栏上扶持其头，直到天明时呼吸停止，周南陔才得放手。

四川学生指引凶踪

此一惊人巨案发生后，国民党对于缉拿凶手非常认真，凡是党内干事及在沪党员，几全体行动，分头寻找线索。当时党部的组织如下：国民党上海交通部（实即是总部，因要人物都在上海，国民党以南方为根据地，上海又是南方唯一要地）设在南京路抛球场沿马路通运公司楼上（即有名的亨达利钟表行隔壁），部长是居正，下设总务、财务、交际文书等各部门，总务长庞青城，财政长王一亭，交际长周南陔，文书长张默君（邵元冲夫人）。当时国父孙中山先生及黄陈诸人都聚集在上海，感于宋教仁被刺殉难，万分悲痛，对主使之人，大有食肉寝皮之概。宋案要犯的被捕及种种秘密电文的发觉，都在无意中成功，其线索的寻得，说起来真有些像天意相助呢。

在宋教仁出殡的当天晚上，有两个潦倒不堪的四川学生亲到国民党交通部所属的交际部，说是要谒见主任，有机密事报告，遂由主任周南陔接谈，二人异口同声地说："我们因为来沪投考学校，住宿在四马路鹿鸣旅社，隔壁房里，有一衣衫不整、面貌不像善类之人，住了多时，据说携有一幅古画来上海找买主的。那人自称姓武名士英，每天早出晚归，常到我们房里闲谈。一天，向我们借洋两块，他说，有人提拔他，叫他去干掉一件事，成功之后，即可大富贵，那时报答我们两位，可以十倍奉还。他又给我们一张照片，原来是印在明信片上的，他说，此人不好，可杀，是我们对头等语。又拿出一张名片，说是提拔他的上海有名人物。当时我们将信将疑，就借给他两块钱。后又陆续借去共七元二角，直到前日深夜，武士英果来还我们的债了！神情极为慌张，但很得意的样子，他说，好了，并将身藏钞票一叠向我们显示，想必是领到赏金了！第二天报上载宋教仁先生被刺消息，并有照像刊出，与武士英给我们看的照片，竟是一人，因此特来报告。"

周南陔听了，事实离奇而又可信，不敢怠慢，就细问那两学生说："武士英给你们看的那张名片，他说是上海有名的人，记得姓名吗？"两学生思索良久说："当时没有十分注意，实在记不起来了！"周又叫他们细想一点印象，两学生说："那名片上的姓，说普通并不普通，说生僻也却不生僻，但记得有长长的一撇，其余却已想不起来了！"

周南陔立即报告陈英士先生，一面又派人随同学生到旅社守候武士英，准备他回来，相机探察，两位学生当然就是眼线。陈英士先生的一班干部人员，大家详猜这个主使犯的姓有一撇的，煞费了一番苦心，竟难猜透：是姓虞吗？姓唐吗？是廖？是廉，是周，是方？一个个猜透过了，还是莫衷一是。陈英士先生说："根据'上海有名的人'一语，也许姓虞的倒很相近。"（笔者按：当时陈英士先生误认为上海有名的"财神爷"虞洽卿。）哪里知道事实上却是个姓"应"的，除了"六壬卦""文壬课"，谁能料得到呢?

逮捕应桂馨的经过

周南陔派了部内的干员数人，在鹿鸣旅社武士英对门开了一个房间，秘密守候了一日夜，那武士英仍不见回来。周南陔向陈英士商议，决定先行搜查武士英的房间，不料搜查结果，什么证据都没有，只发现一张“应桂馨”的名片，这才恍然大悟，原来姓有一撇的就是这位仁兄。那时应桂馨是公职人员，身任江苏省水警厅长，在官场和社会闻人两界，极有手面；日前宋教仁出丧到斜桥湖南会馆时，应桂馨还在场照料，甚为殷勤，又谁料其内幕如此奸诈呢！陈英士对于革命，素抱勇往直前、不顾成败利钝的精神，既发现了应桂馨的名片，就立即密告英法两捕房，急速逮捕应桂馨。发动已在晚间，应的住宅在法租界西门路文元坊沿马路，门前有电车轨道，这一天应本人正在英租界老民和里某妓院宴客，陈英士派周南陔、陈惠生等率领干员，会同捕房探捕（周邀探长阿姆斯脱朗亲往）实行逮捕，但绝未透露风声。当时应桂馨在民和里妓院宴客尚未散席，周陈等人事先已查访明白，直奔民和里。探捕在妓院四周放出步哨，应桂馨正在楼上厢房中呼卢喝雉，兴高采烈，周陈与应本是熟人，当由周南陔入门在楼下，吩咐相帮（龟奴）请应大人下楼，说有要事面商。应听了坦然下楼，邀周南陔上楼晚餐，并说今天宾客不多，你来得巧，不用客气。周南陔说：“有一句话要面谈，我们到外面去谈一下，再来入席如何？”应桂馨不疑，走在周南陔前面跨出大门。那时西探长阿姆斯脱朗正密伺在门外，他本也认识应桂馨，不由分说将应双手握住，另有一人抱住应的腰部，防他掏摸手枪。更有探捕多人，将他簇拥着押进停在民和里街口的“香港”汽车（上海捕人汽车，内行人语），立刻风驰电掣般开往南京路老闸捕房，从贵州路后门而入。同时另行派出的干员，亦已随同法捕房人员，到文元坊应宅实行搜查，可是搜了半天，一点证据都没有得到。

文元坊用计赚密电

文元坊应桂馨公馆，是三楼三底房子，陈设相当阔绰。应桂馨有妻妾三人，家里每天进出的宾客游手好闲之辈不计其数。办案干员先将后门把守，但都守在门内，不使外面人知道，并禁止应宅无论任何人不许出门，如门外有人来到应宅，一进门就被拘住。当将应宅男女宾客及闲杂人等一律分别软禁，女眷在楼上厢房，男女宾客在楼上西厢房，都不准行动，分派妥当，就开始搜查。在应桂馨的三上三下房子里，翻箱倒箧，衣橱、文具、抽屉、镜架，各处都详细查过，竟没有关于刺宋的片纸只字。时间已过了午夜，大家不胜焦急，因为那时武士英尚未捕获，要是人证物证都没有着落，应桂馨又是个有能力有手腕的人，势将奈何他不得，而对于捕房，更是无从交代。到了这时，勇迈绝伦、字典上素来没有“难”字的陈英士，接到电话报告之后，也不免焦灼起来，待要到应的其他秘密办事处想办法，而一时急切不得头绪。好个交通部交际长周南陔，眉头一皱，计上心来。他在老闸捕房把应桂馨收押之后，接到文元坊搜查人员的电话催促，立即赶往应宅，又赴各要人处往来路上，想得一计。到了应宅，周南陔对那些软禁在楼上十分慌乱的女眷，声称他是应桂馨在捕房接头过的心腹友人，走到几位应的姨太太跟前，装得很是机密的样子，低声地向她们说：“你家大人托我回来安慰你们不必着急，事情有眉目了，到明天就可解释明白。但是有一个秘密文件的地方，应大人关照把文件赶快取出来，秘密交给我，以便做好手脚，快点，快点！”又说，“哪位是晓得这地方的太太呀！”

当时周南陔的神气活像是应家至亲好友模样，而且警探森严中，来往自如，当然使见者知其为神通广大之人。应妾果然中计，便有一人站起来说：“是我晓得的，但这里如此严禁，哪能弄法？”周说：“有我不要紧，你快点去拿好了。”应妾就在厢房地板上拨动活板，掀开后，有一小箱子，另外还有烟土等物。周把箱子取出，如获至宝，又问还有别的要紧东西没有。应妾说：“全在这里面。”周乃送应妾到原处，立即唤干员就地详细检查（各房探捕守门，房内非常清静），内藏文稿密码本及其他文件不少，就立刻先将电报检阅或翻译，花了好几个小时，如署名之别号等，辗转推寻，秘密始完全显露。其中最重要的证语，是用“梁山匪魁”四字代替宋教仁的姓，洪述祖给应桂馨的电文裏，又有“毁宋酬勋”字样，方知应桂馨刺杀宋教仁，不但贪图厚利，还有酬广勋位的希望。尤要者，宋死之夜，应报告电中，有“就擒”及“转呈极峰”等语，于是袁世凯主使及其残害国民党手段的毒辣，暴露无遗了！来往有关各电，由周南陔亲到电信局对号对码，逐件逐字，检复无讹，并由局中收发拍电等原经手人一一签字为证，确实不容狡赖。

武士英报名投罗网

自从发现了密电证据之后，虽案情大白，但审讯经过、引渡手续，非常麻烦，以种种原因，极费踯躅，困难周折万状。党方律师之一为黄镇磐，湖北人，后任最高法院刑庭长，出力很大。本案引渡上海本地法院讯办时（尚未定狱），当将应桂馨、武士英等拘押在城里“地方监”的牢狱里，应桂馨是从武士英的口获到线索牵连出来的，俯首就缚，非常顺利。但是那个实行杀人犯武士英，到哪里去找？说来更是奇巧有趣，更顺利容易，也许是宋教仁在天之灵暗中呵护之故。原来就在搜查应桂馨公馆的当晚，应某手下不少游手好闲之徒，软禁在一间厢房里时，在取到密件之后，同往应宅逮捕的人，想起武士英还没有捕获，当初出发匆忙，也没有想到叫四川学生去查对，到了这时，就向那一伙软禁在应宅西厢房的男宾客，高声问说：谁是武士英，他在这里吗？这是随便说说的，姑妄言之，以为武不一定在应宅，即在也不会承认的。谁知问话甫毕，就有一个下级工人模样的人，急急站起来承认说：“我就是武士英。有什么事吗？”于是立刻将他押入法捕房，才派人去招两位四川学生来，到场辨认，果然就是鹿鸣旅社那个借钱还钱的人。羁押之后，跟应桂馨同时移解地方审判所，后来武士英在地方审判所监狱突然服毒身亡。那是应某羽党，希图灭口，在馒头里放下毒药，送进监狱。连武士英自己直到毒发，才知性命不保而富贵终于没有享到，可谓死有余辜。

以上是应武两人被捕破案的真相，当时各报记载，也因各方面的关系，都未能和盘托出。陈英士先生也只对国民党重要干部人员告以详情，对外从未详细宣布。连在场办案的探捕等人，也都没有知道这样详细。尤其是四川学生的线索及搜得文件等许多小动作，除了陈英士先生等几位主持其事之人，知道者可谓极少。

应桂馨越狱遭灭口

主谋刺杀宋教仁的有关诸人，除袁世凯本人，在洪宪称帝时被四川督军陈二庵（宧）一个通电气死，终算“得保首领”而没有被戮外，其余赵秉钧、洪述祖、应桂馨等人，都不得善终。这虽全国皆知，但在本文，不得不补述，作一结束。

应桂馨是在宋教仁死后两年，在杨柳青津浦铁路二等车厢里给人用刀戮死的，指使的人就是袁世凯。当时应桂馨羁押在上海地方监狱，陈英士先生二次革命失败退兵时，因为尊重司法精神，没有把他枪毙，也没有把他随军带走。应桂馨就乘革命军撤退、上海政局混乱、无人问责时，在狱中鼓动越狱，逃出囹圄。因南方注目他的人太多，他就间道溜到北平去求见袁世凯，要求履行所谓“毁宋酬勋”的诺言，说“宋已毁了”，勋爵的酬报理应实行！袁世凯最初利用应桂馨时，本是一时权宜之计，哪有真的“酬勋”之意；更兼应桂馨一派流氓气息，要是真把勋爵加到他头上，岂不为天下笑。何况国民党素受国人敬爱信仰，虽然兵败，潜势力犹不可轻视；应桂馨是刺宋案著名的在押监犯，如果一朝身跻登显位，岂非证实袁世凯和应桂馨勾结，确是实情。因此袁世凯对于应的要求只是敷衍，但说你要用钱，尽管来拿，至于受勋或做官谋差，只好静待机缘。于是应某向袁世凯需索金钱，再三贪求无厌，应本是下流亡命之徒，因与袁世凯有此瓜葛，便在旧都四处招摇，自称项城心腹，谋差谋缺，经他营干，是个终南捷径，可以手处拿来，一时奔走他门下绳营狗苟，掮客政蠹之辈，几于斗庭若市。袁世凯看应桂馨实在闹得不成话了，起了“灭口”之心，暗想此人不除，刺宋秘密，终有和盘托出的一天，就借端派应到上海去公干，暗中密派刺客二人，跟随左右，应一人独坐津浦路二等卧车，在经过杨柳青附近的夜里，被这两人刺死在卧铺上，被车上茶役发觉时，凶手已逃逸无踪了。一个恶贯满盈的刺宋要犯，就在这时，借袁世凯心腹之手，替国民党执行了死刑，当然是件大快人心的事。

赵洪二凶不得善终

宋案重要人犯武士英，死于狱中，应桂馨毙于车上，除袁世凯外，只有赵秉钧和洪述祖二人是当时参预密谋的重要分子，阴毒险狠的袁世凯，早存了一网打尽的心，要是放他们活在世上，迟早终会给他一个要挟的把柄，但赵洪二人不比应武之流，赵秉钧（智庵）是内政部长兼摄阁揆，足智多谋，号称袁项城的“智囊”（音谐智庵），决非随随便便可以把他处死。有一天袁世凯在总统官邸柬邀赵智庵去宴会，宴毕回家，智庵突然腹痛如裂，好像《奇冤报》剧里的刘世昌吃了赵大的酒饭一般，不多一回，就一命呜呼了！袁世凯当然还有一番“猫哭老鼠”的假慈悲，循例“传旨褒扬”外，还发给了优厚的治丧费，以报赵帮凶刺宋的劳绩。这事发生后，虽然近乎斧声烛影，找不到项城送毒的证据，但人言啧啧，闹得全国皆知，把一个老奸巨猾洪述祖，吓得寝食不安，急忙推托养病，脱离虎口，溜出北平城，回到武进原籍，杜门谢客，诗酒自遣，不闻理乱，这样闭门思过，终算暂逃诛戮，但天网恢恢，疏而不漏，在若干年后，卒被宋先生公子冤家路窄，在上海与他相遇，不共戴天之仇，分外眼红，当即扭交法院，后移解到北平法庭，第一第二审，只判决无期徒刑，他声明不服，向北平最高法院提起最后上诉，不料非但不予减轻，反而加重改判为死刑。行刑时，是用绞刑，本可给他保个全尸，但洪某依然断头而死。缘当时北平法院向外国订制了一架用电流操纵的绞刑机，运到北平不久，尚未有人试用过，刚巧轮到洪某第一个尝试这电绞滋味，到了临刑时，不知怎么的，那绞头的铅丝，收束太紧，竟把洪某的一颗头颅从颈上绞了下来，当时鲜血淋漓，仍与杀头无异。这又是大快人心的事。

有关人事谐妙文字

洪述祖是清诗人洪北江的嫡系子孙，名导演洪深之父，虽然行为卑劣，不齿士类，但诗词笔墨，才气甚盛，饶有祖风，他寓旧都时，在自己门上书一联云："长安居，大不易；天下事，尚可为。"被宋先生的公子指控被捕后，在狱中常致家书与其女阿媛、其妻玉芙，书中常提到"吾子八斤，心地笃实，极顾大局，不愧我子"云云。八子大约就是指的洪深吧？又刺宋案发生后，大家知道袁世凯对于正式大总统一席，决不让人（时袁为临时大总统，并非由国会产生），但袁世凯对宋教仁仍做出虚伪的哀悼，名士于晦若，方任袁的机要秘书，对于袁世凯的心事，早已了然，曾著《浣溪纱》词一阕，传诵天下，读者无不击节，其词云：

> 顿足捶胸哭遁初，装腔作势骂施愚，可怜忙煞阮忠枢。借刀杀人洪述祖，闭门立宪李家驹，本来总统是区区。

"本来"两字，妙到毫巅，当时情态如画，真是妙笔。李家驹、阮忠枢、施愚，都是袁项城（世凯）夹袋的政客策士（他们均早已逝世），连于晦若也作古五十年了。诗人刘成禺，在袁世凯称帝绝命后，曾做洪宪纪事诗若干首，也是有关民国政史的好文字，中有一首云："忙煞当朝阮司马，移书淮上走年年。"阮司马就是"可怜忙煞"的阮忠枢，字斗瞻，当时张办帅（勋）蓄复辟志，因袁世凯待之殊礼，故有“项城在位，决不复辟”之语，常居鲁徐，静待时机。项城极意羁縻，常命阮忠枢携亲笔书，每月到泰安笼络张辫帅。刘诗所谓“移书淮上走年年”乃刺宋案后关于袁氏洪宪及张辫帅复辟之一首史诗也。

卜葬江湾挽联一斑

宋教仁不幸被刺逝世之后，国民党的同志将他卜葬于上海之江湾，并在其坟墓前塑造了宋氏的铜像一座，其状侧坐着，在思考的样子。石座上刻有“渔父”两个很大的篆字，和于右任所撰的碑铭：

> 先生之死，天下惜之，先生之行，天下知之。吾又何记？为直笔乎？直笔人戮。为曲笔乎？曲笔天诛。嗟乎九泉之泪，天下之血，老友之笔，贼人之铁，勒之空山，期之良史，铭诸心肝，质诸天地！呜呼！

国民党上海市党部在这年（民二年）的四月十三日，假张园举行追悼大会，由陈其美先生为主祭，由居正赞礼，汪洋读祭文，所收挽词非常之多，其中最引人注目的是黄兴（克强）和易顺鼎（实甫）二位所写的挽联。黄兴挽：

> 前年杀吴禄贞，去年杀张振武，今年又杀宋教仁；
> 你说是应桂馨，他说是洪述祖，我说确是袁世凯。

易顺鼎（实甫）挽：

> 卿不死，孤不得安，自来造物忌才，比庸众忌才更甚；
> 壮之时，戒之在斗，岂但先生可痛，恐世人可痛尤多。

宋教仁被刺与孙黄失和

金典戎

民国二年三月廿日国民党代理理事长宋教仁被刺于上海车站。

袁世凯为什么要杀宋？杀宋后的后果又如何？《阎锡山回忆录》中均轻轻一笔带过，语焉不详。关于刺宋案的前因与后果，笔者特从香港曾追随中山先生多年的一位革命老人口中，得知其原始本末，兹照录而出以作补充。

袁世凯使用苦肉计

民国元年二月十五日，南京参议院选袁为临时大总统后，曾以“中华民国华盛顿”对袁相勖，同时派出宋教仁、汪兆铭、蔡元培、钮永建、魏宸组五人为专使，以迎袁南下就职。廿五日五专使抵达北京之日，袁曾予以盛大欢迎。五专使即与袁进行南下就职的谈判，袁在表面上做得非常亲切，曾和专使们讨论南下的路线，并商量到留守北京的人选问题。但他却在暗中驱使他身边的“赵子龙”——第三镇统制（等于师长）曹锟，酝酿兵变以阻止他的南下之行。廿九日晚事变突起，北京城内崇文门一带火光烛天，使全城陷入混乱状态。五专使立即被人送往东交民巷六国饭店内避难。次日，乱事逐渐扩大，延及天津和保定一带。这是袁使用的“苦肉计”和用武力巩固其私人地位的第一步。

兵变发生以后，袁犹恐不能引起南京方面的重视，遂又暗中示意各省督抚，发表通电反对袁氏南下。袁此时便假装为难，电请黎元洪代表他在南京就职，他本人则请示参议院准予留京六个月，一俟乱事平定后再行南下。此时留在北京迎袁的专使，眼看此种情势，亦认为“袁此时之不便南下”确有必要，乃联名电请南京暂从缓议。

中山先生当时为息事宁人计，提出的折中办法是：准予袁在北京就职，但须用电报向临时参议院宣誓。三月八日袁氏遂在北京就大总统职，其向参议院宣布的誓词如下：

> 南京参议院公鉴：麻电悉，所议六条一切认可。凯以薄德，忝承公推勉任公仆职务，谨照三月初六日议决第二条办法，电达宣誓。下列誓词，请代公布。其文曰：民国建设肇端，百凡待治，世凯深愿竭其能力，发挥共和之精神，涤荡专制之瑕秽，谨守宪法。依照国民之愿望，建国家于安全强盛之域，俾五大民族同臻乐利，率履弗渝。俟召开全国大会，选定第一期大总统，世凯即行解职。谨掬诚悃，誓告同胞。大中华民国元年三月初八日袁世凯。

中山北上与袁密谈

导演兵变者虽为袁氏，但其后范围的扩大与蔓延，则非其始料所及。所以在袁就职初期，全国竟陷于一片混乱境界。在陕西有张凤翙与 × × 之争；在山东有胡瑛与张广建之争；在安徽有孙毓筠与黎宗岳之争；在广州有唐继尧与杨荩诚之争。至于各省的杀官驱长浪潮，尚未计算在内。

当时只害得那位“菩萨心肠”的黎副总统，今天发表一个“垂涕而告”的文告，明天又发表一通“泥首以请”的长电。传诵一时的杰作，有“三危，四亡，五哭，十害”等项电文，而开了后世电报中发表长文的先例。

参议院北上办公后，袁所组织的第一任混合内阁，是请出他的老友唐绍仪来。在内阁阵容方面，袁系的人计有：

外交总长：陆征祥。

陆军总长：段祺瑞。

海军总长：刘冠维。

内政总长：赵秉钧。

在民国初期，各部首长都称作总长，到了后来才改称为部长。袁系人马占据的这四部，都是重要的部门。属于同盟会的计有：

农林总长：宋教仁。

教育总长：蔡元培。

司法总长：王宠惠。

工商总长：陈其美。（未就）

这是属于次要的四部，从这些地方，人们早已看出袁没有同国民党（后来的改名）真诚合作之意。六月廿七日唐阁总辞，廿九日由陆征祥奉命组阁。综计唐内阁由三月十三日开始组阁，到六月廿七日总辞，前后只得三个月零十四天。

八月廿四日中山先生应袁氏之邀抵达北京，袁待之以总统之礼，用他自己所乘坐的双马车，金漆朱轮，饰以黄缎，到前门车站去迎接中山先生。北京市民欣悉这位开创民国的伟人到了北京，也自动举行盛大欢迎，夹道欢呼，盛况空前！

在此以前，中山先生已于八月廿三日将同盟会、共和党、国民共进会、国民公党、共和实进会等合并为一，改组为国民党。以中山先生为理事长，理事九人中有宋教仁、黄兴、胡汉民、汪兆铭、吴稚晖、于右任、陈其美、廖仲恺、居正等。中山先生到达北京之后，下榻于袁预先替他准备好的“迎宾馆”。三日一小宴，五日一大宴，两日一密谈，往来得非常密切。总计中山先生留在北京一月，与袁氏密谈共达十三次之多。

袁氏痛恨政党内阁

九月九日袁授中山先生筹划全国铁路的全权。九月十一日黄兴到了北京。九月十二日清室在北京东城金鱼胡同那桐花园欢宴孙黄二公，由贝子溥伦代表清室致辞，黄兴起立答辞。

中山先生离开北京东渡后，黄随后亦回到湖南度岁，留在北京的国民党负责人便是宋教仁了。在中山先生留驻北京期间，孙黄二公均对袁表示衷诚合作之意，宋在闲谈中也时常流露“中华民国大总统非袁公莫属”的表示。按说袁可以高枕无忧了！但他总觉得宋所倡导的“政党内阁”之说，是一根毒草，非把它连根拔去不可！他有一次曾拍了拍宋的肩膀说：

“做总理容易，但别搞什么政党内阁那套玩意！”

袁痛恨政党内阁的原因，是他认为如果要实行政党内阁制度，势必将大总统置于无权无勇的地位，这是他最不能忍受的事。他用官位羁縻宋，宋不表示可否，他给宋政费，宋则把支票簿退还给他，使袁觉得这位湖南人与其他湖南人有很多不同的地方，是不可以用禄位和金钱来加以收买的。

迨至正式国会在北京举行选举的时期，国民党获得空前的胜利，反对党虽然联合起来组织了一个进步党，但仍难为敌。这样一来，似乎在袁的心目中又横梗了一根刺！

宋在选举期间，以在野之身遍游湘（湖南）、鄂（湖北）、皖（安徽）、宁（南京）、沪（上海）一带，到处发表“政党内阁”的演说。袁在北京听到这个消息之后，当然在心里不快中又增加了更多烦恼！他曾对杨度表示：“以暴动手段夺取政权，尚易应付；以合法手段夺取政权，以置总统于傀儡地位，却难于应付！”

上海北站宋氏被刺

民国二年，以事实上的需要，中山先生派宋代理国民党理事长，使宋在党中的地位日隆，却使袁对之怨恨日深。

民国二年三月廿日晚十时，宋由上海北站乘车北上，送行的人有廖仲恺、黄兴、陈其美（英士）、于右任等。宋刚一脚跨入车门，突由车厢里面跃出一名着黑衣呢军服的矮汉，一抬手就对准宋放了一枪，因距离太近，一下子就击中宋的腰部（右腰），宋大呼："有人刺我。"那个矮汉子已知得手，便在众人混乱之际拔腿跑去，由于雨后路滑，还在途中跌了一跤，又爬起来狂奔而逃。

这时由于右任把宋扶上汽车，立刻送到上海靶子路"沪宁铁路医院"。待手术取出了子弹，因子弹有毒，经过剖腹涤肠后，宋伤势依然逐渐恶化！过了一段时间，宋才从昏迷中醒了过来，喝了一口水后，勉强地吐着微弱的声音说："我的朋友呢？"

这时环绕在宋病榻的有黄兴、陈英士、于右任、廖仲恺等人，每个人都含着两行热泪走近榻前。宋挣扎着说：

"我这次北上，意在调和南北，以共同对外，不料……"

停了一刻，宋又继续对着黄兴说："我死之后，公等仍须努力国事，请代我写遗电。"

黄赶快拿了一支笔，一面流泪，一面听一面写。宋用微弱的声音念着下面的词句：

"望总统开诚心，布公道，竭力保障民权，俾国会确立不拔之宪法，则仁虽死犹生。宋教仁中华民国二年三月二十二日晨。"

宋写完遗电之后，于四时逝世，年仅卅二岁。家有老母因奔走国事不得奉养，痛哉！

古董商人泄露机密

宋教仁被刺逝世后，陈英士亲自为之购买棺木，价银二百两，在那个时代，算是一个不小的数目。宋死之日，国民党上海支部，曾在发表告党员的通告中说："本党代理理事长宋先生之丧，各党员均着黑纱致哀。"

中山先生惊闻宋的噩耗后，亦于二十五日由日本赶返上海，曾亲书一副极为沉痛的挽联，以对宋表示哀悼！这副挽联的原文是：

作民权保障，谁非后死者；
为宪法流血，公真第一人。

袁世凯对宋的被刺，在表面上表示得极为哀痛，照例地下令通缉凶手，归案严办。

宋何以致死，明眼人一看便知，这是由于袁所策动的有计划政治谋杀案件。但茫茫大海，只凭一纸通缉命令，又向何处去追寻凶手呢？

中国有一句古话是："天网恢恢，疏而不漏。"也是事有凑巧，就在宋逝世的那天下午，有一个做古董生意的河南人，名字叫王阿法的，到上海四马路的法国捕房去报案。他说：

"在十天以前，我到文元坊应桂馨家里去兜售古董。在闲谈之中，应曾拿出一张相片给我看，告诉我他和这个人有仇，如果我答应把这人刺杀，他愿以银圆一千元为酬。我当时表示：我只会做生意，没有胆量杀人。今天我看到了报上发载的照片，才知道应桂馨叫我杀的人，就是全国景仰的宋教仁，所以特来报案。"

正真是应了中国另一句古话："踏破铁鞋无觅处，得来全不费功夫。"捕房办案人员一听到这个惊人的消息，马上就派出眼线四出侦察应的行踪。结果是在湖北路迎春坊二二八号妓女胡翡云家中把应桂馨加以捕获。

翌日捕房即出动人马，到文元坊应桂馨家中，大举搜查，就在应家竟把正凶武士英也同时捕获。

搜出文电成为铁案

对于主使杀人案件，应当然是矢口否认，但在搜查的同时，却在应家搜出来下列各项文件：

一、搜查出来应与国务总理赵秉钧及内务部（后来改称内政部）秘书洪述祖等往来的密电本、有关信件等。

二、搜出行凶的五响手枪，证明弹型完全相符。

三、文电的内容如下："密事速行——川效。"又电："已由日本购得孙、黄、宋劣史，共印十万册，拟由日本横滨发行。"

四、二月二日洪致应电："大题目总以做一篇激烈文章（意指暗杀）方有价值，弟（指应）须于题前径密电老赵（指赵秉钧）索一数目。"

五、二月四日洪又有一电："各电到赵处，即交兄手面呈总统，阅后色颇喜，说弟（指应）颇有本事，既有把握，望即进行。"又电："请款不可过三十万。"又电："梁山匪魁（指宋）应速剿灭"。又电："毁宋酬勋位。"

六、三月十四日应致洪电："匪魁四出扰乱（指宋鼓吹政党内阁），已有紧急命令设法剿捕。"文中应对洪的称呼为"荫之老伯"。

七、三月二十一日应电："匪魁已灭，我军无一伤亡！"

想不到这一篇大文章，做得如此拖泥带水，刺宋案发生不到三日，就证明了这个案子的主谋人是现任中华民国的大总统，教唆人是现任的国务总理，执行人是应桂馨，枪手是武士英。

武是山西人，彼时年只二十二岁，他在云南当过营长，失业后流落在上海，被应收买后才做出来这件惊天动地的案子。他在口供中，最初还希图替应开脱，供称："宋案是他一人下手，与应无涉。"

孙黄二公意见相左

但在证据确凿之下，应自然无法卸脱他的罪名。武士英和应都受到了应得的惩罚。

宋死以后，袁到底作贼心虚，马上派工商总长刘揆一（湖南人）以到上海吊丧为名，去暗中疏通黄兴。黄虽对刘的说辞加以拒绝，但他究竟是抱了"息事宁人"的态度，当时就拒绝了中山先生讨伐袁氏的主张。黄当时的见解是："处于外交情势严重，各国尚未承认民国，蒙藏风云日紧时期，对于宋案宜谋法律之解决，反对以武力对付。"因此，孙黄二公遂起龃龉。

这是中华民族命运断续的主要关键。中山先生于癸丑二次革命失败以后，曾有一信致黄，对此种情形叙述得非常详尽。陈英士原是对黄兴最推重的人，当时也有一函责黄的迁就心理，措辞颇厉。中山先生的函件原文如次：

癸丑之役，文主之最力，非袁氏兵力之强，实因党人涣散所致。犹忆遁初（宋字）死后之五日，英士（陈其美）、觉生（居正）等在公寓所讨论国事，及遁初致死之由。公谓民国已经成立，法律非无效力，对此问题宜持以冷静态度，而谋正当的解决。时天仇（戴季陶）在侧，力持不可，公非难之至再。以为南方武力不足恃，苟或发难，必致大局灿烂，文当时颇以公言为不然，公不之听。及其后也，烈武（柏文蔚）、协和（李烈钧）等相继被黜，静山（孙道仁）观望于八闽，组庵（谭延闿）反复于三湘，介人（朱瑞）复盘踞两浙而分南北之势，以掣我肘！文不胜一时之愤，乃饬英士（陈其美）奋起沪滨，更檄木良（程德全）倡义金陵。文于此时本拟观兵建康（南京），公忽投袂而起，以谓文不善戎伍，措置稍乖，贻祸匪浅。文雅不欲于兵戈扰攘之秋，启兄弟同室之哄，仍退而任公。公去几日，冯（国璋）、张（勋）之兵联翩南下，夫以金陵帝王之都，虎踞龙蟠，苟得效死以守，则大江以北决不致闻风瓦解。而英士、铁生（钮永建）亦岂致一蹶不振？乃公以饷绌之故，贸然一走，而如火如荼之民军于是歼灭无遗，推原其故，文之罪欤，公之咎欤？

又陈英士先生致黄函中略云：

溯及辛亥以前，二三同志如谭（人凤）、宋（教仁）辈过沪上时，谈及吾辈健者，必交推足下，以为孙氏理想，黄氏实行……此语一入吾人脑际，遂使中山先生一切政见不易见诸实行。然而征诸过去事实，则吾党重大之失败，果因中山先生之理想误之耶？抑认中山先生之理想为误而反对之至于失败耶？……然以上犹可曰一般党人之无识，非美与足下之过也。独在宋案发生，中山先生适归沪上，知袁氏将拨专制之死灰，誓必去之，乃吾人又不之信。必欲静待法律之解决，不为宣战之预备。岂知当断不断，反受其乱……中山先生主张，一方面速兴问罪之师，另一方面表示全国人民不承认借款之公意于五国财团。中山先生电令广东独立，而广东不听，欲躬赴五粤主持其事，而吾人又力泥之。不得已令美先以上海独立，而吾人又以上海弹丸之地，难与之抗，更不听之……寻北军来沪，美拟邀击海上，不使登岸，中山先生以为然矣，足下又以为非计……夫以中山先生之知识，烛照无遗，而美于其时贸贸然反对之，而于足下主持政见则赞成唯恐不及，非美之感情故分厚薄于其间，亦泥于孙氏理想一语之成见而已！……

宋案的发生，是国民党癸丑二次革命及未来南北纷争的导火线，一般谈因果律者，都说袁氏后来的死，亦正是受了这种因素的心理影响。种瓜得瓜，种豆得豆，这并非吾人故神其说耳。

时势造英雄——黎元洪外史

薛观澜

查吾国近代历史，英雄造时势者，孙中山也；时势造英雄者，黎黄陂也。武昌起义，黎元洪仅任新军协统，与旅长阶级相同，当时因兵荒马乱，高级官吏皆已远飏，起义人员将黎氏从楼梯下小室拖出，拥为第一任湖北都督，此事可谓为辛亥革命脆弱性与妥协性之象征。黎氏本人对此幕滑稽剧并不讳言，他说："按清代法律，革命行动可招灭族之祸，岂可掉以轻心。我当时强被拖出，不得不已耳！"黎氏所云，未为失言，当予幼年居乡时，尚视革命为越轨行动，盖当特苏锡一带，并无满人踪迹，种族思想，又从何而起？

袁项城最信任黎黄陂

民国肇建后，黎元洪荷天之休，威望日隆，虎御三杰（黎部三武为孙武、蒋翊武、张振武等），鹰扬三镇（指武汉），黎氏和光大度，鄂人仰若天尊，袁项城心窃忌之，遂效宋太祖杯酒释兵权之故事，召黎进京，畀以参谋总长之职，以测其反应，黎氏本无大志，乐居长安，无怨言，无愠色，项城心许之。

当北京政府成立之时，革命同盟会与唐绍仪、谭延闿等结合，组成国民党，是为在野党，拥袁而企图分袁之权力，故以责任内阁与地方自治二端为揭橥，同时黎元洪、章炳麟、程德全等，则与君主立宪派之张謇、汤化龙等结合，组成共和党，是为政府党，拥袁并赞成中央集权之制度，此属当时临时参议院中之并立两大党。国民党以宋教仁为魁首，被称为急进与革命；共和党以黎元洪为最尊，被称为渐进与开明。但宋教仁有组织能力而黎元洪无之，故不久章炳麟（太炎）退出共和党。汤化龙则与梁启超、王家襄、王揖唐（赓）等协议将共和、民主、统一等三党合并为进步党，仍遥戴黎氏为理事长，以与国民党相抗衡。惟袁项城对议会制度，则始终格格不相入。

黎既助袁，袁亦竭力笼络之，结为秦晋之好，馈以重金，于是元洪杆杆然亦富人矣。民国二年袁氏就任正式大总统，黎任副总统，民国三年以参政院代行立法院，参政七十人，俱有特殊资格者，如赵尔巽、熊希龄之流，黎元洪任参政院议长，其重要性不亚于内阁总理，黎获袁氏之信任，由此可见。

黎氏欲以长女许配我

如上所述，黎元洪为参政院议长，参政院为冲繁疲难之立法机构，举凡总统选举法修正案，与国民代表选举法种种，皆为该院所制成。至袁项城酝酿帝制时，国体投票，亦以该院为代表，推戴之书，亦系由黎元洪领衔。袁氏称帝之顷于民四年双十节受贺，黎元洪夫人极早即以后礼尊奉项城夫人，此为当时人尽皆知之事实。然至撤销帝制时，袁曾商请黎氏出管将军府，黎不就，且宣言："除约法上之副总统外，无论何职，皆不承认。"如此措辞，若非矫揉过甚，亦略带投机性质矣。

溯自民二以至民七年，观澜负笈美国，曾于一年之中读得两年学分，故五年之间，予尝两度返国省亲，遨游京津。黎元洪与项城袁家、无锡唐家皆有葭莩亲，故予极早得识黎黄陂，虽无深切渊源，黎氏伉俪邀予居于其邸，供应甚奢，西式餐具皆纯金制，由是予知黎氏之清廉，稍逊于袁世凯与段祺瑞矣。予在黎邸之居室，适与饶汉祥比邻，饶氏（为黎元洪之文胆）瘦骨嶙峋，文名藉甚，为黎撰稿，骈四俪六，传诵一时。观澜深致景仰之意。据饶氏告我，始知黄陂所以如此厚款于我，有以长女许配于我之意。黎大小姐为父母最得宠者，我见黎大小姐革履西装，口如悬河，渐渍于泰西之风甚矣。与予性格不合，婚事不谐，遂有下文。

结亲不成黄陂发闷气

民国十年春，黎元洪再任大总统，予与财政部次长赵椿年同谒黎氏于总统府，不待坐下，黎氏申斥观澜曰："汇东（笔者字）！我本要找你，怎么袁二小姐把她婆婆气死了，你要负责！"此时予丁母忧，袁二小姐即予妻也，当时予极尴尬，谓黎曰："我偕内人从北京奔丧回籍，哪有此事，家母赴日就医，卒告不治，且拙荆贤淑，最得其姑欢心者。"黄陂摇首，示不信。

财政次长赵椿年，武进人，系前清故吏，周旋得体，当时肃立谓黄陂曰："请大总统明鉴，椿年与汇东尊人有同年之雅，椿年力保汇东，必无此事。"黄陂色霁，遂谈正事，态度复和蔼可亲矣。

既出总统府，赵谓观澜曰："此事必有谗言先入总统之耳矣，世兄不必介怀。"

予废然曰："如此椎鲁，如此孟浪，以此等头脑简单之人，掌理一国之政，亦可哀矣！"盖黄陂有鄂人脾气，开口滔滔不绝，亦不假思索，其人质直爽快，本性不坏也。当时观澜亦有荒唐无比之事，即呼黄陂为"宋老"也。因黄陂字宋卿，观澜自幼留学异邦，对于本国人情世故，尚须从新学习，听到别人称王芝祥为铁老，称王人文为采老，予觉新颖悦耳，深堪效法，无论如何，予见黄陂，应尊称大总统，不该称呼"宋老"，即不在位时亦然。嗣后黎氏之长女适袁，予对黎氏改以姻伯称之，似稍得体矣。嗟乎！人生五十而知四十九年之非，宁不信然。

新约法、旧约法缠不清

按民初我国南北统一之始终分裂，皆以法统问题为厉阶，此一问题牵涉约法与国会二柄，实予野心家以纵横捭阖之机会。爰自民二至民十三（共十二年），一纪之中，六易总统，护法毁法，时局飘忽，令人目眩心悸！但黎元洪之地位，几与法统问题成为不能分离之局势，诚如日人绪方竹虎所谓“出出入入复出出”。斯与袁氏称帝、曹锟贿选，同为世人所诟病者也。兹拟粗述法统问题之梗概，以示当权轴者，胶执成见，隐便身图之一斑。

按民国二年北洋政府之正式国会成立，袁世凯于是年双十节就任正式大总统，黎元洪为副总统，法定任期为五年。袁死黎继，黎辞冯（国璋）继，应至七年双十节满期，此为铁一般事实。然至民二与民三之交，袁氏已与国民党决裂，乃解散国会，废弃约法，颁布新约法，实为法统纠纷之开端。袁项城固不得辞其咎，盖旧式军阀决无赞成民主者，然侈谈民主者，又岂无私图而真有为公之念乎？

黎元洪既为旧约法所产生之副总统，竟就任新约法所产生参政院议长之职，浸成推动帝制之中坚，则帝制失败后，黎之地位自失其根据。然当时南北各方之宣言，佥谓大总统既已缺位，应由黎副总统继任，此非有爱于黎也，实因大选之事，势必引起极大纷争，故以法律迁就事实耳。黎既继任大总统，恢复旧国会，各方拥护旧约法，于是权归国务院，段祺瑞任国务总理，黎氏则如芒刺在背。未及一年，府院之间，大起冲突，考其远因，则由内务总长孙洪伊与国务院秘书长徐树铮失和，而黎氏始终袒护孙洪伊，徐树铮反感特深，因徐孙不和，形成黎段失欢。研其近因，则为黎氏反对参战（指第一次大战），老段则力主参战，为之怒不可遏，徐树铮乃入总统府，谒黄陂，色勃眦溢，以掌强拉黎手，迫其盖章，黎愤甚，遽下令，免段职，段赴津，因此引起督军团徐州会议，张勋以解散国会为入京调停之条件，黎氏不假思索，立即点首，甘为毁法之罪人，不亦傎乎。

至张勋复辟事起，黎知大势已去，遁入东交民巷，一面发电马厂，重任段祺瑞为国务总理，一面电请冯国璋代行大总统职权。黎既下野，痛定思痛，终于通电全国，表示此后不再与闻政事，推冯国璋继任大总统，此属不智之举，非惟循覆车而重轨，亦复加阔眉以半额者矣。窃按黎元洪之作风，与今李宗仁无甚区别，惟论人格，宁取黎黄陂，譬如李宗仁之轻率作风，腾笑国际，黄陂无是也。

孙传芳主张黄陂复位

民六黎元洪下野，段祺瑞重握政权，当时南方态度，忌段愈甚，参战之举，亦不同意，段虽勘定乱事，南方则仍函电交驰，反唇相讥。而对黎氏之措置失宜，则噤口不言，足见黎对各方，联络有术，而各方对黎，率有谅解之情绪也。

自黎元洪下令解散旧国会后，冯国璋与段祺瑞上台，仍予执行，其理由为中华民国已为张勋复辟所颠覆，故仿辛亥革命先例，召集临时参议院。另订国会选举法后，再行召集新国会，此一理由为梁启超所主张，但凭心理之偏倚，不顾事实之曲直，盖旧国会中，进步党仅得少数席，自以改选为有利。

民国七年，新国会成立，是为安福国会，至是年双十节，冯国璋任期已满，徐世昌当选大总统。迨民十直系战胜奉军之后，孙传芳一纸通电，居然以恢复法统为号召，孙乃“不见经传”之长江上游司令，竟主张黎黄陂复位，召集民六旧国会，实则黎氏本人便是解散国会之经手人，黎与旧国会，其势原不能并存也。且于六年黎曾宣告离职，推冯继位，而冯代黎，任期届满，如此则黎氏果依据何法，得以重登总统宝座乎！盖当时曹锟惨淡经营，欲为总统，顾于水到渠成之前，不得不假国会为桥梁，而以利用黎黄陂为缓冲耳。于是，每一次护法运动，辄为黎黄陂造成登台之机会，吾人观其合，知其离，实则黄陂为丛驱雀而已矣。

按民国十年秋，旧国会复活，开会于北京，当时吴佩孚采取“恢复法统”之口号，实有一石二鸟之妙用：一方可逼徐世昌下野，因徐为新国会所选出者；一方可使孙中山之地位，失却根据，因孙夙以恢复旧国会为号召者。此时粤督陈炯明暗与直系勾结，陈炯明与吴佩孚皆为前清秀才，二人气味相投，中山先生果为陈炯明所逼而蒙难，危乎殆哉！

迨曹锟与吴佩孚部署已定，声威震主，黎黄陂犹不知进退，恋栈不去，自力不能，欲罢不肯，国会议员从而附和之，终使直系迫不及待，始而进行“逼宫”之丑剧，参加者有军警与所谓公民团。黎氏逃往天津，车停东站，当时直督王承斌为直系中佼佼者，有“张文远威镇逍遥津”之概，承斌率众，登车索总统印，其势汹汹，黄陂似“羊入虎围”，焉能抗衡。惟金印实在总统如夫人黎本危手中，庋藏英租界邸第，黎黄陂素畏夫人，夫人不肯缴出，旋经王承斌再三胁迫，夫人无奈，允即移交，黄陂终获脱险，受惊非浅矣。

嗣后曹锟贿选告成，于民国十二年双十节就任大总统职，于是民国二年成立之国会，至十三年，尚由第一任议员行使职权。黎黄陂则于民二就任副总统，至十二年六月，犹自继任大总统。无论议员与总统，皆变为终身之职，足见当权轴者，皆便私图而已，并无所谓法治观念者也。至于曹锟贿选，不足为奇，盖历届选举，或出威胁，或由朋劫，或径行贿，或较间接，其揆一也。

各方公认为忠厚长者

按黎元洪体肥硕，魁梧奇伟，性澄爽，朴重端悫，两目虽无威棱，却逗人好感。眉际有痣，实为贵征，掌似朱砂，宜其多金。然黎木僵少文，学欠涵养，故胸无城府，惟知巩固其魁柄，大言炎炎，有时羌无实际，人或反唇相讥，彼亦不以为忤。黎之性格易于冲动，故鄂人孙发绪，仅以应对称旨，倏从县知事擢任省长，此非用人行政之正道也。庄子曰：美成在久。骤而见信于人者，其相信必不固，骤而得名于时者，其为名必过情。信其然欤!

然黎氏态度冲挹，面有愉色，不似袁项城之威重，亦无段合肥之严肃，使人易于接近，不感拘束。职此之由，议员对黎氏多具好感，黎虽失职，各方曲予原谅，认为忠厚长者，其心无他。盖黎无骄蹇之态，并有些许自卑感，此其唯一长处，易曰：有大而能谦，必豫。其黎黄陂之谓乎。惜其部属，干才甚少，所亲信者如金永炎、孙洪伊、饶汉祥等，器识皆不足以有为，黄陂又不自量力，一意径行，其亡也忽焉。

黎氏不嗜烟酒，亦不好赌博，故生活极有规律，黎好京剧，尤嗜坤伶演出，位居总统之时，常至城南游艺园看戏，力捧坤伶金少梅、碧云霞、琴雪芳之辈。按北京城南游艺园，等于上海大世界，为普罗大众游乐之场，黄陂确有民主作风，观澜无异辞。某次，黎踞包厢中，我与李准将军在池座，见黎入座，辄立正为礼。予乃排日往捧福芝芳，福得嫁于梅兰芳，予与内子出力甚多。

揆诸实际，金少梅、碧云霞、福芝芳等，皆无殊色，技亦平庸，予与黎元洪、李准诸老为何大捧特捧乎？盖当时北京捧角之风甚炽，黄陂本是皮黄策源地，黎之好剧，天性使然也。李准将军善于编剧，我夙研究音韵，惟我与李，容有大造于男女伶工者也。当世之人，谓黎黄陂有寡人之疾，然论民国元首，风流自赏者多矣，惟徐世昌一人，似有道学气息耳。民国十一年国庆之期，总统府演剧助兴，金少梅之戏码，排于杨小楼之前，余叔岩之后，是夕金伶演《婴宁一笑缘》，系李直绳所编，情节稀松，惟黎黄陂大加击赏，犒赏五百金，入魔之深，可见一斑。

大做生意，人称黎菩萨

溯自民八年至十二年之间，我与黎黄陂接洽频繁，皆属琐碎业务，我已不复记忆。当其时，黎黄陂以私人资格，与美人华克合办中美实业公司于北京，华克为政界人物，实非经济长才，黎元洪任董事长，蒙古王塔旺布里加拉为副董事长，董事名额则中美各半，计有冯麟阁、张勋、冯玉祥与各省首长数人，蒙古王公六七人，前直隶都督王芝祥为总裁，前四川总督王人文为副总裁，前山东巡按使高某为总稽核，予以熟谙洋文，获任该公司总文书，时仅廿四岁。观此浩荡阵容，可知公司前途希望极微矣。

据黄陂语我，彼有提倡实业之志，复有联络各方之意，故无牟利企图，但愿保本而已。我曰："经营企业，非同衙署，图利之心不可无，垄断之事不可为，吾公处至尊地位，须知人言可畏。"黄陂亦以为然。开办伊始，业务骏隆，一面办理进出口，出口以大豆猪鬃为大宗，进口以汽车电料为主。一面在西北屯田植林，可圈地、可养兵、可惠工、可劝农，因系蒙古王公私有土地，故可大展经纶。若非官僚资本，而由吾乡企业家如荣宗敬、唐星海之辈经营之，则其业务与收入，岂复有度量哉？延至民十三，公司结束，美国人以黎黄陂损失最大，愿以最新式汽车七辆作为赔偿，黎氏在董事会，坚持不可，廉洁可风，愚故详述此事，以揄扬之。

中美实业公司之外，黎氏尚办震义银行，与意大利商人合作，黎任董事长，张勋、杨寿枬任副董事长，张勋之干部刘友常为总裁，该行开会之时，黎黄陂危坐一端，不发一言，不置可否，故有黎菩萨之称。惟黎见解，亦有高明之处，中美实业公司拟在纽约设分公司，我以经理人选请示于黎，黎谓："纽约甚远，鞭长莫及，若无适当人选，此事不可造次。"我韪其言也。

黎氏经营事业，失败居多，损失不赀，其中亦有辉煌成就者，如中兴煤矿公司，黎氏晚年家用，恃此以为挹注。回忆民国十二年六月，黎黄陂退休之后，寓于天津，一日，予谒黄陂，见其神志茫然，舌滞口吃，实为血压过高之征，不久即撄重疴，至民国十七年六月逝世。按黎氏之津寓，规模宏壮，墙刷粉红色，内部陈设颇佳，黎逝之后，出赁于东兴楼饭庄，景况已非昔比，不禁感悔系之！

黎元洪夫人生子重光，品性敦厚，克绍箕裘。如夫人黎本危，最得宠，黎之次女适袁项城第九子克玖，黎女有贤德，因患痫疾而大归。

综黎氏一生，得天独厚，感会风云，惜其不知进退，必至焦头烂额而后罢手。然黎本性惇良，体正心直，终以神经衰退，赍志以殁，回首卿云，长怀无已！

袁世凯、黎元洪结合之史实

薛观澜

辛亥鼎革之后，袁世凯与黎元洪被举为正副总统，彼二人分处南北，尚未谋面。是时元洪坐镇武汉，对大局有举足轻重之势，为袁世凯与革命党人所必争，黎氏原为民党所推出，但于癸丑二次革命以前，即已与袁氏公然结合，俾袁得遂其统一全国之志愿。至于民党在癸丑二次革命之失败，袁黎之结合，实为主要原因之一，此在民国史上，确占重要之一页，值得大书特书者也。

一生怕听瓜分与革命

兹先略述袁黎二人之个性，以作为本篇的开始。

袁世凯为将门之子，相貌堂堂，举措之间，含有威风煞气，平日常御军服，而以武人自居。然袁氏颇通翰墨，著有《圭堂诗集》行世。笔者与项城（指袁世凯）有半子之谊（编者按：薛氏为袁世凯之婿），凡所论列，容有主观成分，然笔者属文，向来尊重读者，决不作违心之论，亦不致人云亦云。大抵袁氏当年与民党[①]结成深仇，故时论卑之，视为奸猾之流，揆诸实际，袁氏脑筋守旧，性情机警，当其强仕之年，适值列强图谋瓜分

① 指国民党。下同。——编者注

中国之秋，袁氏一生最怕听“瓜分”二字，故未腾踔之时，主张变法，既握政柄之后，推行新政，谋自强也。然与民党始终背道而驰，盖袁氏一生又畏闻“革命”二字，尤其对于世界大势，并无深刻之认识，此为前清大员之通病，贤如李鸿章、翁同龢、张之洞之辈，何尝不如此。

袁氏系出旧家庭，毕生守礼甚严，秉性孝悌，私德无亏。袁本出嗣他房，事嗣母甚孝，其姊未嫁而婿得病死，姊遂终身不嫁，平日凛若冰霜，永无笑容，袁敬而惮之。既为总统，亦每日与姊请安，仍不敢坐。袁之拘谨如此，世人知之者甚少也。

先祖庸庵公（编者按：即薛福成）笔记中，某次述及袁氏有云：“袁慰亭（袁氏别号）观察来访，颇通时务，盖世家子弟中之谨愿者也。”

袁氏自撰日记则谓：“不忠不孝之言，向不敢出诸口。”昔年孙慕韩氏尝谓笔者曰“项城说话有分寸，举止无失措，见者竦然起敬。曹仲珊（指曹锟）学其外表，徒自苦耳”。笔者乃附和之曰：“尚有段祺瑞与袁克定诸人，亦悉心揣摩项城之作风，克定学曾不送客，段氏学曾不开口。”慕老闻之，拈髯而笑。

袁氏的真正重大过失

民国以前，袁氏所经历大事而招物议者，可举出以下三项：一为驻朝鲜时，袁氏与日人战于宫门而败之；二为戊戌政变，袁以维新党谋围西太后于颐和园之计划告知其统帅荣禄；三为辛亥与南方议和，遂将清室推翻，由自已掌握政权。

以上三事，世人见仁见智，议论不一，惟袁皆有极大苦衷。

袁氏真正之重大过失，端在受人蒙蔽而帝制自为，此在国人视之，实无可恕罪。惟有不能已于言者：袁项城事必躬亲，劳心怛怛，年未五旬，须发尽白，至民四受辱于日人之后，忧愤萦怀、病态已深，其病实与光绪帝相同，心血已竭而外表不现；又似美总统罗斯福之在德黑兰会议时，措置乖张，实为病魔所缠，剧可怜矣！

笔者更以为袁之另一重大过失，在于练兵，世人每称袁之长处在于练兵，实则袁在军界既非正途出身，所知当属皮毛，练兵廿年，而军实不充，纪律不严，徒养骄兵悍将，纵成武夫干政之恶习，袁固不能辞其咎也。虽然，袁于清季，处境大难，当时政权操清廷诸亲贵之手，汉人处处吃亏，为督抚者，非恃亲贵为奥援不可。夫以李合肥（鸿章）威望之隆，尚有“求生不能，求死不得”之苦境，是故人人只有权利思想，而无国家观念，朋比结纳，以达目的。如袁世凯与张之洞二人，能为人民稍谋福利者，已属铁中铮铮矣。

黎元洪厚重，庸人多福

黎元洪为人厚重，无官僚习气，每见形势不利，辄效金人之三缄其口，故有“泥菩萨”之称。国人多许为忠厚长者。

黎为副总统时，与段祺瑞不睦，所以处境困难，惟黎氏内有国会议员之拥护，外有南方政府之同情，故能成为不倒翁而两跻极峰，可谓庸人多福。

笔者不妨再举一例，可觇黎氏处世为人之态度：民国五年六月六日袁氏帝制失败，病情沉重，卧春藕斋，气息奄奄，已入弥留状态。克定侍疾在榻旁，袁氏召徐世昌、段祺瑞、张镇芳三人，以备托孤寄命。徐世昌以小站练兵起家，任营务处提调，由袁一手提携，十数年后竟拜相国。段祺瑞此时为国务总理（段因模范团事，与袁父子不睦，但袁临终之前，与段已言归于好）。张镇芳曾任河南省将军，事袁甚忠，与袁为至亲，当时我等皆以张五舅呼之，凡小站军需以及袁家、经济，悉系其手。

是日徐世昌到得最迟，险误大事，袁氏见徐至，轻摇其首，其意若曰：“我已不中用了。”徐氏攒眉勉慰之曰：“总统静养几天，自然会好的，现有何事吩咐？”袁氏待欲提出继任人选，已不能言语，良久即溘然长逝，在场诸人皆张皇失措。若按旧约法，袁总统死后，应由黎副总统继任；若按新约法，则金匮石屋之秘密，无人得知。以当时情形忖度之，宜属黎元洪、段祺瑞、徐世昌三人。袁克定则随帝制失败而告绝望矣。关于总统继任人选，黎氏虽占法理上优势，然而段祺瑞为实力派首领，大大有望，因段氏乃北洋团体承继人，众意所属，且全国战乱未休，亟待收拾，是故黎段之间，选择一人，当时实系于徐相国之一言。

克定首先发言曰："徐老伯身负重望，请主持至计。"徐略加思索曰："依我看，推副总统继任，较为妥当。"徐氏为人素极圆滑，此时又恐段祺瑞生气，乃转语曰："这不过是我个人的意见，究竟怎样，要问段总理的高见。"于是众目瞩段，而段不语。逾十分钟，段始低声发言曰："此时团结北洋，最关重要，我推相国继任。"徐固辞，仍推黎元洪。如徐可谓老成谋国者矣。无何，段犹踌躇不决，良久始再发言曰："那么我没有意见，相国的意见，就算我的意见。"由此观之，推黎继任，甚为勉强，所以日后黎段之间，势成水火，有由来也。

黎段演出了一幕哑剧

会谈既竣，段祺瑞即以电话召来国务院秘书长张国淦，命其同车赴瀛台见黎副总统。段氏坐在车上，一路沉默不语，张国淦因不知此事之经过，亦不敢出声。既抵瀛台，黎氏出迎。段氏等进入客厅后，黎元洪木雕泥塑般坐于主位，段张分坐两端。主人不开口说话，客人亦不启齿，呆坐若干时，段祺瑞忽起立向黎氏三鞠躬，黎亦茫然答礼。礼毕，二人仍还原坐，坐定之后，三人仍不开口。此幕哑剧约费半分钟，段氏始起身，向黎元洪半鞠躬告退，黎起身送客如仪。

上述情景，确实滑稽可笑，但事有蹊跷，双方皆非故意，惟因此更加深黎段双方之误会，却系事实。黎氏无应变之才，彰彰甚明，呆滞一至于此，如何能胜元首之任；段祺瑞则目无总统，根本看不起黎元洪，加之袁世凯之死，段氏不但内心难过，且认为袁氏死讯，在黎氏听来不啻为喜讯，故段氏偏不肯说出“总统死了”这句话，继任之事更无从说起。至于国务院中，是日已大起骚动，因北洋派全体主张推段氏继任总统，不得已而求其次，则推徐世昌，以为缓冲，万无拱手让黎元洪继任总统之理。幸段氏能恪守前言，不受蛊惑，勉强演此一幕哑剧。然其心中怏怏，殊无法自制。

综上所述，袁黎二人之个性，适得其反。黎氏之智慧，远不及袁氏，才识尤有未逮，诚如黎氏自云：“沉机默运，智深勇沉，元洪不如袁项城；明测事机，襟怀恬旷，不如孙中山；坚苦卓绝，一意孤行，不如黄善化。”然因利害关系，袁黎二人依然深相结纳，所谓合则两利，分则双方皆有失败之虞。

因为黎氏本为革命党人所推出，且与旧势力无甚渊源，无奈当时民党之人，态度骄蹇，对黎氏始终不以同党视之，遇事予以掣肘；同时袁氏又以种种手段笼络之，黎氏遂不知不觉，入其掌握。此固民党重大失策，亦为袁氏成功之关键。兹再将黎氏发迹之经过，以及袁氏笼络之手段，提要钩玄，阐述于后。

生拉活扯被逼任都督

辛亥武昌起义，成功之速，出乎任何人意料之外，实则事有必然者。盖湖北虽称富庶之省，械精饷足，然革命党人早已渗透了鄂省各军事机构，一旦发难，气吞江河，内应外合，克奏肤功。按照革命党预定计划，武昌首义成功后，原决定推刘某为都督、蒋翊武为总司令、蔡济民为参谋长。刘某字仲文，曾出纳粟捐官之款五千元，以充发动革命之费用，又以寓所供作革命党人集合机关，故众推之，聊以酬庸。惟当时清廷在鄂省之大吏瑞澄与张彪相继逃走之后，地方秩序亟待维持，各路民军必须统一指挥，时则刘某适在狱中，鄂人归心之黄兴与宋教仁，迟迟未到，蒋翊武在逃，孙武受伤，诸义士虽以“协力同心”四字自勖，然事前无计谋，事后无领袖，事且成功，岂非天意。

蔡济民等见事急，乃在武昌咨议局选举都督，以第二十一混成协统黎元洪官阶较高，廉介稳重，众意属之。是时黎元洪已逃往武昌城内之黄土坡，匿于参谋刘文吉家。蔡济民等卒在刘家梯后小室搜得元洪，元洪穿灰呢袍，频摇手曰：“你们不要抬举我，我不是革命党，够资格的是孙文。”

蔡济民等见黎氏态度坚决，乃掏出手枪云：“你若不答应，我们都自杀在你面前。”黎氏万不得已，被拥至咨议局，黎看见议长为汤化龙，更无话可说，因汤亦非革命党员也。黎氏勉强接受都督之印，仍不肯签署文告，蔡又拔枪大呼曰：“都督不签名，我们都自杀？”是为当时革命党员对待元洪之一贯作风，从此黎氏居常三缄其口，至多说一“好”字，因此谥为“泥菩萨”。此实为黎氏消极抵抗之良法也。

袁世凯刻意拉拢黎氏

是时湖北省都督府打开藩库，储金甚多，又有兵工厂，积械甚富，故能充分接济滨江诸省，有求者，即予之。又以黎氏秉性敦厚，不露锋芒，遂大受各方推重，此时南方各省与山陕次第皆已起义反正，竟推黎氏为中央大都督兼陆海军大元帅。不久，各省代表集于沪上，决以武昌为中央军政府，以鄂督黎元洪主持大政。各省代表且赴武昌集会，通过临时政府组织大纲。袁世凯当时闻讯，大为震惊，垂询鄂籍之夏寿康、张国淦等，无有认识黎氏者。但袁氏心仪其人，知为风云人物，特派蔡廷干、刘承恩二人赴武昌，游说元洪，以期双方携手合作。蔡为粤人，善交际，与黎一见如故，黎氏立允中止战争，并派代表议和。此为袁黎二人合作之先声。

延至民国元年底，中山先生返国，黎氏之声望稍降，参议院举中山先生为临时大总统，黎副之。翌年二月，清廷逊位，中山先生让贤，参议院遂举袁氏为临时大总统，黎副之。袁用调虎离山之计，授黎为参谋总长，请入京，黎不允。但袁黎二人此时已有默契，黎竟通电主张定都北京，是为黎氏与国民党分裂之信号。国民党与袁因宋教仁被刺而双方破脸，宋案则因责任内阁问题而起，故袁氏作殊死战，黎复通电支持袁氏，有“长江下游誓死撸拄”之语。此予国民党以莫大打击，黎氏一面倒于袁氏之怀抱，除上述情况外，尚有许多因素促成，兹再列举如下：

一、黎元洪与革命党本无渊源，对于革命学说，亦毫无研究。黎氏初习海军，从张之洞编练海军，旋充张彪部下，曾三度赴日本考察军事。湖北省革命机关甚多，如“共进会”“日知会”“文学会”等，黎氏皆未加入，平日奉公守法，为一纯粹军人。有服从思想而无参加政治之雄心。

二、南北和议告成，定都北京，凡民党议员所采积极政策，黎氏皆不赞同。中山先生亦有退处为在野党之表示，不为同志所接受。要之，孙黎二氏皆对袁十分重视，故袁与黎结纳，黎之反应极佳。

三、袁氏亲书“民国柱石”四字，制匾赠黎。迨国会正式选举之后，袁又亲书“中华民国副总统府”长匾，特派专员赍送武昌。黎氏大悦。袁之书法，与于右任院长同体，刚健婀娜，兼而有之。

四、按鄂军都督府初成立时，先组谋略团，以蔡济民等十人任之，黎都督形同傀儡，党人对黎氏且不加尊重，视黎可欺以其方，军人尤其跋扈难制，一言不合，拔枪示威，每使黎氏退即不能，忍亦不可。此时都督府内外紊乱已极，党人满腔热血，一呼汉奸，兵刃随之，使黎氏大为伤心。鄂籍革命党人胡瑛出狱，跨进都督府，竟自委为外交部长。军令部副部长蒋翊武与军务部长孙武两人，最桀骜难驯，更使黎痛心疾首。胡鄂公担任府中卫戍事宜，附设侦缉组，权倾一时，亦不受黎氏驾驭。嗟乎！如此做法，奚怪元洪不与合作乎？

五、朴学大师章太炎，早年宣传革命，文名满天下，其言论向为国人所珍重。民元，章氏至武汉观光，大为鄂人所欢迎，此时黎氏受民党压迫，只想还我初服，每向人言：“请中山先生来鄂，领导革命吧。”可是章太炎独垂青于黎氏，主张袁黎合作，其言曰：“黎公体干肥硕，言词简明，其所着西装制服，以粗夏布为之，自大都督以至州县科员，皆月支二十元，夫以项城之雄略，黄陂之果毅，左提右挈，中国宜无灭亡之道。”

寥寥数语，有千钧之力，黎氏闻之，大为感动，遂决意附袁。袁氏闻之亦喜，畀章氏以勋二位，礼聘至京，特授东三省筹边使。章氏对袁曾大骂民党，惟中山先生大度包容，希其回心转意，未几章果辞去筹边使，仍与民党交游。至民国二年，民党与袁大战，章忽款襆入都，遂被袁氏羁押于龙泉寺，至黎继任，始获释放。

在袁黎之间的饶汉祥

黎元洪之秘书长饶汉祥，乃湖北广济县举人，为黎氏夹袋中唯一人才。按清季文人皆有不修边幅之结习，污糟邋遢，令人不敢亲近，章太炎与柯劭忞皆终年不沐浴，饶汉祥则满身虱子，又脏又臭。光绪末造，笔者在苏州东吴大学肄业，章执教鞭于该校，大考出题为“胡林翼李秀成合论”。江苏巡抚恩寿论为大逆不道，下令通缉之，章师逃沪得免。犹忆某日，章师与黄摩西先生同至苏州观前小吃，二人皆一文不名，接到账单，不知所措，黄师先返筹款，留章为质。讵知黄师杳如黄鹤，一出店门，浑将使命忘却，盖黄毕生寝馈中西哲学，精神不无恍惚也。

饶汉祥之文采，远不及章黄二师，然其际遇至隆，以都督府秘书长荐升湖北民政长，所撰长电，洋洋数千言，咬文嚼字，雕琢过甚，然为当时人士所传诵，黎元洪之声望，因之益著。当黎被选为副总统，汉祥代拟就职之电，有“元洪备位储贰”之语。其任民政长之下车文告，有“汉祥法人也”之词，时人戏撰一联云：“黎元洪篡克定位；饶汉祥是巴黎人。”一时传为美谈。饶氏有烟霞癖，被党人攻击，遂负气，回广济原籍，袁世凯闻讯，特派员持手函存问，饶氏固受宠若惊，黎氏对之乃愈加契重，召回畀以民政长，饶以是德袁，此后袁黎合作，汉祥出力最多，亦最起作常用。于是黎渐脱离革命阵线矣。

黎氏抵北京下榻于瀛台

袁黎既告合作，黎元洪终于离鄂北上。当黎氏抵达北京之日，袁特派自己所乘坐之金漆朱轮双马车迎之，可谓极尽优礼。此时北京城内尚无汽车，除马车为奢侈品外，有产阶级多乘坐骡车代步，平民阶级则只能乘坐木质大车，介乎其中者，为新兴的人力车（俗呼东洋车，北方人则呼胶皮）。

黎元洪抵北京之日，袁派代表三人至东车站迎迓：一为无职无衔之袁大公子克定；二为公府大礼官黄开文；三为侍从武官长荫昌。黎氏乃下榻于瀛台，即光绪帝被幽之所。黎之居室中，悬有楷书一幅，下款为："臣全忠敬书"，此即光绪幽居之时所写，不敢以皇帝自居，而假托全忠之名也。

袁克定虽为袁氏长子，但此时尚无职位，曾有若干人向袁氏进言，请予克定一项官职，袁皆不纳。民二年十月，黎元洪尚在武昌时，即曾电袁请叙克定赞助共和之功，袁复电云：

> 酬庸之典，以待有功，儿辈何人，乃蒙齿及，若援奚午举子之例，并无谢元破秦之功，俟其阅历稍深，或堪造就，为公奔走，待诸将来，幸勿复言，以重吾过。

复电大意如此。袁氏对儿辈，约束素严，与克定见面时，只叙家，鲜及政事，旋设模范团，团务先亦委诸陈光远，迨至酝酿帝制，克定日与杨度、夏寿田等集议，始一切反常，噬脐何及！

袁氏初见黎元洪，亲切异常，知其无用，不足为患，但袁喜其厚重，亦真能推诚相与，盖袁用人与交友，第一取其诚实；第二始重才具。兹举二例，以伸吾说：

一、参谋次长唐在礼，才华甚绌，然为人可靠，致密无失，袁故擢为统率办事处总务厅长，宠任磐桓，权轶总长。

二、杨度拔萃其群，觊觎首辅，由于操守平常，始终未获高职。熊希龄组人才内阁时，杨已内定为交通总长，乃首屈一指之优缺，但因交通系首领梁士诒进言于袁曰：“交长一席，应择练核而持重者任之。”袁遂摈弃杨度，易以周自齐，周属交通系，笃实君子也，袁信任之。

民国三年六月，袁氏设参政院，以代行立法职权，实为中央政府之神经枢纽，袁选黎元洪为参政院院长，其推心置腹，可以想见。

袁黎结亲家有一段佳话

袁又规定副总统月俸一万元，每月公费二万元，另支参政院长与参谋总长（由黎兼任）之薪津，为数可观。按黎氏实际所得，尚不止此，其居瀛台，一切供应，皆由袁氏负责，且黎有俭德，积聚三载，杅杅然亦富人矣。至民六张勋复辟，黎氏下野后，曾纠合蒙古王公与一班失意军人，如张勋、孔庚、王芝祥、冯德麟、冯玉祥等，创办银行与各种企业，观澜亦曾投资，但皆经营无方，蚀得精光，幸黎氏先曾投资于中兴煤矿，得为桑榆之收，幸未全军覆没。

回溯民国三年，袁黎既甚相得，即有联姻传说，而袁氏不待婚礼之成，即先呼黎为亲家，十分亲热。当时双方皆想做男家，黎夫人看中袁六小姐，居间之人大感为难，最后黎家让步，以黎次女许配袁之第九子，名克玖，时仅十岁。内务总长汤化龙为男家媒人，内务次长言敦源为女家媒人。直至十年之后，观澜始知黎夫人大有苦衷，盖黎二小姐品貌皆优，惜有精神衰弱之症，遣嫁之后，不久即赋大归，此乃家庭悲剧，为父母者不能辞其咎也。

先是，袁以第九子与第十一子生辰八字，征求黎夫人同意，二子皆袁之五姨太所生，五姨太贤明，深得袁心。黎夫人于选婿之时，发问曰：

“这两位公子，哪个是大太太生的，哪个是姨太太生的？”

黎氏答："都是姨太太生的。"

黎夫人摇首曰："不行，因为我的女儿是我生的。"

黎也忙说："不行，袁家嫡出只有克定一人，夫人将就些吧。"

黎夫人坚持不可，黎又云："李鸿章是姨太太生的。宣统皇帝也正与袁家提婚，袁七小姐亦是姨太太生的。我曾见过老九，下颚特长，主有后福，你答应了吧。"这才说服了黎夫人，完成文定手续。

袁氏不好货全家多戏迷

此后袁氏每饭，常呼亲家共食。一日大雪，袁御貂皮大氅，系浙江将军朱瑞所进，价值万金，黎氏见之，极口称赞，袁即解裘赠之。（澜按：袁不好货，为其生平最大长处，袁氏常谓："身外之物，不足恋惜。"）

段祺瑞任陆军总长时，袁知段性疏慵，常不到部办公，遂将府学胡同巨邸赠之，因其邻近陆军部，可以打通洞门，来往方便也。段知此邸系袁私款所购，坚不肯受，袁云："这是我为女儿陪嫁的。"盖段妻张氏，为袁之义女，自幼抚育于袁家，故袁视同已出也。执笔至此，予请附述总统府内之演剧事，以飨同好诸君子。

回溯清代内廷演剧，原以内侍扮演，至西太后专政，始召京中名角为内廷供奉。西后嗜剧成癖，赏赉甚丰，晚年一面观剧，一面打盹，锣鼓喧聒，仍能入眠。袁氏任总统后，仍沿清制，设升平署，管理公府（即总统府）剧务，其家人尽多戏迷，内子对于谭鑫培腔调，比我更加熟悉。时则怀仁堂堂会，以谭叫天为中心，盛极一时，每逢令节，辄邀各国公团观剧，分赠说明书，而担任翻译之事者为公府秘书顾维钧。当时京中名角以入府献艺为荣，凡场面上或检场人，皆着绣团花大红袍，整齐严肃，叹为观止。场面一席，隔以纱幔，嗣后梅兰芳初度赴日，即采用此法。

黎寿堂会中忙煞余叔岩

此时黎元洪居于府内瀛台，民三之秋，适值黎氏伉俪五旬双庆之期，袁深注意，特嘱袁乃宽筹备一切。乃宽即与升平署长王锦章接洽，举行盛大堂会，以表庆祝。于是，余叔岩自告奋勇，大卖其力。按叔岩自幼受尽磨折，此时嗓败运厄，暂绝粉墨生涯，在袁克定处当差，差使并无固定：时或伺候克定之母于太夫人，是与婢仆共事；时或穿起制服，扈卫袁大爷，却与要员同列。其同寅唐天喜、翟克明等，有被保升镇守使或卫队旅长者，叔岩怦然心动，每日上操甚勤，渴望平步登云。据伊告我，此其平生扬眉得意之秋。如叔岩者，可谓官迷极矣！惟府中男女职工仍以“小小余三胜儿”呼之，叔岩殊不悦，但亦无可奈何。是时府中堂会络绎不绝，每逢老谭有戏，必使叔岩充任配角，叔岩亦乐得借此机会偷学老谭，如《探母》《失街亭》诸剧，谭余二人诚有相得益彰之势。

至于叔岩为何投靠袁克定，老谭怎肯收余叔岩为徒，事颇曲折，予皆有另文记之，兹不赘述。总之，袁总统尝呼叔岩为余三，余三之在公府中，趣事甚多，可资噱噱。叔岩又为王锦章之义子，稳握升平署之实权，故在梨园中潜势力甚大，当时老谭对余，且不能不加敷衍也。

一日袁克定点唱《宁武关》，谭在家中愤然作色曰：“这又是小云的把戏，简直要我拚老命。”小云即指余叔岩，老谭知其志在偷学也，又畏其举一反三。无何，黎元洪夫妇双寿将至，戏码一切由余叔岩全权处理，轰轰烈烈之一台好戏，于焉开幕。嗣后李鑫甫、贾洪林、金秀山、路三宝等，相继殂谢，谭已笃老，民六逝世。当年黎寿之盛况，永不可睹矣。

是时京中有“翊文社”，在天乐园出演，头牌为杨瑞亭，二牌孟小茹，三牌梅兰芳。梅虽名列第三，已两度赴沪，大红而归。杨瑞亭为关外武生，亦梨园世家，曾与余叔岩拜把，故黎寿堂会系用“翊文社”班底，是日重要剧目，约如下述：

一、孟小茹、郝寿臣之《黄金台》。孟系旦角改唱谭派鬚生，嗓音圆润而嘴里无力。今夫须生优劣，全看嘴里工夫，嘴无力则无味可寻也。郝寿臣饰伊立，无出其右。

二、李鑫甫、瑞德宝、李连仲、王长林合演《殷家堡代落马湖》。鑫甫私淑谭鑫培、黄月山二人，文武皆精，且擅关剧，其《四进士》《群英会》诸剧做工，不逮余叔岩，惟在马连良、周信芳之上。当时我最心折其艺，老谭恶其戏路太杂，强抑之，故未走运。瑞德宝面带俗气，亦未走运。

三、贾洪林、路三宝、李敬山之《乌龙院》。按贾、路二人，潇洒有致，皆上驷之才，惟路三宝姿色不佳，此时贾嗓已败，系受花柳病之累，然其做工细腻，犹能风靡一时。

四、王蕙芳、梅兰芳、谢宝雪、张文斌之《樊江关》。王梅二人竞饰薛金莲，惟蕙芳资格较老，且为袁克定所最赏识，兰芳只能让步，退饰樊梨花。按王梅二人本为表兄弟，兰芳初度赴沪，大受欢迎，沪人尤喜刀马诸剧，然此非梅本工，蕙芳适在沪埠，即以《樊江关》一剧授之，兰芳归而就教于路三宝，名益肸蛮。

五、垄云甫之《目莲救母》。龚之老旦，首屈一指，惜其京音太多，不为识者所重视。

六、杨瑞亭、李寿山、傅小山之《霸王庄》，杨以腿工驰名，究属野狐参禅，花脸李寿山伧俗之至，武丑傅小山大有可取。

七、王瑶卿、金少山之《金猛关》（编者按：此剧从未见过，不知是否写错）。此时瑶卿嗓音已枯，不得不另辟蹊径，因其粗通音训，故能立于不败之地，若夫精研音训者，不能求诸于优孟之列，此时金少山忽阴忽晴，不成气候，简直四等角色，十年后始在沪窜红，然论唱功，不逮其父远甚，其父秀山之嗓，乃有金玉之音。

八、杨小楼、钱金福、范宝亭、迟月亭之《飞叉阵》。按小楼鼎盛时期，当在光宣之交，此际已趋下坡，殆受烟霞之累，但其开脸之戏，优于俊扮，如《铁笼山》《楚汉争》等，好到极点。钱金福亦武功卓绝，脸谱尤佳，惜其嗓音糟透，非全才也。

九、谭鑫培、金秀山、黄润甫、余叔岩、刘春喜、慈瑞全合演《失街亭》。配搭整齐之至，谭为须生一行不祧之祖，其徒余叔岩究逊一筹，盱衡谭余二人成功之要素，端在发音收韵之技巧，叔岩一生以三才韵自负，何谓三才韵？即每字音之头腹尾也。今日内行外行习鬚生者，悉奉余氏为圭臬，吾是以谓本世纪中，吾国最伟大之艺术家，允推余叔岩与吴清源二人，然今中国，艺术式征，余派真谛已不绝如缕，习者流为纤巧，无异以水济水，谁能饮之哉！

反对帝制拒受亲王封号

黎氏居京，甚为得意，既绝回鄂之意，始辞鄂督之职，饶汉祥代拟呈文如次：

> 元洪屡观钧颜，仰承礼遇，周逾于骨肉，礼渥于上宾。推心山雪皆融，握手则池冰为泮。驰惶靡措，诚服无涯。……

从此可知袁黎二人之相得，亦见汉祥酸腐之笔，诚无足取。直至民四冬季，帝制议起，袁黎二人之感情，始渐生摩擦，黎氏称病，而不肯出席参政院，即为反对帝制之暗示，凛然其有节概，时论歙然贵之。

民国四年十二月十二日，袁既接受帝位，封黎元洪为武义亲王，其词曰："带砺山河，与同休戚，盘名茂典，王其只承。"当时得亲王封号者，仅黎氏一人而已，黎以不出席，不开口为消极抵制，派人赴武昌买屋，以夫人养病为辞。

黎请回籍，袁不允，请辞职，又不许，袁命内史长阮忠枢与顾问舒清阿往贺授勋，尊称"王爷"。黎云："你们不要骂我。"袁又下令，劝黎受封，令曰："王其只承，毋许固辞。"无何，黎夫人与饶汉祥均劝元洪接受亲王之封，元洪索性不了了之。除黎之外，袁氏拟封溥仪、黄兴为王，溥仪为

“懿德亲王”，已成定局，当时清室且有接受之意。

袁氏又下“故人勿称臣”之令，计有旧侣黎元洪、奕劻、世续、载澧、那桐、锡良、周馥等七人；嵩山四友徐世昌、赵尔巽、李经羲、张謇等四人；耆硕王闿运、马相伯二人；总共十三名。大抵旧侣最尊而不亲，四友为道义之交，又称“故人”。何以黎元洪尊而不亲？因其消极抵制，袁不悦也。何以徐世昌不在最尊之列？因袁深知徐相国，所注重者只为俸给问题。惟嵩山四友有种种优待办法：一、每人给年金二万元；二、赏乘朝舆，赏穿特种朝服；三、临朝时，四友得设矮几以坐，免称臣跪拜。

按旧侣之中，惟黎为袁之部属，其他或高于袁，或尝并肩，然黎氏名列首位，可见黎之接近，非任何人所能比拟。其次奕劻是袁氏之老上司，昔为袁之靠山，感情素洽。世续为小朝廷之首相，夙为民国政府所重视。摄政王载澧名列奕劻、世续之后，贬抑之也。足见袁氏对于“回籍养疴之事”，旧恨未消。那桐与袁最为投契，袁五旬做寿，那相充戏提调，在台前与谭鑫培请安者，即属此君。锡良在前清督抚之中，最有清廉之誉。两江总督周馥前在李合肥幕，袁受合肥重视，周与有力焉，周氏之女适袁之第八子克轸。

（澜按：封爵之前，内史缮就名单，袁用朱笔按名加圈，五圈者为公爵，如龙济光、冯国璋等六人；一圈者为男爵，如许世英、王揖唐等。重武轻文，不得其平者，此亦帝制失败原因之一也。）

袁黎之间可谓有始终

迨帝制失败，袁临终时，元洪虽近在咫尺，袁亦未以后事相托，更未指定以黎氏继位，是因帝制之事，二人已有隔阂，不利于黎，亦彰灼可见。

民五年六月六日上午巳时，袁氏以糖尿病逝世。据临床医生萧龙友与首善医院方院长云，此病甚为普遍，患者之中，胖子居多。据观澜所知，现世纪百分二十之人们，患此严重病症，迄今尚无特效药。当年袁公得病之时，口渴胸闷，小便频频，身体日渐羸瘦，针药罔效，遂一瞑不视，在场诸人不知所措，延至下午申刻，然后发出公报，遗命以黎继位。略谓：“副总统忠厚仁明，必能奠定大局，以补本大总统之过，而慰全国人民之望。”此令系徐段二人代拟也。

至于袁饰终典礼，则极其隆重，六月七日入殓时，头戴天平冠，身穿祭天礼服。其棺木系由河南彰德府运来，为太昊陵旁一株老柏所制，古色斑然。大祭时，黎派段祺瑞致祭，举殡时派王揖唐致祭，又派蒋作宾赴彰德代表行祭，派河南巡按田文烈董理建墓事宜，名曰“袁林”，一切建筑，系仿日本明治天皇之神宫，共费四百万元。按彰德一带，盗墓之风甚炽，袁林因无殉葬宝物，未为盗墓者所垂涎。

袁世凯、段祺瑞之间的微妙关系

薛观澜

民国肇建初期，当时所谓北洋派之基础，系建立于袁世凯小站练兵时期，当时袁氏以全副精神用在建军工作上。关于军队之编制与调遣，将领之选拔与补充，袁皆亲揽其事，并不假手于人。嗣后由于北洋军发展太速，袁氏自不能事必躬亲，遂将北洋三杰（王士珍、段祺瑞、冯国璋）之权力逐步提高，因此三杰地位亦得平衡之发展，分工合作，各得其所。

由鼎足三分到大权独揽

自从民国成立，袁氏之精力分散在政治经济各项事宜，更不能专心致力于军事方面。时则王士珍因同情清室，退隐家园。冯国璋因主张用武，外放南京。在中央主持军事者只有段祺瑞，鼎足三分之势，一变而为大权独揽之局。陆军总长一席长期由段担任，段且兼任总统府军事处处长之要职。关于军队之编制与调遣，将领之选拔与补充，几乎全由段氏主持之。而且北洋军之新生力量大都是段氏所培养成功，段之关系乃逐步代替了袁之关系。

徐树铮（字又铮）是段祺瑞的得意门生，段性刚愎自用，事事委之于徐。徐虽才学出众，不无锋芒太露。“拥段继袁”，是徐一生之襟抱，故其所作所为，徒欲提高段氏之地位而巩固段之权力，得在北洋系中造成一个集团，以作继承“袁政权”之张本。惟袁氏本人对军事看得很重，深知“尾大不掉”，不可不防。况袁氏乃猜忌心极重之人，岂能容其左右有“功高震主”之趋势。故袁氏于民国二、三年之间，忽然重用蔡锷、蒋方震、王士珍之辈，即为对付段祺瑞者。袁欲彻底消灭段祺瑞之军事权力，是以建立“模范团”与“海陆军大元帅统率办事处”。惟因癸丑之役，段曾组织“战时内阁”，其政治地位乃扶摇直上，仅次于袁。以前段之于袁，可谓百依百顺，嗣因随着职权之提高，对袁渐有不听调度之表示。观澜特举出两例，用以证明段氏对袁之经常不听调度，在用人问题上，段更不肯事事服从袁世凯，双方裂痕，自然愈来愈深。

老段意气用事两个例子

兹先述第一例：按袁氏忽加重用之蒋方震（百里），乃二十世纪初期东亚第一军事人才，彼于甲午中日之战，刺激至深，自誓终身致力于国防建设。一九〇五年蒋氏以第一名毕业于日本士官学校，彼与蔡锷、张孝准有“中国三杰”之称。旋经陈汉第太史将之介绍于“盛京将军”赵尔巽，赵乃延蒋训练新军，不料竟引起旧军统领张作霖之不满，张作霖不惜找蒋拼命，蒋不得已，乃出国赴德实习军事，任德国第七军连长，受知于德军统帅兴登堡。无何，蒋氏因得日本士官同学张绍曾、蓝天蔚之助，仍回东三省督练新军。不久武昌起义，蒋乃策动新军，响应独立。讵料张作霖不分昼夜，率部赶回省城，吓走蒋百里。厥后袁项城当国，蔡锷得志，蔡遂荐其同门蒋百里于袁，代段祺瑞为保定军官学校校长。蒋仅任职半年，段祺瑞乃多方予以掣肘，请款既不理，辞职又不准。蒋乃愤而自戕。袁氏睹此情况，对蒋多表同情，改派蒋为“总统府军事处”总参议，月薪仍为大洋一千元。惟段祺瑞系军事处处长，渠竟拒发委状，直至段氏解除此一兼职后，蒋百里才能到总统府办公。

第二例：冯玉祥本性颖悟，幼未读书，清末投入袁氏之新建陆军为士兵，遂步升为第六镇管带。后又转入第二十镇，参加滦州起义。失败后，袁恶其好犯上，亲批“递解回籍”。段因与冯玉祥有同乡之谊（皆为安徽人)，任其留在保定，且赴保定军校上课。冯乃因祸得福，不久再任营长，不到三年，即升为混成旅长。此又段祺瑞不服从命令之另一例也。

袁段两氏用人之道各异

作者屡言，袁氏以“半子”之谊待段祺瑞，段则始终以“恩人”视袁。此因段之夫人张氏为袁之义女，情同己出，夫人不苟言笑，段氏且有季常之癖。惟从民二战胜革命军之后，北洋军有更大发展，分布地区日广，袁段之间，始起龃龉。袁以为段祺瑞恃功而骄，段亦不能容忍袁世凯之遇事掣肘。二人关系遂起微妙的变化，双方感情濒于破裂之边缘。尤因段氏有嗜好，平日惰于治事，一日不能离开徐树铮，袁氏乃大不赞成，对徐树铮尤厌恶日甚。盖袁氏用人之道，与段相反，袁乃为事择人，意欲人人供其驱策，例如：

辛亥对付清室：袁氏用胡维德、赵秉钧、梁士诒三人。

对南方议和：袁用粤人唐绍仪与汪兆铭。

欲联络黎元洪：袁用张国淦、夏寿康。

癸丑之役：袁重二段(段祺瑞与段芝贵)。

对日本廿一条之交涉：袁以全权付与曹汝霖(曹当时仅为外交次长，居然下榻于总统府内纯一斋中)。

欲变更国体：则利用杨度。

欲操纵政党：则利用黎元洪、汤化龙。

为了模范团建军：袁重用陈光远。

在海陆军大元帅统率办事处：则信任王士珍(当时总统府内，文有夏寿田、张一麟；武有荫昌、唐在礼；张镇芳司度支；陆建章掌特工)。

对英交涉：袁乃委托蔡廷干，结纳朱尔典。

为要疏通美总统威尔逊：袁竟用一不见经传之顾维钧。

总之，在袁氏帡幪之下，绝无一个权倾一时之突出人物。

段不听调度，袁驾驭有术

夫段氏之不可一日离开徐树铮，信其然矣。自蒙观之，袁之于段，赖畀最殷，袁氏亦几乎不可一日离开段祺瑞，举例言之：

一、袁氏在小站欲养成军官，独委段祺瑞为军校长。

二、袁欲以北洋第三镇为精锐部队，即以段氏任统制，且使久于其位。

三、袁氏至武胜关督师之时，段氏率将领四十七人通电劝清室退位。

四、民国二年袁命段组织“战时内阁”与革命军周旋。段且负有箝制议会之责任。

五、又命段至鄂省劝黎元洪入都，段即代黎为湖北都督。

六、撤销帝制后，更命段与南方议和，段氏乃继任国务总理，办理善后事宜。

七、段为接受袁氏遗嘱之一人。袁死后，段又为袁治丧，对袁推崇备至。

从上观之，每逢紧急关头，段即出面为袁排难解纷，其对袁之重要性，实无人能及之。

惟段氏虽刚强成性，有时不听调度，然袁氏手腕灵活，对段始终驾驭有方，压制得住。段固始终不能脱离袁之羁绊。观澜特再举出一例，以证吾说：

民国五年四月初，袁氏已幡然觉悟，帝制实大拂民情。一日，袁在“春藕斋”办公，转面谓夏寿田曰：“午贻（寿田字）！请段总长立刻就来。”夏为内史，又是前清榜眼。观澜曾以师事之，彼亦善弈，且好丝竹。当日夏氏奉袁命，踌躇有顷，进言于袁曰：“可不是段总长还在病假之中么？”袁拂然曰：“他每天除下棋外，还要打十六圈麻将，你瞧我才是真生病呢！”夏氏唯唯，出谓“内史监”阮忠枢曰：“我若不多此一问，段芝泉不会来的。”由此可见夏氏为人之机警，其同乡蔡锷、杨度二人，前后皆能搬进总统府居住，实皆出夏氏一人之摆布。袁氏所亲信者唯一夏寿田，夏氏更受袁克定之敬礼。但当时在报端上并不见其名姓，于此可见真正的内幕新闻之难得！

袁世凯对段施用心理战

有顷，段入见袁氏，行三鞠躬。袁命坐，备茶。[如曹锟、雷振春等见袁皆无座位，曹锟当时以长江上游总司令而无座位，所以后来一定要爬到大总统宝座上去。盖在办公室备茶，乃客气得了不得之举，以关系之密切，竟忽然如此客气，实表示“敬而远之”，段（祺瑞）冯（国璋）的心病都是起因于此。]段既坐定，袁氏开始对段慰藉曰：“你们三位办得很好（此指徐世昌、黎元洪、段祺瑞三人，与西南护国军议和事件），很费心啦。……芝泉！你的气色还是不见好！”段氏则说话很少，只说：“多谢大总统赏赐的人参，吃了便觉好多了。”袁忽长叹一声说：“嗐！到今天才看出来，只有我俩老交情是最可宝贵的。”提到“老交情”三字，段当场几欲下泪。袁对段的心理作战，是无疑地得胜了。此语袁实暗示黎元洪之态度当时是貌合神离；徐世昌虽任国务卿，但对南对北都不起作用。惟有段祺瑞还有收拾时局之能力耳。

袁氏遂欲立刻发表以段氏继任国务卿。段氏再三推却，心里不愿做傀儡，最后乃请求袁氏变更政事堂制度，改为责任内阁制。同时又请裁撤大元帅统率办事处。袁闻后，瞪眼说：“芝泉！你能每天到部办公么？”至此，段氏乃无言退出。归后仍忸怩不肯担任国务卿。此时徐世昌“老相国”已回河南辉县，只得照例以外交总长陆征祥代理国务卿。直至民五年四月廿二日，始正式任命段氏为国务卿以代徐，仍兼陆军总长。时人称为“段相”，此与徐世昌的“老相国”有别。五月八日袁氏下令，废除政事堂，恢复国务院。

秘书长人选闹出不愉快

段氏即欲任命徐树铮为国务院秘书长，又怕袁不愿意，爰请参谋总长王士珍代为说项，王乃含糊答应，亦不敢向袁提出，此事久无下文。段又委托教育总长张国淦代为陈情。段不敢当面请求，足见其畏袁之一斑。

某日张国淦向袁氏刚提一句："总理想自己物色一个院秘书长。"袁氏露不悦之色，频问："是谁？"张被迫说出："想用徐又铮以资熟手。"袁更不悦云："真正太不像话，军人当总理，军人又当秘书长。……"但袁氏此时自知处境危殆，不愿添出纠纷，便又沉住气来指示张国淦，袁云："你去向芝泉说，徐又铮是军事人才，就叫他再任陆军次长吧。"翌日袁氏即下令，任命总统府机要局局长王式通为国务院秘书长。段氏只能派徐树铮为秘书处帮办。好在徐氏一生对于职位大小，不甚介意。王式通即王荫泰之父，是桐城派硕学通儒，头戴假发，门牙漆黑，不修边幅。袁段所争是意气，袁岂不知王式通是好好先生，对事毫无成见，实权仍归徐树铮。徐王两人且结成儿女亲家，王女为徐长媳。我将此事长而言之，用以证明袁对段控制有方，不失威信。而段亦能饮水思源，对袁不为已甚。

袁公子克定最憎徐树铮

段氏出任国务卿后，梁启超发电致贺，意存挑拨，其电文曰："今日之有公，犹辛亥之有项城。清室不让，虽项城不能解辛亥之危。项城不退，虽公不能挽今日之局。"揆诸实际，袁段不协是真，惟段氏决不曾倒袁反袁。此因北洋系中拥袁者仍多。何况袁段不协之焦点，乃集中在徐树铮一人身上，彼此闹意气，多为徐氏而起，犹忆民国四年春，袁欲调动徐树铮，使其离开陆军部。段氏闻说，竟沉不住气，大声说："很好！请大总统先免我职，随后要怎样办就怎样办。"此段氏二十年来首次当面顶撞袁项城，结果段氏赴北京西郊之西山养疴，袁段关系，几乎闹得无法弥补，外间更是揣测纷纭，谣言满天飞，嗣后段氏以通电辟谣，自认与袁“情逾骨肉”。遂使离间者无所施其技。

澜按：袁虽不喜徐树铮，却有一番怜才之意（详见后文），深恶徐树铮者其实是袁克定（袁世凯之长公子），克定常说：“中日关系如此紧张，然而陆军不能作战，部务无人负责。”同时，段冯之辈所深畏者便是袁克定。克定又曾说：“北洋派的新生力量，徐树铮正在有计划地使它全入段祺瑞的掌握中。”项城然其言，故设模范团以资抵制。段冯之辈，对于袁大爷（指克定）往往莫测高深，深恐将来不能自保。实则袁大爷系一纯粹学者，不善交际，使人易滋误会，有时攒眉论事，并非含蓄恶意。又因克定不良于行，动作似乎简慢，矧彼仆从似云，谄媚者众，常被门客抬举太过，使其异想天开，身为贵公子者，可不鉴之哉！

袁段的性格有同有不同

兹将袁段二人之个性，就观澜所身亲目击所得之印象，分别述其梗概。关于二人共通之点约如下述：

一、二人之志皆在掌握北洋军，欲以军事势力扩张为政治资本。

二、袁以政治手腕谋南北统一，段之手腕不够，故主张武力统一。要之，二人对于革命军皆无信心。

三、二人对于议会政治，尤深恶痛绝之。

四、二人对于国家经济皆无善策，只知借款度日。

五、二人态度肃穆，令人起敬。惟段氏威仪胜过黎（元洪）徐（世昌）而逊于袁。段喜用四书成语，有学究气息。袁则要言不繁，言必中肯。若问中文根柢，袁则远胜于段。

关于袁段二人性格上不同之点，约如下述：

一、袁素主张总统制，以美国为蓝本。段则一生迷信责任内阁制，以法国为榜样，故薄总统而不为。

二、段对清室不甚买账。袁在任内则将清室优待费如数拨给，每年四百万元，清室藉此得维持十数年。

三、袁最不喜派别之争，用人较为广泛。段则多用同乡，有派别观念，北洋系遂无团结可能。

四、袁之脑筋较段为新，袁喜西法，重用留学生，平时尚能注意人才，每逢接见宾客，辄先查究其履历。段则一切马虎，并无人才观念。

五、段亲日，故袁讥段（祺瑞）徐（树铮）为“东洋刀”。袁乃骨子反日，日人恨袁切骨，然袁有国际好友两人，一为英使朱尔典爵士；一为日使林权助男爵。二人事袁如“长兄”，足征袁之手段灵敏。

六、袁段二氏俱无奢侈之风，袁一生不打牌、不吸烟、不好饮酒、不爱京剧。惟喜食填鸭与黄河鲤。清廷大员端方嗜鹿肉，袁即曾戒其好杀。段则嗜好太多，此其一生吃亏之处。我与段氏对弈时，左手坐参谋次长蒋雁行，右手坐陆军次长徐树铮，二人非为观战，皆待机请示公事者。我持黑棋，拆二拆三，段氏要投进以决雌雄。白方拆三拆四，我若投进，段必喃喃有词曰：“这里你还想投子么？”足见段之根性自大。一次我在北京府学胡同段邸门房下棋，战至半局，忽见老段侧坐桌边，作壁上观，怡然自得，做到“太上总理”而无官僚架子。

七、从服装上可以看出人之个性，袁永穿军装，肩章三颗星，浑似中山装，可见其英姿飒爽。我从未见他穿过西装，除家祭外亦向不穿中装。他不喜蓝袍马褂，却喜青年穿西装。段则反是，最恨西装，尤不喜硬领与皮鞋，穿燕尾服时要人家帮忙，其笨可知。段亦不喜军装，居常穿中装，亦甚随便，此其俭朴之风然也，我们对弈时，段尚用护袖的“套子”，以保清洁。

八、段之言行仿袁，段之衣饰仿袁，甚至头戴“尼姑小帽”亦仿袁也。孙中山先生当年在北京开吊之日，段因足肿，皮鞋穿不上去，遂未成行，失礼甚矣。此示段之修养，尚有极大缺点，袁则较之高明多矣。

观澜按：辛亥革命发生后，清廷起用冯国璋为第一军总统官，段祺瑞为第二军总统官。民元一月廿六日段氏率全国将领四十七名通电赞成共和。第二军总参谋官徐树铮、总参议官靳云鹏暨参议官吴光新、曾毓隽等皆名列其中。此时徐树铮早已掌握第二军实权，任段副手矣。元年二月四日段氏又率王占元何丰林李纯等向清廷王公大臣发出第二次通电，词更激烈，内有“谨率全军将士入京，与王公剖陈利害”等语。此系出于徐树铮之手笔。清室亲贵，阅电失色。袁世凯及王公大臣立即复电赞成共和。至元年二月十二日清廷下诏逊位，由唐绍仪组阁，段任陆军总长，徐任次长。惟徐氏暗中权力之大，段对徐信任之专，其中隐秘，有非局外人所能想象者，予当另行记之。

针对段祺瑞的三个计划

民二仲夏段祺瑞代赵秉钧为国务总理，此即参加第一次欧战之战时内阁，负有为“五国银行团借款”签字之责任。当时北京众议院要求段总理出席国会，答复关于借款问题之质询案。不料届时段氏竟率武装兵士到院，俨如身临前敌。议员们见此情景，谁也不愿多事，仅就手续问题质询数语，段氏答：“木已成舟，毋庸再议。”言毕扬长而去。（澜按：北洋军人中段的脾气最大，熊希龄任国务总理时，因主张裁兵被段氏破口大骂，靳云鹏组阁时，因将阁员名单先给张作霖看过，被段召至府学胡同，痛骂一顿。但在下棋打牌时，他的脾气却再好没有。）

民二年冬，段氏奉袁世凯之命到汉口劝促黎元洪北上。黎氏离湖北后，段并代黎为湖北都督。同时袁又派周自齐代段氏之陆军总长之职。若照官场惯例，总长不在，应以陆军次长徐树铮代行，而袁偏要另派周自齐代理部务，此示袁氏对徐树铮印象不佳。从此袁段之间，遂起裂痕，不久，袁命段芝贵督鄂，段祺瑞仍回陆军总长。袁段之间既起裂痕，袁恐尾大不掉，遂筹思“整肃”之办法，此时袁氏订有三个计划，名为改造北洋军，实皆针对段祺瑞而发。第一个计划系派蒋方震（百里）代段氏为保定军官学校校长。蒋固鼎鼎大名，因此保定第一期学生唐生智、陈铭枢、张翼鹏等大感兴奋。惟蒋才大而胆小，段乃多方予以掣肘，结果使得蒋百里在保定军校无功而退。第二个计划系由蔡锷主持新的建军工作。此事从表面看来，甚为突兀。因蔡锷系新人物，与袁氏向无渊源。惟蔡在云南都督任内，自请解除兵权，为天下倡，袁已心仪其人，旋经杨度之推荐，加以夏寿田之吹嘘，变方既有默契，蔡即晋京供职。袁知其为长于练兵之军事人才，又见其有刻苦耐劳之精神。不禁慨叹而言曰："小站旧人现在暮气沉沉，华甫（冯国璋）要睡到下午申刻；芝泉（段祺瑞）则经常不上衙门，叫我怎么办！"

蔡松坡月支薪金五千元

按：邵阳蔡松坡可称一代完人而无愧。当年我最服膺其三事：一、以身作则，反对军阀之地盘思想；二、主张定都北京，是有军事上远见；三、提倡"军国民主义"，是有政治上远见。

蔡锷对袁项城，自始至终，甚表好感，且示惋惜之心。而袁氏亦最赏识蔡松坡，命其迁入总统府居住，并与云台（袁之长子）"拜把"。蔡居南海纯一斋，此为前大内传戏之所，风景如画。不久授蔡锷为昭威将军，兼任经界局督办，此即全国土地局也。蔡松坡曾著《经界三书》，传诵一时。蔡又兼任参政院参政与海陆军统率办事处办事员，月薪共约大洋五千元。当年蔡任云南都督，按月只支一百六十元，尤其此一"统率办事员"，大过各省都督，另外两个办事员是王士珍与萨镇冰。蔡锷能以少年新进，得此高位，洵属异数！盖袁拟以蔡松坡代段氏为陆军总长，并以夏寿田代徐树静为陆军次长。此事酝酿久之，卒未实现。由于蔡是南方人。又是梁启超之得意门生，以蔡担任建军工作，小站旧人如徐世昌、田文烈等皆不赞成。徐世昌曾云："关于北洋军之改造，兹事体大，只宜行之以渐，而不能操之过急。"

民三年十月模范团成立

以上两个计划，既皆成为画饼，袁氏遂行第三个计划，此即成立模范团之举。按在北洋三杰之中，袁最放心者是王士珍，袁既决心要排斥段祺瑞，最好的办法是借重王士珍。民国三年春，袁派克定乘专车到正定府迎接王聘老（士珍）进京，授为“陆海军大元帅统率办事处”坐办，职权无可再高，处长即是大总统。袁氏在办公室中置一紫檀木制之长桌，据说此桌是清高宗在南书房中所用者，雕镌甚精。袁氏之左手方坐王士珍，等于总参谋长；右手方坐夏寿田，等于总秘书长。办公室外有一侧室，系唐在礼、袁乃宽二人办公处，唐在礼系统率办事处总务厅厅长，袁乃宽为总务处处长，皆红员也。

自从统率办事处于民三年五月九日成立以来，“总统府军事处”即行裁撤，陆军部实成为一个名存实亡之机关，段氏更经常不到部，一切由徐树铮代拆代行，徐辄事事推诿，有时语阱心兵，亦使袁总统啼笑皆非。

在废省废督遇阻力时，袁克定建议在统率办事处领导下，成立一个模范团。该团成立于民三年十月，团部设在北海，袁总统自任团长，以陈光远为团副。袁无论怎么忙，每星期定要骑马来观操一次，召集军官训话一次。第一期毕业，凡成立拱卫军四旅，炮兵骑兵各二团，机关枪一营，成绩奇佳。第二期改任袁克定为团长，陆锦为团副。此期结束，只成立拱卫军二旅。（澜按：袁段之间摩擦最甚者，即为模范团之事。）

段提出辞呈赴西山养疴

一日，袁氏召段总长过府查问一件公事时，段答以“要到部查明”。袁遂大不高兴，且高声说：“怎么还要查明，你的呈文不是已经送来在这里了吗？”段氏当场受窘，下不了台。事实上，段对于那件呈文，根本未曾过目，是次长徐树铮代他签名送来。此时陆军部曾发生茶役偷置炸弹案,《顺天时报》指为政治阴谋。段更表示消极，实则此案涉及欠薪，与政治无关。此时正值日本提出“二十一条”，陆军部上一呈文，却请求增加职员薪金，袁氏立即亲笔批示“稍有人心，当不出此”八个大字。段见而愤甚，终于不得不提出辞呈，并赴西山养疴。袁仍一再给予假期，并发表明令赐段氏人参四两，医药费五千元，“遇有要政，仍须入府商议”。阅三月后，才明令解除段之陆军总长职，正式派王士珍继任。

召见徐树铮，袁说要借重

此时袁对段越是客气，外间谣言愈多，是年八月初段氏遂发表辟谣通电曰:“……以大总统知祺瑞之深，信祺瑞之坚，遇祺瑞之厚，殆无可加!是以感恩知己，数十年如一日，分虽部下，情逾骨肉。……”段在西山佯病之时，肃政使夏寿康弹劾徐树铮订购外国军火浮报四十万元，但提不出证据，此事遂寝。惟仍明令免徐之职，以田中玉继任陆次。徐离职后，即以全力办志成中学，提倡国文，此事观澜最表钦佩。

正当袁段关系最恶劣之秋，徐树铮忽接总统府电话，着至府内“流水音”一行，此处乃袁克文下榻之所，袁总统穿军装，即在“流水音”草坪之上假山石旁召见徐树铮，此乃稀有之举。袁开头即说:“又铮!你办事认真，我十分明了，我们私谊上还是不错的，是不是?”徐树铮当然乘此机会表示忠忱。袁又说:“但是很多时候，你干事只为段总长着想，这是不对的，以后你要眼光放大些，不久我还要借重你呢。”以上是徐树铮先生告观澜者。徐并云:“项城有其伟大性，我对他毫无难过。”此语可信。

袁取消帝制，段祺瑞重出

民国四年底，段徐两人皆已离职，袁忽实践其诺言，派徐树铮为将军府事务厅厅长。于是袁段之间，前嫌稍释。民五年元月，袁在丰泽园组

“征滇临军务处”，请段出山，段以病辞。无何，西南方面形势紧急，三月廿一日袁发密函，分致徐世昌、段祺瑞、黎元洪三人，请其参加公府紧急会议。届时三人皆出席，袁氏先表示决定取消帝制，三人皆允合作。翌日明令撤销帝制，袁请徐世昌再任国务卿，主持对南议和问题。以段祺瑞为总参谋长。三人联名电劝西南护国军停战议和。至四月二十二日任命段氏为国务卿以代徐世昌，段氏并兼陆军总长，仍以徐树铮为次长。五月八日恢复国务院，段称国务总理，于是黎徐段实权仍在袁氏之掌握中。

澜按：西南形势吃紧之时，袁亦自知已铸成大错，当时政事，文凭徐菊人（世昌），武仗王聘卿（士珍），然徐王二老一生谨慎，在兹危疑震撼之秋，不起作用。凡事由袁亲自处理，食宿皆在办公室，与家人亦少见面。

袁氏本有糖尿病，由于操劳过度，所受刺激过深，得病不能起床。然而病在床上，仍要核阅来电，主持会议，病势焉得不加重。又：袁在得病之前，每天服鹿茸一杯，用以提神，费大国医（子彬）喻此为“怒马入泥淖”，可谓至理名言。

段对袁氏身后推崇备至

平心而论，袁非存心误国，亦非为后嗣着想，彼固反对革命主义，尤其痛恨议会政治，而不自知其思想陈旧，实与二十世纪之潮流背道而驰者也！临危之时，袁氏将老友徐世昌由河南辉县接到北京，与段祺瑞、王士珍、张镇芳同为接受遗嘱之人。袁氏易箦时，黎元洪并未到场，惧段氏有攘夺最高位之措施也。徐世昌最具老成典型，当时根据袁之遗嘱（按金匮石室之提名，黎列第一、徐列第二、段列第三），主张以副总统继任总统，却先委婉地征求段氏之同意，然后予以发表。段闻徐言，毫无表情，瞪目视徐良久，段始简单地哼出“很好”二字。

居有间，段偕国务院秘书长张国淦驱车至北京东厂胡同黎宅，张先入见黎元洪，报告数语，段入后，向黎三鞠躬，黎亦欠身答礼。但黎段二人未交一语，如演哑剧，过一刻钟，段即告辞，其对黎态度冷酷如此。好戏还在后头呢。然段氏对袁世凯身后则推崇备至，其最大原因受夫人所诘责，问心有愧。再则袁段间之矛盾，已随袁之去世而化为乌有。段以袁之继承者自居，必须极力推崇袁，方能鼓励北洋军阀对于一己之效忠。但袁生前北洋派还是一个统一之团体，而在段氏当权时期，北洋派则公开分裂为直皖两系，时局愈见混乱不堪矣。

袁世凯、段祺瑞、曹汝霖

李北涛

各国正式承认中华民国

各国公使呈递国书

距今六十年前，岁次辛亥，中华民国成立，由孙中山先生推让袁世凯为总统。历时三载，国事粗定。外交方面，虽与各国时有折冲，尚不能算是正式接触。各国坚持前清条约，继续有效。几经商谈，直至民国三年春，始行议定，各国一同承认，各国公使（其时尚未设大使）定期呈递国书，举行隆重仪式，一改清朝旧规，全照国际通例。袁总统戎装礼服，立于居仁堂中间，文武官员，分立左右，各国公使，由外交总长介绍引见，呈递国书。继由领衔公使致颂词，袁总统致答词。礼成，由大礼官引导到春耦斋，设宴招待。领衔公使举杯，祝中华民国及袁大总统万岁，袁总统亦举杯，祝各国及其元首万岁。宾主尽欢，气象和穆。从此，中华民国，乃得列于国际之林。

当此之时，惟有日本公使，躬与其盛，心怀嫉妒，回使馆后，即忙电告本国注意。日本一直盼望中国内乱，彼可乘机侵略。尤其对于袁世凯夙怀戒惧。因当其并吞朝鲜时，中国亦有驻军在韩，袁在吴长庆幕中，随军供职，年少气盛，日人每为所窘。日本《征韩别记》一书中，载有“清国驻军，有青年军官袁世凯，智勇兼备……”等语，故日本极不愿袁氏当权，恐中国富强，非彼之福。

日本政府大隈组阁

再按此时日本内阁，政友会已下台，由进步党组阁，党魁大隈重信伯爵，任总理大臣。此人汉学甚深，早游欧美，对于中国，素抱野心。笔者幼年在日本成城中学肄业，某星期日，与同学数人，出外游玩，经过一巨宅花园，我等入内，摄影野餐，讵有人出来干涉，彼此争吵，忽有一着和服之老绅士出来，一问知为清国留学生，反而和颜延入，茶点招待，询问中国风土习俗之事，我等均在童年，莫名其妙，后来仅知其为大隈伯爵而已。逾年，清廷派载涛贝勒来日观操，公使馆令我等留学生，到车站排班迎候，日本阁员，群来迎接，忽见大隈伯爵，身着西装礼服，跛一足，亦由人扶掖而来。涛贝勒专车抵站，车头上悬两面国旗，一为中国黄色龙旗，一为日本太阳旗。涛贝勒翎顶辉煌，长袍黄马褂，后垂发辫，仪表修伟，颇具气派。由中国公使杨枢，介绍日本各要人相见，对于大隈伯爵，似更恭敬。涛贝勒走过我等留学生队伍时，杨公使向我等点头为礼，彼亦向我等含笑点头，跟着，学生亦举手行军礼。后来与使馆中人，谈述来迎之日本各要人，原来大隈伯爵，彼时已有首相之呼声矣。

大隈在东京早稻田，创办一大学校，即名早稻田大学，规模甚大，为私立大学之佼佼者，收容中国留学生甚多，历年来，中国政海显要，各界名流，日本早大出身者，比比皆是。

对日“二十一条”交涉之真相

日本觉书“二十一条”

次年民四，各国已全承认，中国全国统一，正谋发展经济，整顿内政。日本驻华公使日置益，声称奉其内阁总理大隈伯爵之命，请见袁总统。寒暄后，说本国政府，为谋两国永久亲善起见，备有觉书一通，希望贵总统重视两国关系之切，速予裁决施行等语。袁氏见其神色，已知不怀好意，乃将来书置于一旁，并不展阅，正式答言：“中日两国亲善，本为我方夙望，惟关于交涉，应由外交部专责办理，当命外交总长与贵公使接洽。”日使讨了没趣，便即告退。

日使行后，袁氏方将觉书展开细阅，计分五项，共二十一条，其所要求，权利由建铁路、开矿以至开商埠内地杂居，地域由东北内蒙古以至闽浙等处。尤其最甚者，为第五项中之各条，日文原注明为“希望条件”，内开：（一）聘用日本人为军事顾问；（二）合办兵工厂；（三）聘日人为主要城市警察教官；（四）小学校雇用日本教员；（五）日本僧人可在内地传教等。

袁氏阅后，气愤异常，即语秘书长梁士诒、外交总长孙宝琦、次长曹汝霖等说：“这分明是日本人眼见我们安定，心怀嫉妒，欲乘欧战中各国无暇东顾，来相要挟。尤其第五项，简直当中国是朝鲜，如一承认，即是亡国。中国未亡于大清，而亡在我袁某之手，我何以对国人！此事不可马虎，待我再细细看看，好让你们逐条应付。”

翌日，日使到外交部，见总长孙宝琦，面递觉书“二十一条”。孙根据袁氏昨日之言，亦对日使大发议论。照例外交总长与各国公使谈话，皆有笔录，不料此笔录送到总统府，袁氏一见，怒云“尚未研究详尽，何得笼统发表议论”，立免孙宝琦职，改派陆征祥继任外交总长。按孙宝琦为袁氏至亲，清末为山东巡抚，光复时，烟台民军起义，孙亦投机独立，竖起白旗，自称山东都督。迨袁氏再出，由彰德抵京，对孙大加申斥，孙又取消独立，仍做山东巡抚，为士林所不齿。陆征祥为老外交家，历使各国，在国际甚有声望。袁氏此次更迭外长之迅速，西报颇予以赞扬，日报则大感惊异（日文报纸京沪皆有）。

“二十一条”中日开议

觉书由袁总统逐条朱批，交下外交部，遂与日方在外交部大楼开会集议。列席者，我方为外交总长陆征祥、次长曹汝霖及秘书某，日方为公使日置益、一等书记官小幡酉吉（书记官即系参赞，小幡以后曾代理公使，回国之后又将被任为驻华公使，照例先征求出使国之同意，我国以小幡态度，素不友善，加以拒绝，此人后竟未能得意）及通译官某。陆总长久居英法，娴于外交，出言慎重，义正词严。曹次长才大心细（徐世昌保举曹之语），熟悉各地及东三省日侨情形，对于觉书，逐条辩驳。袁总统对此案，异常重视，此时袁氏神志紧张，肝火极旺，有时早晨即有电话邀曹次长速去共进早餐，商谈此案。（曾闻曹氏说，袁早点食量甚大，吃鸡蛋十个，馒头三四个，尚能进一碗面。）每次开议前后，陆曹皆须事前请示及事后报告。开议历时四月，议有头绪者仅及其半，其余各案，有暂搁者，有尚须再请示者。及谈到第五项，中国坚持取消，日方必欲付议，每次僵持，最后日方请先交换意见，于是陆总长乃正色说“本人出使各国多年，未见过似此希望条件之条文，毫无对平等国家之礼貌，应请贵公使即予撤回，以免损害两国友谊”，乃不欢而散。由此延会多日，开议无期，各报登载，濒于决裂。（以上参考《六十年来中日外交史》及《陆征祥传》）

曹次献议·釜底抽薪

此时交涉无期停顿，日使濒来催逼，内外人心不安。曹次长想得一策，欲取消第五项各条，不如釜底抽薪，向东京设法，乃向袁总统献议：“可请公府顾问有贺长雄博士赴东京一行。有贺博士在日本资望甚高，与各元老多相契，托其向元老陈说，除去第五项或可有效。”袁氏亦以为然，于是由袁总统请有贺博士赴东京，盛宴饯行，郑重面托。有贺博士抵东京后，竟告成功，外务大臣某颇受元老申斥。据闻其曾辩称中国如不就范，则派兵前往，不出三个月，可将中国征服。某元老怒言，你知中国多大，打三年亦胜不了。外务大臣诺诺连声，始遵命将第五项取消。

日本外相，受元老申斥后，老羞成怒，乃下最后通牒，除第五项容后再议外，余项一无通融，承认与否，限时答复。于是谣言四起，人心惶惶，各地报纸，反日激烈，上海各界纷电政府，不可屈服，誓为后盾。旋闻日方在关外调动军队，渤海军舰游弋，又闻其令日侨作撤退准备，形势已极紧张。袁总统沉思不决，对于是否接受，事关重大，决于次日召集百官开大会决定。

英使劝告·忍痛屈服

次日由袁总统召集文武各机关首长开会，决定生死关头。外交部陆总长将要赴会时，英国公使朱尔典忽来会晤，原来即为今日开会事。他得到密报，陆军总长段祺瑞不肯屈服，已密令动员，晚间运兵，彻夜不停，明明意在备战。朱尔典云："中国此时只好委曲求全，万万不可鲁莽从事，万一决裂，吃亏的必是中国，我深爱中国，又与袁总统三十年好友，特来掬诚相劝，只要此后中国自强，还怕不能对付日本吗？"其言至为恳切，陆遂赶即赴会，据以报告。其时会场，正在激烈辩论，陆军总长段祺瑞力言"宁为玉碎，毋为瓦全"。又有人责外交部曹次长向来亲日，何以不能善为交涉，以致弄出最后通牒。陆总长到后，将英公使之言详细报告。袁总统点头说："英使确是一番好意，这次交涉，全是我自己主持办理，外交部陆曹两长，都尽了最大努力，我看现在只好听英国公使之劝告，暂时屈服。"段总长仍发强硬之言，袁总统劝其忍耐，说："我详细想过，现在孤注一掷，太无把握，只要以后大家振作，合力把国家弄好，则终可以雪今日之耻。"闻袁氏发言，至为沉痛，声泪俱下，众皆俯首，默然良久始散会。

午后，陆曹二氏预备复文，袁总统愤言，不必多所辩论，只在末尾称"除第五项外余照允"就是了。当晚由陆曹将复文亲送往日使馆，面交日使日置益。是日为五月九日，遂定此日为国耻纪念日。

至"二十一条"条约，逾日，由外交部陆总长与日使日置益签字，此案乃告一段落。

袁氏奋发·力图自强

自此之后，袁氏认为是民国成立后之国耻，且亦为其毕生之奇耻大辱。痛定思痛，发愤图强，发表长文《告诫百僚书》，力行新政，锐意建设，内外务须振作，不得苟安。报纸亦载袁总统处理政务，事必躬亲。对于财政，发行国内公债，整顿税收，改革币制，废两为元。对于外交，敦睦修好，各国允退还庚子赔款，专办学校及派遣留学生。尤其注重军事，如创设巩县兵工厂、筹办炼钢厂及新练各混成旅等，皆在此时。全国内外，颇能振作，一时颇有朝气，中兴可待。

不意好景不常，日久玩生，关于“二十一条”交涉，日本国内，元老重臣（重臣系做过内阁总理之老臣，其时以近卫公爵为首，即近卫文麿之父，内阁更迭，日皇例须将新总理大臣之名，咨询重臣通过）多不直大隈内阁之所为。西报亦有称誉袁氏能将第五项屈辱条件，抗拒成功，可算胜利等语。外宾常来对袁面谀，袁氏遂渐生自满之心，加以左右佞臣，逢迎煽惑，伪造民意，劝进称帝。袁氏居在深宫，日受包围，信以为真，政事渐懈，曾几何时，朝气又成暮气，梦想帝制，袁氏且因此一蹶不振矣。

洪宪帝制之兴灭

筹安会与研究帝制

民国四年，对日“二十一条”交涉之后，上下锐意图强，颇有振兴气象。袁氏心满意得，以为中国一人，名虽总统，实似帝王。左右皆系前清官僚，头脑封建，一初设施，多效帝王时代体制，美其名为复古，实则揣摩逢迎。内阁制先经取消，任徐世昌为国务卿，即以前之总理大臣，后且改称为相国。修新华宫，设政事堂，封各省督军为将军。又定郊天礼，祭孔礼，内政部制定祭服，冕旒玄冠，方头靴，日本报纸登载图样，称其非明非清，不伦不类。凡斯种种，可见步步趋仿王朝制度。于是研究君主立宪与共和政体孰合于中国之声，遂有所闻。乃有政客杨度，发起筹安会，研究政体；文人薛大可，办一报纸，提倡帝制。其实内幕有一主谋人，乃袁氏之大公子克定，字芸台，早年留学德国陆军，堕马伤腿，不良于行，居家不出，热衷之徒奔走其门，杨度等即是。杨度字皙子，湘人，负文名，为日本留学生之健者，初系康梁一派，后又脱离，此时发起筹安会，无人附和，乃强邀得孙毓筠、胡瑛、李燮和、刘师培、严复五人，连其自己共六人为发起人。此五人皆过气分子。孙毓筠在光复时，自任安庆都督。胡瑛为烟台都督。刘师培初名光汉，江苏仪征人，长于训诂考据，与余杭章太炎（炳麟）齐名，惟胸无主宰，悉听其妻何氏支配。清末逃亡在日本，与章太炎、汪精卫、陈璧君、胡汉民等同住一屋。章刘书痴，污秽不讲卫生。（章太炎穿和服，龌龊满身，坐东洋车，随处吐痰，常遭警察干涉，演讲时，无人能懂其语。）汪胡粤人，言语习惯隔阂，大家都是同盟会，而常相吵骂，邻舍不安。笔者亦居近邻，常被召去拉劝，尤其陈何两位太太，喧闹更不成话，彼时我真不信此辈革命党能成功。嗣后刘竟改名回国，做江督端方之门客，至民国闻在北大教书。此五人中，惟严复负清望，被逼列名，士林惜之。严复字又陵，福建侯官人，初留英学海军，学校考试成绩，在同学日本学生东乡平八郎之上。

后来东乡于日俄战争时，趁黎明大雾中，击败俄国之波罗的海舰队，成为世界伟人。而严复则回国后，未被重用，无所事事，乃发愤攻读中文，竟成通儒。于是翻译泰西新书，如《原富》《赫胥黎天演论》……，彼时中国民智未开，严译各书，成为开通风气灌输新学之名著。严氏后来染上芙蓉癖，郁郁以终。中国人才似此埋没，不知凡几，可为浩叹！

此时帝制声中，忽有美国顾问古德诺氏，在西报发表一文，言民主政制，中国行之尚早，此乃西方学者之言，受人重视，筹安会提倡君主，乃更振振有词。其实一查此文来源，闻系受杨度之怂恿而作。

筹安会之气焰日盛，闻有一日，内务总长朱启钤、司法总长章宗祥言，筹安会闹得不像话，淆惑人心，抵触刑法。袁总统即令两总长前去警告，只可研究理论，不可逾越范围。两人去告杨度，杨大笑说，这是奉命而行，若欲制止，请去问芸台（即袁克定）吧。两人无言，而朱启钤反而转向拥护帝制矣。

时袁系红人薛大可所办报纸，专载帝制运动新闻，伪造各省劝进文字，揭发反对帝制者之言论，加以攻击。财政总长熊希龄，对于此辈，向不假以颜色，于是该报为文中伤，伪云肃政使对财长舞弊将有参案。果然财政次长张弧，停职查办，熊氏喟然长叹，留书出京而去。熊氏湖南凤凰人，为研究系之领袖，号称清流，颇负时望。后来熊一度组阁，网罗当时俊彦，以人才内阁为号召，世称为凤凰内阁。今因不热心帝制而去官，舆论对于帝制，更为不满。

变更国体·内外反对

一日，英日法等五国公使，到外交部访陆总长，询问帝制究竟，陆含糊以对。日本代理公使小幡即发言，此时中国改变国体，治安有无影响？陆云中央实力，可以控制全局，小幡竟言，中国政府，须确保境内治安，以后我等各国，当取监视态度。陆恶其出言恫吓，正色答称，深望各国尊重中国主权。（参阅《陆征祥传》）

此消息为薛大可所办之报所闻，乃淆乱黑白，谓外部陆曹两长，附和外人，不拥护帝制。陆请曹次长向袁陈说，曹乃见袁，先将陆总长与五国公使之问答报告，并劝袁云：“外人既如此，上海镇守使郑汝成新被刺，国内亦未安定，帝制似可稍缓，此时不如在欧战中，加入协约国参战，将来在国际上，我国即有发言权，那时变更国体，各国便不会反对。”袁说：“帝制非我本意，至于参战问题，反对之人甚多，我看德国不会竟一败涂地，看看再说吧。”曹氏退后，次日，统率办事处厅长唐在礼，以劝进名册两大厚本，送与曹看，说是上头命交你看看，原来皆系各省团体劝进之名册。曹氏以后不敢多言。

曹府寿庆，名伶堂会

曹次长汝霖，字润田，江苏上海人，弱冠入泮，自费赴日留学，入中央大学习法政。其时中国留学生之中文佳者，多受校中师长特别礼遇，凡大学教授，皆是地位崇高之博士学士，曹氏因此得与日本知名之士往来订交。笔者本系陆军学生，因验身体不及格，改习文科。在江苏同乡会中，乃与曹常相聚晤。有一次，在中国留学生大会中，见曹与张溥泉（继）先生争辩甚烈：张主张激烈，必须排满革命，实行民主共和；曹主温和，不如君主立宪，免伤国家元气。彼此争得面红耳赤，各不相下，旋有第三者拉往中国料理店而去。曹润老毕业回国，青云直上，年未四十，已任外务部左侍郎。曹氏自言，彼时各部堂官，类皆年高德劭，须发斑白，遂亦曲背留须，学作老态，以便随班进退。民国成立，曹氏罢官，时正由国民政府新颁律师条例，曹乃申请，领得第一号律师证书，执行律师业务，生涯甚盛。后袁世凯任总统，经其力邀，方出任外次。

当曹氏初学成回国时，正值两宫回銮，欲行新政。曹氏与汪荣宝、章宗祥、陆宗舆四人，为日本留学生之优秀分子，成为新政专家（彼时尚无日本通名目），凡有筹议设施、草拟章制，莫不有四人参加。时东三省自日俄战争后，日本商民浪人，横行不法，交涉困难。外务部派曹往东三省调查，曹将调查所得，作成报告，并条陈办法。东三省总督徐世昌，大为器重，欲调其在东省任用，外部不允，徐乃专折保举曹某才大心细，堪当重任。曹回京后，奉旨召见。袁世凯时任军机大臣兼外务部尚书，命曹先往见，详细指示进宫仪注，如何进殿、如何跪对等过节，“若问话多，则跪久腿麻，起立恐要失仪，可用一对护膝盖，琉璃厂有售”。曹氏得此指示，果然一切顺利，应对称旨，不次擢升，故曹氏对于袁徐深感知遇。

民国四年秋，曹氏尊翁六十寿辰，润老事亲至孝，在府宴客娱亲。时袁总统对于曹氏正深倚畀，特赐匾额及隆重寿礼。于是各部长官，自段祺瑞、陆征祥以次，群来祝贺，寿帏屏联，琳琅满目，热闹非凡，不在话下。又有难得之名伶堂会，正投我之所好。寿堂系借那家花园，有现成戏台可用，戏提调为同乡张缪子兄（名厚载，又号聊止）。张对戏极在行，本在北大攻读，因喜平剧，为北大教授之新派冬烘所不满。彼等以为此不过是地方戏，词句俚俗，何能与莎士比亚等相比，不配称为中国文化。张遂不见容于校，改入交通银行，暇写戏评，深得内外行推重。愚每至京，均蒙招待，并介各名伶往还。唯独谭鑫培家，我不愿去，因闻其架子甚大，友人往往自沪北上，辇重金，送厚礼，只向谭学得一二句戏腔，便自得其乐，傲视侪辈。直至民国五年，老谭末次在沪演出，因其壻夏月润之介，我始与谭相见，则谭已衰老瘦削，而谈吐甚为谦恭，并不如所传之倨傲，反觉自己主观太甚。

是晚堂会之戏，精彩非凡，戏码甚多，不能全记，闻戏码本不多，因有名伶如龚云甫等打电话来，愿来报効，所以演至黎明才散。今记得有九阵风之《蟠桃会》，刘鸿声之《上天台》，陈德霖、王凤卿、梅兰芳、龚云甫、姜妙香之《四郎探母》，谭鑫培、王长林、钱金福之《打棍〈出箱〉》等。梅兰芳时年尚幼，由冯幼伟（耿光，中国银行总裁）领其到寿堂来，向老寿星及曹润老请安，粉嫩的小脸蛋，答话柔媚，看上去好似一小闺女男装打扮，稍坐即去，往戏房上装。《四郎探母》上场，已在午夜，陈德霖之萧太后，手拎丝巾，缓步而出，旗装华贵，仪态万千。闻陈伶在宫中当差时，即专留心西太后之神态，故演萧太后颇为神似。《四郎探母》演完，已在深夜，女宾多半星散。大轴谭鑫培登场，自《问樵》起、至《出箱》止，钱金福之煞神，王长林之樵夫及差人。谭氏究竟比两年前，老了许多，惟因听客多系要人，且多知音，演来不敢松懈，出场踢鞋落头，照例得满堂彩，低身坐下时，用手在头上按住。《问樵》及《出箱》时，与王长林搭档，身段或高或矮，或前或后，《出箱》之眼神手足，二人紧密凑合，真堪叫绝，足见其腰腿功夫，老而不衰。惟嗓音较以前稍细，年将古稀，亦无足怪，然其行腔之美，运用之妙，无法形容，后无来者。其在沪末次演出时，愚曾语夏月润，欲点此戏，老谭回说，钱王二人，未曾同来，没法演出。牡丹而无绿叶，竟好不来，可惜可惜。

英使一言·袁氏登极

帝制运动，如火如荼，而袁世凯本人，似尚在游移不定。因国内国外尚有反对之声，袁氏几位心腹老友，如徐世昌、段祺瑞、冯国璋等，均曾直言谏阻无效。同时袁氏看见南方报纸，频有歌颂帝制之新闻、各地劝进之书表，似又怦然心动。其实乃是大公子袁克定及薛大可等，将上海报纸内容更换，假造新闻，重行印刷。袁氏见之，信以为真，以为天下果已归心。惟觉日前五国公使对陆总长之言，显系反对我国变更国体，不无顾虑。

忽有一日，英国公使朱尔典由蔡廷干陪同，谒见袁氏，密谈良久。俟其行后，袁喜形于色，遽告左右云："朱公使前曾同五国公使，到外交部反对，现在来劝我早定帝制，奇怪奇怪。"大笑不已。究竟朱使所说何语，外交部均无所知。后来仍由袁氏自己向人露出，大意是说，你最好照老百姓意思做，各国不会反对的，老百姓要你做总统，你就做总统，老百姓要你做皇帝，你就做皇帝好了。袁氏闻之，大为高兴，迭召各员商议，兴奋异常，以为中外皆已赞成，于是称帝之心遂决。

此时徐世昌相国首先引退，派由王士珍代理。陆军总长段祺瑞称病告假，避往西山。江苏督军冯国璋，则早先曾有密电询问真意，袁覆陆曹两长电绝无此意，不为自己，亦要为儿孙设想等语，冯乃放心。不意今闻实行称帝，乃大怒曰："对我都不说真话，太对不起人了。"由此遂怀贰心。于是参议院议长梁士诒进呈各省劝进表，拥戴袁氏为中华帝国大皇帝。即在国务会议时，袁氏宣布：接受民意，变更国体，实行帝制；自明年起，改为洪宪元年；定于十二月十日，先即帝位。

至十二月十日，新皇帝行登极典礼。文武百官，齐集大礼堂，惟国务卿王士珍病假未到。袁氏御新制戎装，受百官祝贺，仪式简单隆重。袁新皇帝演说一番，各报登载，有"顺从民意，跳入火坑"之语，京中人士，相传以为不祥。

濡笔至此，蒙老友周志辅兄，以袁氏小站练兵时照片及袁徐二公手扎之影印惠赠，世所罕见，弥足珍贵，特载于此，光我篇幅。书中即常熟言敦源先生。照片系清光绪三十一年在直隶陆军秋操时所摄，由陆军部尚书铁良主其事，故与直隶总督袁世凯并肩中立。

霹雳一声·云南起义

洪宪新朝，兴高采烈，攀龙附凤之徒，正在弹冠相庆，不意霹雳一声，云南起义，蔡锷、唐继尧等组织护国军，通电各省，声讨帝制，京中人士大为震惊。时陆征祥兼代国务卿，急捧电文入见。袁皇帝颇为镇定，说："此事不必惊慌，蔡松坡这人，小有才干，而有阴谋，但面有反骨，寿必不长。我早防备他，故调其来京。现在川边有曹锟、张敬尧驻守，广东龙济光对我忠心，广西陆荣廷不敢妄动，新近又派陈二庵（宧）带新兵入川，料可镇压得住。"

提起陈宧奉派入川，当时报载其辞行一幕，颇值得在此补述。陈系鄂人，武人而具政客伎俩，与袁大公子换帖弟兄，故得袁氏信任。当其奉派赴川时，袁曾关照他好好地干，一抵川，即发表为川省督军。陈宧诺诺连声，感激涕零，及将出发，向袁辞行，竟行三跪九叩首大礼。袁说何必如此，陈口称陛下登基大典，不能赶来参加，故预先庆贺。袁大悦，说即改国体，跪拜亦须废止的。此为当时争传之一段珍闻。

蔡锷字松坡，湘人，梁任公（启超）在湘讲学，蔡受其教，师生甚相得。蔡后奉派赴日学陆军，先入振武，后入士官。振武为成城学校分出，两校有门可通，两边学生，虽文武各分，而朝夕相见。我在成城肄业，湖南同学极多，时见蔡锷，不大与人谈笑，惟甚用功读书，人亦不多加注意。同时陆军学生，另有一人，情形与蔡相似者为黄郛，字膺白，亦不多言，而好读书沉思，常有病容，后来未能进入士官学校。二人在校，人只知其中文佳而好学，其他未见有过人之处，又谁知其后来，皆为国家建立非常之功业。膺白先生回国后，适与余同船，彼时尚无飞机，由横滨到上海，船行须四天多，承以所译《肉弹》一书，请代校正。此书为日本名著，欧译甚多，叙广濑中佐（即中校）于日俄战役壮烈牺牲事。在旅顺俄军布置险要甚多，日军以武士道之精神，奋不顾身，前仆后继，多为冲破克复，但伤亡甚重，后方不断补充。日本国内每逢壮丁出发，其家族及乡镇人士，均以“祈战死”之标语，挥旗送行。此时旅顺口有一处险要，俄军埋伏水雷，无法渡过。主帅乃木大将，见牺牲日多，几欲自杀。广濑中佐偕一军曹，窃于夜间私乘一小型兵船，开往险处，触雷炸沉，而险要以破。日军急行渡过，以一当十，向俄营冲锋急进，俄军猝不及防，纷纷溃退，日军乃告大捷。广濑后被封为军神，在东京小石川立有铜像，同死之军曹某，亦含笑坐在其身旁，其处为行人必经之路，每日经过之人，总向之行礼，笔者亦时与焉。此外教科书中，均有广濑中佐事迹，电影话剧，亦常演出，有某文学名家，乃着《肉弹》一书，文笔酣畅淋漓，销遍全国，家有一册。今见膺白先生所译，文字清新，笔笔可使国人读之，激发尚武精神，唤起爱国信念。校之拟交商务印书馆出版，不知销行如何。今述蔡黄二公往事，忽连带想到又有二位与此相反之陆军学生，为吴禄贞与良弼，俱系才气纵横，胆识过人，惟吴倡言排满，加入同盟会，良弼系旗人，或云系清廷宗室，与吴氏积不相能。回国之后，吴在东三省为军官，从日军手中，收回间岛，建立奇功。间岛本系中国属地，因近朝鲜，日本人说是属于朝鲜，驻兵开发。东京中国留学生乃电告清廷速予交涉，讵清廷遍查宗卷，无案可稽，又无地图可资佐证。幸有同盟会宋教仁先生在东京，买通日本参谋本部之人，盗得地图文件，送交使馆转京。按：宋教仁先生，字渔父，湘人，才智俱全，实为有数之政治家，惜为袁世凯所忌，派人暗杀身死，此乃中国之大损失。清廷得此地图后，即发交东三省总督，令速交涉，遂由吴禄贞主办此事。吴先探得间岛日将，乃系其士官学校之教官，又预先将岛上土匪买通，乃往谒见其师，极为恭敬，先礼后兵，卒使日将退出，收回该岛。于此一端，已可见吴之才智过人，清末已升任署理山西巡抚。当时吴手握重兵，与南方民党联系，又有滦州蓝天蔚等呼应，不意即在此时，为良弼派人暗杀，死于石家庄。良弼其时任军咨府要职，军权在其手中。袁世凯被起用，自彰德回京，被任为总理大臣，良弼往谒，在途中亦被民党炸毙。良弼死后，满人王公大臣，俱是尸居余气，不亡何待。倘使吴禄贞不死，则南北呼应，革命可以早日成功。倘使良弼不死，则清廷亦可多延时日，一幕一幕，冥冥中岂真有气数之说存在耶？

蔡锷毕业回国之后，在云南教练新军，光复后，被推为云南都督，袁世凯忌之，调其来京，时与接谈，任为经界局督办，暗中派人监视其行动，蔡亦佯为不知。梁任公时在清华大学教书，师生秘密来往。自筹安会发生，蔡即蓄意离京，于是终日花天酒地，假与夫人吵闹离婚，每天住在北妓小凤仙家，竟得化装逃往天津，一切情形，宛如做戏。后来电影话剧所演，虽有穿插附曾，却与事实不离。其间蔡锷构思之精、用心之苦，可说百密而无一疏，否则袁之爪牙，岂能瞒过。然蔡公因此体力大伤，回滇兴兵，更复心力交瘁，不治之症，早伏于此矣。

梁任公知蔡离京，乃亦由日本使馆之人，陪其赴津。俟蔡赴滇后，任公即发表一文，题为《异哉所谓国体问题者》。此文一出，传遍天下，中外报章，竞相转载，成为历史上之文献，对于讨伐帝制，实具有千斤之威力。梁任公旋即乘轮赴沪，与苏督冯国璋时通函电，冯早已不满于袁，乃亦与西南各省联络。蔡锷、唐继尧举兵不利，初与北军张敬尧师交锋，滇军大败，饷械俱成问题。蔡公苦虑焦思，闻在军中咯血，仍不肯休息。幸梁任公亲往西南，说得广西陆荣廷宣布独立，各省向应，龙济光独力不支，余省皆惟冯国璋之马首是瞻。曾几何时，形势大变，一般兴高采烈、弹冠相庆之徒，此时噤若寒蝉，一筹莫展。至是袁氏知大势已去，悔之晚矣。

取消帝制·新皇驾崩

不意此时，忽接川督陈宧来电，亦劝袁皇帝退位，顺从民意。袁氏大怒，想起他辞行跪拜之情形，愈加火冒，自恨糊涂，现在无法挽救，由此愤郁成病，日进汤药。以前英使朱尔典之劝进，可说是洪宪帝制之催生符，现在陈宧来请退位之一电，可说是袁皇帝之送命汤矣。袁氏病中，仍勉强治事，惟众叛亲离：徐世昌、段祺瑞，固已久不见面；王士珍亦早称病辞职，国务卿由外交部总长陆征祥兼代，开会方毕，陆氏即递辞呈，辞去本职各职，随即偕其洋太太，往北戴河而去。袁叹曰："到此时还不肯与我共患难。"随即批准，面命曹次长代理外交总长。随又亲缮两函，派曹氏赴天津，召徐世昌，派唐在礼到山西召段祺瑞，讵皆以病不来。袁氏见此情形，长叹一声，毅然自决，下罪己诏，取消帝制，以谢国人，自洪宪称帝以来，仅八十余日耳。

帝制取消之后，段祺瑞即来京相见，据传二人握手而泣。随即恢复国务院，任段氏为国务院总理，通电各省。西南尚有主张袁氏去位惩办祸首者，经冯国璋之调停，始告无事。

蔡锷护国军，大功告成，功成不居，尽推让于唐继尧以及诸将领。旋旧病复发，赴日就医而竟不治。天丧斯人，亦国家之不幸，袁世凯谓其不能长命之言竟验。

袁氏之病，亦日渐沉重，竟至危笃。徐世昌、段祺瑞等各旧人，均到榻前，袁已昏迷，不能言语。徐世昌就其耳边问道："有什么吩咐吗？"袁以手向空乱抓，喉间仿佛有泥字之音。徐问："是黎元洪吧？"袁似微点首，徐段二人即高声说："知道了，放心吧。"不逾时，袁即一瞑不视。一代枭雄，惑于佥壬，饮恨以殁，徒供后人慨叹！

杨度误认袁世凯为“真命天子”

云从龙

民国初年，有两个读书人搞政治，都是失败者，都搞得焦头烂额；但两人的知名度都不小：一个是梁启超（任公），一个是杨度（皙子）。

梁启超在文章上有成就，不管后人对他那摇摆的政治立场有多少批评，却皆一致崇拜他的文章。杨度在文章上没有梁启超那么大的成就，而因为捧袁世凯做皇帝，搞所谓“筹安会”的关系，却留下千古骂名；可是他很执拗，一直鼓吹君主立宪。他既不附和康梁的保皇党，更不赞同中山先生的革命党，他要找到一位“真命天子”而辅佐之，在他心目中“真命天子”便是袁世凯。如果袁世凯是朱元璋，杨度也许可能成为刘伯温。怎知，这位“明主”穿起龙袍，不像皇帝，帝业只维持了八十三天，就宣告结束。

留学日本是个活动分子

杨度字皙子，湖南湘潭人，是湘潭王湘绮（名闿运、字壬秋）的得意门人。家道富有，少年丧父，苦读成名，和他的妹妹杨庄（字少姬）有才男才女之称。少姬成长后嫁给王湘绮的第四子王文育为妻。文育字季果，学问远逊乃父，而脾气坏透。王、杨结缡后，勃谿时起，情同陌路。杨度闻其妹之遭遇，大为不安，曾写信给少姬说：“夫妇之道，同于君臣，合则留，不合则去。”但在当时的社会，这种想法简直是叛逆，亦可见杨氏的通脱不羁处。

光绪廿九年五月的经济特科，一等第一名是梁士诒，一等第二名便是杨度。梁杨两人后来在民国初年的政坛都曾翻云覆雨，毁多于誉。

杨度虽得意于经济特科，但在北京一时并无若何好的出路，于是悄然东渡，到日本求学。他是个活动分子，在东京住了不久就风头十足，担任了东京留学生会的会长；副会长是湖南湘阴人范源濂，范在民初年间也是北京政坛的有名人物，曾任国会议长。杨家本来富有，所以杨度在日本不愁接济，据说他在北京时，张之洞颇赏识他，叫他递了门生帖子，因此他抵日后，张香帅也接济他不少的钱，他则把东京留学生的动态不时报告张之洞。

杨既然有钱，又有活动能力，所以他在东京便成为中心人物。他所住的饭田町寓所，俨然成为“湖南会馆”和“留日学生俱乐部”，天天开大锅饭，座客常满。而他所交往的，有各党各派的分子，其中最莫逆的有黄兴、陈天华、宋教仁、杨笃生等，这几位都是湖南人。黄兴和宋教仁，不用说大家都知道，他们是革命元老；而陈天华也了不起，他是早期革命党的大文豪，湖南新化人，著有《警世钟》《猛回头》等革命文献，光绪卅一年十一月十二日在日本投海自殉。杨笃生是湖南长沙人，吴樾行刺五大臣的炸弹便是他所制造，后来亦在伦敦蹈海而死。

反对革命，赞成君主立宪

光绪卅一年七月，中山先生由欧洲到日本，拟在日本大规模策动革命事业。这时候维新党人在日本声势很大，中山先生颇有意把维新派拉过来，因为维新派如康有为、梁启超都是广东同乡，无论学问、文章都出类拔萃；可是革命阵营维新派却是保皇党，不愿参加革命，使中山先生的希望落空。于是，退而求其次，发现了杨度。杨虽不是革命党人，但亦非保皇党，既有才气，又有活动能力，倒是一个搞政治运动的好手。于是在某一日，中山先生由程家柽陪同，赴杨寓造访，大谈推翻清廷、革命种种。同时认为和清廷谈改革等于对牛弹琴，康、梁前车可鉴，救中国唯有革命。杨听了中山先生一番话后表示："革命的破坏性太大，中国积弱已久，国势已疲，不堪服以猛剂，猛剂徒召危亡之祸，非中国之福，转不如以君主立宪达到改造中国的目的。"

孙、杨的谈话并不合拍，但杨对孙极表好感，最后杨说："我们虽意见不同，但都是为了救中国，殊途而同归，任何一条路成功，于国家都有利。我虽不能参加革命，敝同乡黄廑午（即黄克强）等人的主张却与阁下相符，我很想介绍二公相识。"孙、黄两大革命领袖的相识，乃是洪宪罪魁的杨度所介绍，这是后人所不曾想到的。

当时黄克强在东京创办华兴会，鼓吹革命；中山先生则组织兴中会。孙、黄一见即合，于是两大革命力量遂告合流，两会并为同盟会，由中山先生为最高领袖，从此革命阵营遂益见强大。

在此期间，同盟会在东京的机关报是《民报》，保皇党的机关报是《新民丛报》。而杨度亦有一喉舌，名叫《中国新报》，始终与革命党和保皇党若即若离，以第三者自居。

熊希龄推荐杨度任枪手

清末因为革命势力的威胁，同时清廷鉴于日俄之战，日本以蕞尔三岛战胜了广土众民的俄国，推其缘故，是因为明治维新、君主立宪而富强，乃于光绪卅一年六月，派镇国公载泽、户部侍郎戴鸿慈、兵部侍郎徐世昌、湖南巡抚端方等赴欧美各国考察宪政，后又增派绍英，这就是清末著名的"五大臣出洋考察宪政"之举。

五大臣于是年八月廿六日由北京启程，不幸在北京前门外车站被革命党人埋藏炸弹，载泽和绍英被炸，幸仅轻伤。徐世昌和绍英中止出国，清廷改派山东布政使尚其亨、顺天府丞李盛铎代行。

老实说，这几位大臣出洋游山玩水是可以的，真要考察宪法，则是用非其才了。五大臣随员中有一位湖南人熊希龄，后来是民国第二届内阁的国务总理，他也是维新人物。他向五大臣建议，考察归考察，至于将来的报告，则非找专家来写不可，五大臣深以为然，于是由熊希龄推荐在东京的杨度担任“枪手”。五大臣并派熊谧赴东京访杨度，杨欣然应允，再由杨找梁启超，两人负责分撰报告，梁启超写《世界各国宪政之比较》；杨度撰《宪政大纲应吸收各国之所长》及《实施宪政程序》。五大臣的“宪政报告”汇齐后，同时奏请清廷立宪。光绪卅二年七月，御前会议决定下诏“预备立宪”，并保杨度才堪大用。光绪卅三年七月，清廷改“考察政治馆”为“宪政编查馆”，赏杨度四品京堂，担任编查馆提调。

一篇演讲使亲贵们动容

杨度奉到委命后，并不积极赴北京上任，却悄悄地回到湖南闭门守制，一方面和友人梁碧恒组织了一家华昌公司在湖南开矿。不料经营失败，亏了老本，甚至债台高筑，梁碧恒一急，急瞎了一只眼睛，杨度也一筹莫展，所以北京方面虽有锦绣前程等他，他也困于债务无法前往。当时清廷的军机大臣是张之洞和袁世凯，都很赏识杨度，认为：“斯人不出，如宪政何？”所以特派专差赴湖南请杨。杨复信给张之洞和袁世凯，说明为了华昌公司债务无法分身，张和袁立予支持，这么一来，华昌公司不仅还清了债务，同时还增添了新的资本。杨度面子有了，于是飘然而至北京。

北京在天子脚下，当时仍是一个封建社会，对于所谓立宪，总是格格不入。庆亲王奕劻接纳袁世凯的建议，召集清廷亲贵在颐和园开讲宪政，请杨度主讲。杨度很会讲话，他对这些亲贵们说：

“立宪乃是保障君主皇权的唯一法宝，如果拒绝立宪，就一定会引起革命。”

他这篇讲演颇让听者动容，大家都承认“立宪”是救世的良药。

袁世凯身边两个智多星

袁世凯赏识杨度，就从杨度在颐和园主讲“立宪救国”时开始。老袁是个最善于利用时势的人，他知道大势所趋，立宪已不可避免，他便要顺应这个潮流，抓住主流。他在戊戌政变时得罪了康、梁一派维新人物，因此，他见到杨度便如获至宝，立即曲意延揽他作为智囊。

杨度既受知于老袁，在当时的情势下，杨即开始在袁世凯身上嗅到了“帝王气息”。杨度以君主立宪为政治理想，却把政治事业寄托在袁的身上；可是不知是他自己的运气坏，还是老袁的运气坏，他们一开始发生良好关系时，袁的政治生涯就受到了严重的打击，这就是西太后和光绪同时驾崩，溥仪登极，光绪的亲兄弟载沣任摄政王。传说载沣想替其兄光绪报仇，要杀袁世凯，幸得张之洞的力谏，袁世凯才得以足疾为由，贬逐出北京。由这时起，袁便回到河南彰德府洹上村归隐，杨度因此亦失去了飞黄腾达之梯。

不过，老袁虽然息隐林下，可是在政治上仍有力量，他有北洋军做他的后台，他的老朋友徐世昌在清末官场中，是个光滑得透明的水晶球，不但没有因为袁党的嫌疑而受到清廷贵族的排斥，反而外放总督，内调尚书，红极一时。在那个时代，徐世昌竟然爬到内阁协理大臣（等于副总理）的地位。

至于总理大臣庆亲王更是老袁所收买的满族王公，还有袁的长子袁克定正在邮传部当丞参，巡警部侍郎赵秉钧也是老袁一手提拔的特务头子，北洋大将冯国璋、段祺瑞等则经常轻车简从地到彰德来向老袁提供情报或有所请示。他所居的洹上村顿时车水马龙，有如山阴道上。袁那时的做工也很好，他一副礼贤下士的面孔，凡是来访他的，他都以礼相接，临别时还要致送一笔丰富的路费。因此他虽然是奉旨退隐养疴的洹上钓叟，而其权势竟和朝中的达官显宦一样。

这期间袁世凯身边有两个智多星：一个是多才善辩、有宪法专家之誉的杨度；一个是安徽泗州人，北洋总督杨士骧之弟杨士琦。这两杨经常仆仆于北京、彰德间，是袁的耳目，也是袁的灵魂。

理论高明软化党人敌意

辛亥革命后，老袁东山再起，他因势利导，使自己变成了时局的中心人物，这一期间杨度对老袁的贡献最大。当革命军和清军停战期间，全国都希望透过和谈达到清廷让国的目的，由清廷内阁大臣的全权代表和革命军选出来的代表进行和谈。袁世凯派唐绍仪为和谈的全权代表，杨士琦对袁说：“少川（唐绍仪别号）是广东人，广东人最讲乡谊，革命领袖孙文也是广东人，革命军的全权代表伍廷芳也是广东人。广东人和广东人碰头，说几句老友记，就变成朋友了，倒不可不提防一下。”

老袁笑着说：“杏城（杨士琦别号）你放心，我就请你和贵本家杨度随少川南下吧。杨度是湖南人，革命军方面不少湖南人，让湖南人和湖南人碰碰头，说几句湖南话吧。”

老袁之所以属意杨度，是因为他知道杨度在东京时和中山先生很熟，又和黄兴、宋教仁过从甚密，孙黄的相识还是杨的介绍，因此杨可能对和谈有很大贡献。

杨度果然不负老袁所托，他对革命党人散播如下一种理论：“今天的革命事业，非袁项城不易成功。项城不是曾国藩、胡林翼，可是革命党人千万不要迫着他走曾、胡那条路。今日大势不是革命党和清廷之间的问题，而是革命党和袁项城之间的问题；项城的问题一解决，革命就成功了。至于项城的问题是什么呢？只是条件问题，不是原则问题！”

杨度的这番高论很能打动许多革命党人的心，当时大家都认为革命是为了推翻满人统治，只要满人让国，大家是汉人，无话不可以谈。袁世凯有北洋军在手，如果逼老袁走曾国藩的旧路，是不智的，因此争取老袁加入革命阵营不失为明智手法。袁世凯用杨度来软化革命党人对袁的敌意，是极高明的政治作战，后来果然实现了这个愿望。

复书黄兴提出入党条件

杨度本是中山先生和黄兴缔交的介绍人，早在东京时代，杨度就曾婉拒中山先生的邀请加入同盟会，所以他对革命和国民党都是没有信心的，他这时已死心塌地地选中了“真命天子”袁世凯，因此对于黄兴的提议，他根据袁世凯的意思写了一封信给黄兴，函云：

> 前承不遗，邀入国民党，只才识无似，未敢遽诺。近日京中贵党干部诸君继续招邀，议及党略，度以为贵党以前之经过，及以后之行动，皆不免于困难者，实为政党内阁四字所缚，虽云根据学理，然贵党从前对于项城尚未充分信任，含有防闲之意，亦事实之昭然。度意此后贵党对于民国，对于总统，宜求根本解决之方，若不信袁，则莫如去袁，而另举总统，度必劝袁归隐，袁亦必乐从；若能信袁，则莫如助袁，而取消政党内阁之议，以求实际沟通，度方可有效力之处。若仍相挟相持，互生疑虑，实于国家大计有损，非上策也。度姑以党外之人预为建议，自分于贵党党员，关系甚浅，不敢轻于宣布全国投身，乞公据度此电，通电全国贵党本部支部，征集意见，若多数赞成鄙意，见诸实行，方敢追随左右，不仅以此觇贵党之方针，且以此卜一身之信用。进退所关，伏维裁察是幸。

杨度当时的这种表示，使得黄兴等大为光火，入党居然还附有条件！于是国民党对杨度只好关门了。

杨士琦分析袁世凯动向

民国成立后，袁世凯在满清皇朝和革命党中间坐收渔人之利，得任民国第一任大总统，杨度在老袁的总统时代并不得意。国民党二次革命前，有一天杨士琦和杨度闲谈，杨士琦分析当时政局和袁的动向时说：

“辛亥南方闹革命时，项城（指袁）不便直接取天下于清朝，所以要利用革命力量推翻清朝；可是项城并不是真心要和革命党合作，清朝垮台后，项城和同盟会的合作就到了一个分歧点，项城不会容许同盟会独霸天下。同盟会改组为国民党后，声势更大，项城自然非排斥国民党不可。等到国民党被他铲除后，他就会废止内阁制的临时约法，而代以总统制的新宪法。到那个时候，他的政治趋向不外乎两途：‘维新’或者‘守旧’。维新就要起用新人才、新面孔。守旧则会搬出旧官僚、恢复旧制度。皙子，你是项城新人才中的一张王牌，我看不久你的好运就会来临了。”

杨度听了杨士琦这番话，大为动心，他知道杨士琦这个人最工心计，与袁的关系很深，对袁的政治风向知之最切，对老袁的揣摩不会太离谱的。于是杨度便以未来宰相自居。

答复熊希龄，帮忙不帮闲

在国民党二次革命时，外间果然有杨度或杨士琦组阁的空气；然而空气毕竟是空气，到了一九一三年（民国二年）七月卅日，袁选出来的新阁揆却是当年拉杨度替五大臣写“宪政考察报告”的熊希龄。熊是进步党人，曾在唐绍仪内阁中担任财政总长，辞职后外调热河都统，热河行宫盗宝案曾把熊氏牵连在内。

熊希龄拜命组阁时，很想组成一个全国第一流的“人才内阁”，把全国名流都拉入阁。熊氏和杨度既然是旧交，又是同乡，当然想拉杨度入阁，杨则表示愿任交通总长，熊亦慨允；结果，临时却发生了变化，杨度未能出任交通总长。

熊希龄想起过去五大臣出洋时，得到杨的慨然相助，如今自己做了国务总理，面允杨的交通总长竟落了空，越想越过意不去，乃欲以教育总长相屈。熊氏期期艾艾地向杨说："请皙子帮帮我的忙。"杨度是个直性人，他率直地回答熊说："我帮忙不帮闲。"（因为教育部当时是个冷衙门）这是一句双关语。后来熊希龄终以汉口商场督办畀予杨度，以资调剂。

受国会牵掣厌倦做总统

袁世凯本是个旧官僚，做了民国大总统后，受到国会的牵掣和责任内阁的压迫，使他痛感民国的大总统，和昔日皇帝的威风不可同日而语，因此他对总统职位逐渐感到厌倦。这时守旧派推波助澜，老袁的儿子袁克定想做太子，而积极策划帝制，于是帝制自为一幕遂呼之欲出。

一九一四年（民国三年）四月杨度辞去了汉口商场督办回到北京，担任参政院的参政，参政都是第一流知名之士，杨这时由老袁的智囊一变而为太子袁克定的智囊。这时老袁身边最接近的是内史夏寿田，夏是杨的同乡又兼同学，年少而有才名，其入袁幕是杨所介绍。内史长阮忠枢虽是老袁在小站时代的老幕僚，可是他这时鸦片烟瘾很重，另一小站时代的老幕僚张一麟则专任政事堂的机要局长。袁每天一大早就到签押房，按时到公的只有夏寿田一人，所以遇事都和夏商量，夏由此一变而为老袁身边亲信，知道老袁的动向和意图。夏既是杨度所介绍，杨夏关系便极为接近，夏经常到杨家吃晚饭，因此夏所知道的事，杨也知道。

当时，老袁父子本来想拉拢中外知名之士共同进行帝制运动，可是杨度想一手包办，袁克定有意拉梁启超，曾以春宴为名邀梁到汤山款谈，但谈得极不入港。梁启超走后，杨度对袁克定说："梁是个书呆子，研究政体而不研究国体，是不会反对帝制的。"

《君宪救国论》，袁击节赞赏

杨度既然对袁的意图完全了解，乃撰了一篇《君宪救国论》，交夏寿田转呈给老袁，老袁看了击节赞赏，连声说：“真乃旷代逸才也。”遂把这篇大作寄给湖北督军段芝贵，令他秘密付印。

“旷代逸才”四字是一九一四年（民国三年）五月由老袁亲题横匾颁赠给杨度，杨有谢恩折云：“为恭达谢忱事：五月卅一日奉政事堂颁到匾额，赐题旷代逸才四字，当即敬谨领受。伏念度猥以微才，谬荷品题，维祓饰之逾恒，实悚惶之无地。幸值大总统独膺艰巨，奋扫危疑，度得以忧患之余生，际开明之嘉会；声华谬窃，返躬之疚弥多。皮骨仅存，报国之心未已。所有度感谢下忱，理合恭呈大总统钧鉴！”

此时有投机政客徐复苏、丁世峄等看出老袁的隐衷，秘密呈请老袁改行帝制，老袁命夏寿田把这些意见就商于杨度。袁初意是想叫杨度做一个居间人，与徐、丁等联络，幕后指挥徐复苏等组织一个研究国体问题的学术团体，并网罗一些名流参加，使这个团体能影响和领导民意，藉为帝制打下基础。老袁自己既不能发号施令，也不能亲自指挥，因此由杨度担任最为适当；但亦不要杨出面，因为杨和袁关系太深，色彩太浓，杨出面就让人看出这是自拉自唱的戏。可是杨度却愿意亲自出马，不愿做无名英雄。

夏寿田虽转达袁的意见，叫杨联络当时知名之士研究帝制问题，杨度却迫不及待地邀请了五位有名人物：孙毓筠、胡瑛、刘师培、严复、李燮和。加上杨度自己，总共六位，后来大家遂叫他们为六君子。

六君子实际是独角戏，完全由杨度一人自导自演。他摸透了老袁的内心，创立了筹安会以推动洪宪帝制。当然，如果洪宪帝制成功，杨度论功，毫无问题是“新朝”的第一人了。

帝制失败，杨成众矢之的

一九一五年（民国四年）十二月十二日，袁世凯接受全国“推戴”，为洪宪皇帝。定民国五年元旦起改元为“洪宪元年”，改中华民国为“中华帝国”。

这位总统皇帝，以阴鸷通变之才，逢饥渴望治之会，几乎造成了一时的偶像，如果能逆取顺守，也许真会成为华盛顿第二。不幸他一念之差，窃国称帝，残杀国民党，蔡锷首先在云南登高一呼，纷纷响应，终于粉碎了老袁的一场皇帝梦！

一九一六年（民国五年）三月二日，袁世凯在四面楚歌声中被迫撤销帝制。当全中国人民都反对老袁称帝时，大家都把发起筹安会、鼓吹君宪救国的杨度指为罪魁祸首，要求诛杨度等十三人以谢天下。

是年六月六日，袁世凯在四面楚歌声中与世长辞了。袁死后，洪宪祸首杨度成为众矢之的，但是他却泰然自若。他挽老袁的一副挽联很精彩，内容是：

民国误共和，共和未误民国，千载而还，再平是狱；
明公负君宪，君宪不负明公，九原之下，三复斯言。

到了是年七月十四日黎元洪总统下了惩办洪宪祸首令：

自变更国体之议起，全国扰攘，几陷沦亡，始祸诸人，实尸其咎：杨度、孙毓筠、顾鳌、梁士诒、夏寿田、朱启钤、周自齐、薛大可均着拿交法庭详确讯鞫，严行惩办，为后世戒。其余一概宽免。此令。

通缉令将下前，杨度已赴天津，他是替袁世凯打天下的开路先锋，帝制失败后，杨在天津屡欲赴京自首，但被家人环阻，而杨亦始终未被拘捕。

杨度挽蔡锷、黄兴、中山联

护国倒袁的第一人——杨度的好友蔡锷于是年十一月八日在日病逝，噩耗传来，全国震悼。蔡锷和杨度是湖南同乡，早年在东京留学期间又是好友，可是一为护国元勋，受全民爱戴；一为洪宪祸首，为国人唾弃。杨度有挽蔡锷一联云：

魂魄异乡归，于今豪杰为神，万里江山空雨泣；
东南民力尽，太息疮痍满目，当时成败已沧桑。

杨度是楹联好手，这副挽联并不工整，是因为在下笔落句时确实太难。下联杨度则完全站在反对护国的立场，评论护国之役除了消耗民力外，毫无成就。

杨度挽黄兴的联语是：

公谊不妨私，平日政见分驰，肝胆至今推挚友；
一身能敌万，可惜霸才无命，死生从古困英雄。

还有杨度后来挽中山先生的联语是：

英雄做事无他，只坚忍一心，能全世界能全战；
自古成功有几，正疮痍满目，半哭苍生半哭公。

下联也有不敬之意，因为他是君主立宪派，所以有此句。

杨度自洪宪帝制失败后，益发坎坷，他时时自叹说：“伊藤博文的命太好，我的命太苦。”

袁世凯死后的第二年（一九一七年），张勋在北京拥清廷废帝宣统复辟。杨度虽抱“君宪”立场却反对清廷复辟，曾通电痛诋康有为和张勋。他对于北洋军阀并无好感，可是却又无他路可走。有一时期他蛰居上海，闭门思过，觉得中山先生的革命路线倒是救中国的光明之路。这时恰是陈炯明叛变，中山先生在广州蒙难后到上海，一般人都说中山先生受此巨创，革命事业恐无成功之望；杨则独行其是，遄程晋谒中山先生，痛陈往日错误。两人拊掌大笑。

张宗昌保杨做教育总长

一九二四年（民国十三年）曹锟、吴佩孚当政，杨度的好友夏午诒在保定为直系上宾，杨以之为媒介，曾北上说曹、吴参加革命，不得要领。曹吴倒后，杨以参赞名义居姜登选幕中，不久姜被杀，杨返天津卜居，又为张宗昌所招，聘为总参议，移居济南。

杨在张宗昌幕中时，李石曾等鉴于北方教育备受摧残，劝杨度活动教育总长一席，杨也颇为动心，过去杨度薄教育总长而不为，如今时移势易，求此席而不可得了。

于是有人替杨度策划，先在北京刻字店用“北京教育促进会”和“北方教育问题研究会”名义刻了两个图章，然后用这两个团体的名义，以代电方式拍电给张宗昌，要求他保荐杨度为教育总长。张宗昌出身绿林，是个老粗，平素认为教育界中人最瞧不起他，突然接到北京两个教育团体的代电，对他颇为恭维，又请他力保杨度为教育总长，觉得教育界中人对他很看得起，大喜过望，便喜孜孜对杨度说：“皙子，你看，他们教育界居然找到俺这个绿林大学出身的人来了。”然后一个大巴掌拍到杨度背脊上，朗声大笑说：“俺保你，一定保你！可不要辜负了人家一番盛意。”于是张宗昌要杨自拟电稿给北京的张作霖，推荐杨度为教育总长。果然张作霖复电请杨入京。杨入京后，见到张作霖，张说了许多“借重，帮忙”的话。杨辞出后，顺道一访张的智囊杨宇霆，作普通寒暄后即辞出。

轻轻一句话，总长做不成

杨度回到寓所，那个替他策划的人来问消息，杨一五一十地告诉了他。

那人问杨：“你见了雨帅后，有没有见一下邻葛（杨宇霆字）？”

杨说：“我顺道看了他一下，敷衍几句就出来了。”

那人跳了起来说：“什么？敷衍几句？”

杨淡然说：“是的，他的老帅都已答应，又何必和他多谈。”

那人叹了一口气说：“完蛋了，你的总长做不成了。我的巧计也成画饼。”

杨颇不谓然。过了一些时日，果然毫无动静，他便跑到另一奉方要人处探听消息，这人说：“前几天老帅提过你做教育总长，邻葛在旁说，皙子政治色彩太浓，只轻轻一语就把老帅的意思打消了。”

北伐成功后，杨度在上海卖画，他原来自号虎公，以画虎为号召，润格很高，起码八十元，其实所画非驴非马，类虎类犬。他抱着太公钓鱼、愿者上钩态度。这时他已成了杜月笙的食客了。他本患肺病和胃病，在上海时发时愈。一九三二年（民国廿一年）旧疾复发，终于卧床不起，与世永诀。

杨度的故事是书生搞政治的一幕悲剧！

六十年前的“洪宪皇帝”

旧史氏

袁世凯搞“中华帝国”，改元“洪宪”，发动于一九一五年（民国四年乙卯），今年岁在乙卯，恰为花甲一周，事隔六十年，今日一般人对袁世凯称帝一幕已无印象了。就拿笔者来说，上一乙卯年我才七岁，在广州初入家塾读书，只听见老师同年纪大些的人谈到什么袁世凯快做皇帝了，我知道袁世凯是大总统，但不知何以袁世凯又要做皇帝。本来总统是全国最大的官，袁既不想做总统，那么，皇帝当然比总统大得更多了。不久后，又听说袁世凯登基了，接着又听说他死了。从此“中华帝国”“洪宪皇帝”的影子已不在我的脑子里。到十四五岁以后，在学校读书，又到外国混了几年，虽然还知道有“袁皇帝”这个故事，但对于这件事的来龙去脉是完全不清楚的。生活在二十世纪二十年代的人，对这一段史实都不大清楚，何况生活在七十年代的少年人呢？所以不辞谫陋，试来一谈洪宪故事，使读者得温旧知新之乐，亦可作鉴往知来之用，非敢谓作史也。

中国专制政体行了三四千年，到辛亥革命后，推翻了独裁政体，出现了“民主共和”的政制，这是中国人的一大进步，人人都想到，以后中国再不会有专制政体了。岂知，袁世凯登上总统宝座，不到四年就要推翻民主政制，恢复专制政体，称帝自娱。虽然短短八十三天的帝国春梦，倒也在民国史中留下了痕迹，这痕迹倒也“多彩多姿”，使人如在山阴道上，目不暇给，故此更值得一谈了。

袁世凯好好地做终身总统为什么还不满，为什么还要做皇帝呢？是不是正如我小时候所想的总统的官不够皇帝大？是也。善哉，沃丘仲子之言曰：“世凯者，恃权冒利人也。且挟其恃权冒利心以衡天下，以为信义廉耻者，皆迂儒肤阔语，讵足信法！苟有权以制人，有利以饵人，则国之人任其操纵矣。”（见《当代名人小传》袁氏本传，民国八年七月出版。沃丘仲子名费行简。）费君所评世凯之语，颇有一针见血之妙。袁世凯最懂得皇权之可贵，所以称帝自是意中事。当乙卯年他酝酿帝制时，有个长沙人黄毅著《袁氏盗国记》说：袁世凯除了个人的富贵权位外，什么都不管，所以他才有谋帝位家天下的心理。他列举袁氏阴谋盗国的动机有五，虽未必尽可信，但也还不十分荒诞。最有趣的说法是：袁世凯迷信风水，认为故乡项城中学有王者气，就要毁校址改葬其母，经其兄之力阻，始以本人的“长生禄位”牌移往供之。袁世凯是个很迷信的人，信鬼神、祥瑞是他的本性，毫不足异。今人陶菊隐著《六君子传》：据冯国璋所传，袁世凯的动机是自信“金龙再世”，这一传说最为有趣。据说，袁世凯每日必午睡，一睡必一二小时之久。醒后则必喝茶，他有一只极心爱的玉杯，由老仆或书童按时献茶进去。一天，书童进房来，眼睛忽然一花，好像看见一个绝大的癞虾蟆躺在床上，不觉吃了一吓，手一松，把玉杯摔破了。幸袁世凯熟睡未醒，书童蹑足退出房，哀求老苍头替他想法子，弥缝这场祸事。老苍头凝神一想，教了他几句话，保他太平无事。

袁醒来喝茶时，看见不是那只玉杯，按铃叫人进来问，书童马上进去。袁问玉杯哪里去了，书童老老实实说摔碎了。袁很生气，指着他大骂。书童不慌不忙地说：“不是小的之过，有下情不敢上达。”袁口中喃喃骂道：“快说，快说，看你编派什么臭话来！”那书童却指手画脚地说道：“小的泡茶进来，一脚踏进门，看见床上躺着的不是大总统。”袁听后大声喝道：“是什么！混账东西！”书童垂手答道：“小的不敢说。”袁发怒道：“你不说，打断你的狗腿！”

那书童结结巴巴地低着头说：“是一条五爪大金龙！”老袁听了心中暗喜，但脸上却装作一种似怒非怒的怒容，喝了一声：“胡说！”然后从抽屉里拿出一百元钞票赏给那小厮，一面吩咐他不许在外面胡说，说了会撕破他的嘴。

冯国璋散播这个神话之后，他的结论是：老袁当初并没有搞帝制的决心，因书童证明他是真龙转世，才确信他有穿龙袍、登龙位的福分。他的先世历代相承，都没有活到五十九岁的，他那时岁数已相差无几，所以才迫不及待地筹备起来。据陶君说这确是冯国璋的话，他的话确实是真人真事，只画蛇添足，添了“看见大虾蟆”一句鬼话。这句话也许是总统府的人传出来的，并非出自冯国障的虚构。

不论是袁世凯亲自导演这出戏来骗人，使人信他是“真命天子”，抑或他的左右要投其所好而搬演，结论还是袁本人对做皇帝的兴趣浓过做总统，所以才决心搞帝制，一切与其手下无关。老袁一生最怕洋人，又最崇洋，他心中常有一个概念，认为“列强”不承认中华民国，中华民国就不是合法的组织。故此他要称帝，亦汲汲要求得“列强”承认，尤其是邻邦日本。这时候，欧洲正在厮杀连天，西方“列强”无暇过问远东的事，有能力过问的，只有日本一国。只要日本一承认，他的“中华帝国”就可以“开张”了。

袁世凯急于要日本承认，所以才答应日本的“二十一条”要求，来做交换条件。日本方面已有暗示，总统可以高升。高升什么呢？就是由总统升为皇帝，也即是由公仆变为主人，奴役四万万同胞。

除日本之外，英国、德国也是暗中赞成老袁称帝的。欧洲这两大帝国，对远东有极大野心，他们能培植一个听话的袁皇帝来做买办，岂非有利可图？就算袁扶不起，受到大家反对，届时中国又发生分裂，打个不停，那就更有利于西方了。因此英公使朱尔典怂恿他，而德皇威廉二世，更早就有具体的表示。

原来袁世凯自小站练兵时起，对德国的陆军最欣赏，后来他做了山东巡抚，和德国人接近更多。而青岛又在山东境内，他是见过德国陆军的“雄姿”的，何况他又曾听过李鸿章不断地赞德国陆军世界无敌呢。民国元年或二年之间，袁克定曾往德国游历，威廉二世对他优礼有加。某日，德皇招待克定晚宴，宴后同坐小室中吸烟喝咖啡，威廉对克定说：中国如不改为帝制政体是不会强起来的，因为没有一个中心，各自为政，这样一盘散沙的国家，怎能望有强盛之日。他叫袁克定回国后告知老子，中国如不实行帝制，前途一定没有希望的。威廉更切实地说：袁世凯如果有决心，德国当以全力赞助，乐观厥成。

克定回国后，把德皇这些“金石良言”对老子说了。其实老袁一向就有帝制的打算了，不过经德皇这番劝告，好像打了强心剂一般，称帝之心愈为坚定。自此之后，老袁一切皆以德为师，又命他的儿女们放弃学习英文，改习德文。

最妙的是，老袁又仿制一种德国亲王陆军制服，分给袁克定兄弟穿着，共拍一相。这都是洪宪帝制前的趣事。后来老袁称帝，德国并没有什么“赞助”，则以威廉正在倾全力以攻英法，没有精神顾到袁皇帝了。

旧时的帝王取得天下，无不自称“顺天应人”有百灵扶助的“真命天子”，老百姓绝对不敢怀疑。“真命天子”的鬼话一直连续了两千多年，到辛亥革命后才寿终正寝。袁世凯是看得很清楚的，如果还拿古时这套神话来骗人，老百姓一定不会相信的，最好的方法，无如学西洋的“先进国家”的民意选举了。但选举皇帝，似乎太过不伦不类，亏他的手下聪明，替他搞出两个什么“民意机关”。

一个叫作筹安会，另一个叫请愿联合会。筹安会是杨度发起的，拉拢名流严复、刘师培、李燮和、胡瑛为理事，杨度和孙毓筠分任正副理事长。民国四年八月十四日，筹安会发表宣言，鼓吹帝制，略说自民国成立以来“国家所历之危险，人民所感之痛苦，举国上下，皆能言之，长此不图，祸将无已”，所以组织此会，研究国势前途及共和之利害，以筹一国之治安。发起人为杨度等六人，即后来的所谓“六君子”了。

筹安会的章程只有六条，愿加入为会员者，先由该会会员四人介绍。什么“理事长认可”后即可成为会员的话是骗人的，只要有人肯加入，无不倒屣欢迎。会既成立，即用会的名义，分电全国军政商学工农各机构发电，举出民主政体种种不合国情，不如废民主而行君主立宪，宣言中说“此本会讨论之结果也”。

继筹安会而成立的是请愿联合会，由梁士诒在幕后主持，而正副会长却是沈云霈、那彦国、张镇芳。文牍主任谢桓武、副梁鸿志，请愿团体之多，真是五花八门，令人大叹观止，现举一二以博读者一粲。（一）人力车夫代表请愿会，由北京人力车夫发起。（二）乞丐代表请愿团，由北京乞丐发起。（三）妇女请愿团，由安静生发起。……各省的请愿人，亦多知名之士，他们大多数是被圈定的，一经指定就无从辩白了。

有了一个请愿联合会之后，各省和各机关的请愿书，纷纷飞入北京，请愿联合会就把这些“民意”向参政院提出，全国人民都赞成变更国体，废民主而改为君主立宪，并拥护“今大总统”为皇帝。老袁惺惺作态，再三推辞，终于尊重“民意”，勉为其难，遂于十二月十二日答复参政院，答允做“中华帝国皇帝”。十三日，老袁在居仁堂受百官朝贺，同时发表明令：

> 大位在身，永无息肩之日。故皇帝实为忧勤惕厉之地位，决不可以安富尊荣视之。且历代皇帝子孙鲜有善果，平时一切学问职业，皆不得自由，故皇室难求发达。予为救国救民计，牺牲一身，牺牲子孙，又不敢避。

做皇帝第一件大事当然要有国号，然后又来一个年号。国号叫“中华帝国”，似已铁定了，接着就定年号为“洪宪”，并于十二月三十一日明令“明年改为洪宪元年”，并改总统府为“新华宫”。从此新华宫之名，在民国五年以后的文坛上，时有出现，什么《新华春梦》《新华宫秘史》的书名，不断出现了。

当洪宪年号未明令宣布以前，一班礼臣奉命恭拟年号，真是聚讼纷纭，各张一说，有很多人主张用个“武”字的，引“光武”“洪武”为例。又因未来的“太子”已内定为袁克定，故主以“武定”为年号，意谓冠“武”于“定”，所以别前朝之“定武”也。另一派则主用“文”字，理由是“今上”之得天下，乃俯顺民意，上应天心，并非专用武力来开国的，应以“文功”为纪元。这两派争持不下，历久不决。因为年号关系重大，老袁下令要慎重处理，登基吉期尚远，不可草率从事。

文武两派“不和”，于是主张符应图谶的一派，居然大合“圣意”，得到批准，遂定为“洪宪”。这一派的理由是：洪范五行之义，为帝王建号之基。天数五，地数五，五百年必有王者兴。大明洪武开国以来，到民国四年，恰恰是五百年之数。此五百年中，为外族与汉裔消长之运。前有洪武驱胡元，光复大汉，后有洪秀全抗清。辛亥武昌黎元洪一举义旗，清室禅位，大功实集于今上一身。如果拿德国图书馆影印的《推背图》来作证——“小小天罡、垂拱而治”一条，判诗有“洪水乍平洪水起，清光原向汉中看”句，又如黄蘗山人禅诗，历序清代，最后诗曰：“光芒闪闪见炎星，统绪旁延最有凭。继统偏安三十六，洪荒古国泰阶平。”《推背图》演周易各卦，阐发五行；黄蘗山人以梅花数述周易卦理，亦本五行，得见天地之心。原本洪范，历察谶纬，洪字累累如贯珠，所以帝业纪年，洪字先行决定，再拟他字。

袁世凯认为拟议很有道理，御笔批准，即以洪宪为开国年号。自此之后，也有人称袁世凯做“洪宪皇帝”，亦如一般人称清圣祖为康熙皇帝，高宗为乾隆皇帝云。

“中华帝国”的“太祖高皇帝”既然是民国的大总统袁世凯，那么，一个开国之君的世系，我们就要弄清楚一下。他是河南项城县人，一八五九年（咸丰九年）八月二十日出生于县北的张营，因为当时有太平天国战争，又有捻军起义，天下大乱，袁家徙居营东二十里之地，筑寨聚居，名叫“袁寨”。他的父亲袁保中，字受臣，正在故乡办团练，保卫桑梓。胞叔保庆，字笃臣，跟随堂叔袁甲三转战于皖豫之间。保庆因自己年已四十，尚无儿子，就向哥哥保中要了袁世凯过来为子，八岁时就跟着嗣父保庆在山东济南生活。世凯的生母姓刘，嗣母姓牛，第二胞兄名世敦，字厚甫，第三胞兄世廉，字清泉，世凯行四。

袁世凯既接纳“民意”为皇帝，就在民国四年十月十九日明令设立“大典筹备处”，筹备产生帝国的礼制。其实这个机构早已成立，不过未敢公开。处长是朱启钤；梁士诒、周自齐、张镇芳、杨度、孙毓筠、唐在礼、叶恭绰、曹汝霖、江朝宗、吴炳湘、施愚、顾鳌为处员；下设总务，撰述、法典、内仪、礼制、会计、文牍、警卫等科，科设主任。

大典筹备处开张，自然要积极推进工作，首先把紫禁城中太和殿改名承运殿，以备下一年元旦皇帝登基受贺。据说单是“御座”就价值四十万元，御座的附属物有御案、古鼎三、古垆三。座后有宝屏，屏之左右列有日月宝扇一对。此外还有座褥等，所值不赀。龙袍一领价值八十万元。玉玺一方，十二万元。这方玉玺叫作“传国玺”，上刻“诞膺天命，历祚无疆”八字。又有一方刻“中华帝国之宝”则是金印。金印共五方，全部价值六十万元。

据溥仪对他的英文教师庄士敦说：他的堂兄溥伦，是道光嫡系曾孙，本是参议院议员，代表满族也。袁世凯利用他，他也上表劝进，袁叫他劝溥仪命“内务府”交出交泰殿所藏的清代玉玺。溥伦首先勾结“内务府”一些人员，诈作不知让溥伦把玉玺拿走。但尚未偷出，袁的好梦成空，皇帝做不成了，所以玉玺还留在故宫，直到一九二四年溥仪出宫后才移交清室善后委员会接收。

历来的皇帝对玉玺都很重视，认为谁得到它谁就掌握王权，君临天下，谁都不敢反对。所以老袁对这一事特别重视，曾吩咐朱启钤等人审慎从事，不得马虎。刘成禺《洪宪纪事诗本事注》，述洪宪国玺产生经过是很有趣的，颇可一读，今摘录于后：

大典筹备处会议监造御宝，有主张用民国总统印改造者，其理由谓洪宪由民国变更，不妨缘“旧邦维新”之义。因改造不吉，此议作废。有主张取前清玉玺改造者，其理由谓项城受清国委托，皇帝由清廷移付，非取之民国。（按：多尔衮致史可法书，有“我国家之定鼎燕都，乃得之于闯贼，非取之于明朝也。”可谓后先辉映）故段芝贵等有入故宫索玉玺之事。后因用亡清旧物，非新朝所宜，此议亦罢。于是交礼制馆议定式样，沿仿明制，决意新造。闻直隶玉田县某旧家，藏有长方良玉多品，特派人往取，不愿价购，予以官禄。某旧家献璧获赏，群臣致贺，谓玉田得玉，邦家之瑞。礼制馆议定文曰：案明代朝廷玺共九颗，在内尚宝监女官收掌。用时尚宝司以揭帖付内监取用。其文不同，各有所用。“奉天之宝”（祀天用之）……“皇帝之宝”（诏赦圣旨用之）……“天子之宝”（祭祀鬼神用之）……以上九种，皆用玉制，故曰玉玺。特赐爵者用金印，二品以上用银印。……至若篆刻，唐汉宋多用小篆，明代御玺王府之宝，玉箸篆叠，篆必九折，取“干元用九”之义。……古者天子一尊，四海外国，皆其臣庶，皇帝天子之宝，可统御一切，不立国名。现今各国并立，对内宜铸“皇帝之宝”，对外宜铸“中华帝国之宝”，规摩洪武所铸九折篆式云云。皇帝曰：“可！”遂用长玉先制“皇帝之宝”、“中华帝国之玺”，二玺供洪宪元年元旦启用。（录《后孙公园杂录》）

我曾听说过，袁世凯早在大典筹备处未正式开张前，曾密令几个富庶的省份物色美玉，送入北京备用。当时广东督军龙济光是热心拥护帝制，亦为袁的心腹爪牙、奉命之后，自然不敢怠慢，派人四处搜购。结果在广州市面买的翠玉一方，相传价值六万六千元，人们便称它为“六万六”。可惜此玉尚未动身北上，而“帝国”将要垮台，便留在广东。（此玉后来还有下文。一九二七年国民政府开府南京，古应芬为文官长，派秘书李蟠往广州物色宝玉以备制玺。有人以“六万六”介绍。李不以“不祥之物”视之，讨价还价之余，玉主亦亟欲脱手，结果只以一万元成交。据说这块玉的质地很好，不过在绿色里头兼有些花白，颜色不纯，在价值上便打了个大折扣。李蟠带回南京，经良工剖开后，制成玉玺。因为玉的本身很大，剖开后还有很多碎玉，这样就便宜了文官处那批科秘老爷，每人都分得一块，请印铸局的技正为刻名印，以为纪念。两年后新疆的甘树仁派广禄送一块美玉入京，才用新疆那一块刻为“荣典之玺”，用于颁发勋章、匾额等。）

国玺、龙袍、宝座都有了，袁皇帝还要大封开国功臣。内史（即旧时的秘书）把封爵诸臣的名字，开列一纸，敬陈御案，袁皇帝用朱笔按名加圈，五圈者为公爵，一圈者为男爵，亲郡王则出自“特恩”，内史不敢擅列。民国四年十二月十五日，册封黎元洪为武义亲王，其申令最后数语云：“……照约法二十七条，特沛荣施，以昭勋烈。黎元洪着册封武义亲王，带砺山河，与同休戚；槃名茂典，王其敬承！”（按：当时有封溥仪为懿德亲王之拟，因张勋反对，乃止。洪宪元年一月一日，则明令“孔令贻仍袭衍圣公，并加郡王衔”。龙济光本封一等公，元年一月廿八日，因平惠州有功，加郡王衔。）

特封一等公爵的有张勋、冯国璋、段芝贵等；一等侯的有李纯、陆荣廷、阎锡山、唐继尧等；一等伯的有屈映光等；一等男的有许世英、王揖唐、卢永祥等。有几个老友，袁认为不便“臣”之的，则封为“嵩山四友”，十二月二十日申令云：

> 自古创业之主，类皆眷怀故旧，略分言情。布衣昆季之欢，太史客星之奏，流传简册，异代同符。徐世昌、赵尔巽、李经羲、张謇皆以德行勋猷，久负重望，在当代为人伦之表，在藐躬为道义之交。……兹特颁嵩山照影各一，名曰“嵩山四友”，用坚白首之盟，同宝嵩华之寿，以尊国耆，至喻予怀！应如何优礼之处，并着政事堂具议以闻，此令！

旧时的皇帝“授时”也是一年的大典。什么是“授时”呢？就是古书中所说的“敬授民意”，也即是公布下一年的历书，使老百姓根据历书来耕种。大典筹备处以“授时”为新朝大政，议即颁《洪宪元年历书》，所定格式，面用黄绞。向例，每年八九月，教育部即印备下年历书分发各省，筹备处毁印好的历书，重新设计，并发下一万元给教育总长张一麐立刻照办。张遂与中央观象台台长高鲁商量，叫他印一百部敷衍了事。洪宪历书，中盖“教育部中央观象台颁发历书”一印，书内首列洪宪元年各省节气太阳出入时分等表，并拟印“御容”其上，但后来因张反对，不果。一百部历书，在五十年前每册已价值四五十金，现在当更值钱了。

袁世凯取得临时大总统之位，是投降革命军，威迫宣统帝、隆裕太后的结果，所以他对着旧时清朝的同僚，每作自咎之语，现在要做皇帝了，承运殿有个洪宪皇帝登基，而殿后的乾清门以内的故宫，又住着一个清室的“宣统皇帝”，紫禁城中竟然有两“天子”，岂非笑话。于是便有人向袁献议，逼溥仪移宫，早日履行迁往颐和园的诺言。当时几位太妃誓死反对，说如果迫迁，就宁可死在宫里，故此就一时缓慢下来，待将来再作计议。清室虽反对移宫，但关于老袁称皇一事，却不敢反对，并且还要循例赞成。十二月十七日，清室内务府咨参政院云：

> 本日钦奉上谕，前于辛亥十二月钦承孝定景皇后懿旨，委托今大总统以组织共和政府。……乃试行四年，不适国情。……现由全国国民代表决定君主立宪，并推戴今大总统，为中华帝国皇帝……凡我皇室，极表赞同……

老袁读了这一咨文后，似乎大不过意。因为如果照清朝所说委托他“试办”民国，乃试办四年，越办越糟，就应该由“业主”收回自己管业。而业主并不收回，仍许他改个招牌营业，此种大恩大德，没齿难忘，即日下令“清室优待条件，永不变更”，以示稍赎咨尤，并在“清室优待条件”

原件之末，亲笔批云："先朝政权，未能保全，仅留尊号，至今耿耿。所有优待各节，无论何时，断乎不许变更，容当列入宪法。袁世凯志。乙卯孟冬。"

洪宪年号既颁，一俟一九一六年元旦来临就要全国奉行了。但大登殿的好戏尚未开锣，而全国老百姓已起而反对。蔡松坡将军起义于云南，义旗一举，天下响应，老袁只好暂停登基大典。

"中华帝国"的组织，皇帝之下，设政事堂，有类清代的内阁和军机处。其他内外官制无大变更，一如民国四年之旧。赵凤昌在北京得《洪宪缙绅》一部四册，分刊内外官职名衔。书由北京琉璃厂荣禄堂印行，红面黄签，四角包绿绉，字体行格，和前清的缙绅录无异，内容则完全不同。封面的黄签印"爵秩全函"四字，下印"荣禄堂出版，秋季"。封面内页，眉印横排"中华帝国"四字，下直排"新定官制缙绅"六字。第一页有荣禄堂主人自序一篇。此文倒也可备洪宪一朝的掌故，不可不摘录一下：

> 本堂缙绅之刻，由来久矣……惟是新朝帝制政体变更，是书虽即随时修改，而因革损益，或未能悉核靡遗，阅者憾焉。本堂有鉴于此，爰自洪宪元年一月一日为始，确实调查新帝国之组织，内外官制之职衔，悉心厘正，以昭我朝论官得人之盛，而基万年有道之隆。……如有升迁调补，随时示函，遵照增刊，尤为祷企。此启。洪宪元年一月一日，本堂主人谨题。

序文之后就是正文。内官列政事堂、礼制馆、统率办事处、将军府、参政院、审计院、内外城步军统领、财政部、陆军部、海军部、参谋部、司法部、外交部、大理院、审判厅、教育部、农商部、交通部、水利局、立法院、蒙藏院、平政院、国史馆、肃政厅。

政事堂为全国最高政令所出之处，其职权合清代内阁、军机处为一。清代的内阁大学士为百僚之长，但大学士而不兼军机大臣，则徒有相名而无相权。现在的政事堂国务卿则大权在握，比前代的大学士入值军机处尤为煊赫了。现在把政事堂的组织及职衔录后：

国务卿徐世昌、直隶东海人；左丞杨士琦、安徽泗州人；右丞钱能训、浙江嘉善人。参议林长民、福建闽县人，曾彝进、四川华阳人，伍朝枢、广东新会人，方枢、安徽定远人，李国珍、江西武宁人，许士熊，江苏无锡人，张国淦、湖北蒲圻人，徐佛苏、湘南长沙人。

政事堂下设：法制局，局长顾鳌；机要局，局长张一麐；铨叙局，局长郭则沄；主计局，局长吴廷燮；印铸局，局长袁思亮，兼帮办参事易顺鼎；司务所，所长吴笈孙。

外省最高的行政官则为将军、巡按使、护军使，设将军行署。将军行署职掌有说明云：

将军于军政事务，承大皇帝之命令，受陆军部之监察指示。将军于军事之计划及命令，承大皇帝之命，受参谋本部之监察指示，将军因维持该区域或城厢内外各地方之治安，依巡按使之请求，需用兵力，特得酌量情形，派兵协助。但遇紧急事变，得径行直处，遇有上项情事，需同时呈报大皇帝，并通报陆军部及参谋本部。

现在略举几个将军、巡按使、护军使的职衔，以见一斑。（一）特任陆军上将、昭武上将军、热河都统、一等公爵姜桂题；（二）一等男爵、察哈尔都统张怀芝；（三）陆军上将、宣武上将军、督理江苏全省军务事宜、一等公爵冯国璋；（四）浙江巡按使、一等伯爵屈映光；（五）郡王衔、陆军上将、振武上将军、督理广东全省军务龙济光；（六）广东巡按使、一等伯爵张鸣岐等。

外官的将军，巡按使都封爵，内官是没有的。外省的将军，如加“特任”两字的，礼遇特隆。巡按使有受政府特别委任的，情节较重。云南的将军是龙觐光，兼巡按使，但没有加爵，此为一特点，其不加爵则以云南起义，未能赴任。贵州无将军，则以起兵的刘显兴被免职之故。

海陆军办事处的职衔，仍首刊武义亲王黎元洪。国务卿徐世昌之名，被一纸条糊上，另刊段祺瑞，因为这部“缙绅”是洪宪元年前已印成，其时徐世昌正是国务卿，后来帝制取消，徐世昌辞职，由段祺瑞出任，临时不能重刊，只好糊名易书了。这部书流行不多，帝制取消，老袁下令毁灭一切帝制文书、文物，此书即遭烧毁，并谕令荣禄堂将木板烧去。赵凤昌死于一九三七年，此书即为其子叔雍收藏，现在不知流在何方了。

《洪宪缙绅》里面那个印铸局参事易顺鼎，以诗人而居高位，对帝制运动最为热心，不过他和他的同乡杨度略有不同，杨度是出力气的，诗人则只在文字上捧场而已。他有一首自己的诗是为了迎接新朝在民国五年诞生，改名更生，我记得他的诗有些肉麻的句子，如云：“以前种种譬如昨日死，今后种种譬加今日生，本无五十七年前之我，帝国元年我始生，谁与我生同日者，同胞四万万同庚。”还有什么“小臣今改更生名”这一句，忘记了是穿插在那些句子中的了。

洪宪元年虽说是要在民国五年丙辰，即一九一六年皇帝登基才正式生效，他在筹备帝制期间，什么都是皇帝派头了；向老袁称臣的大有其人，总统府改名新华宫，虽曰十二月始见明令，但在此前，即以宫易府了。民国四年阴历袁世凯生日，发生过一件与莺燕有关的趣事，汪彭年以告刘成禺。所记虽未尽确，但亦为洪宪宫闱一风流趣闻，颇可记的，因录之如下：

> 新历民国九月十六日，项城寿辰，宫内行家人祝嘏礼。少长男女，各依辈次分班拜跪，孙辈行中，有老妪抱一赤子，合手叩头。项城曰：“此儿何人？”妪应曰：“二爷新添孙少爷，恭喜贺喜！”项城

问其母为谁？旁应曰：“其母现居府外，因未奉皇上允许，不敢入宫。”项城曰：“即刻令儿母迁进新华宫，候我传见。”儿何人，寒云纳薛丽清所生也。丽清分娩后，离异他往，项城因儿索母，何处可寻？如是，袁乃宽、江朝宗等，与寒云商定，当夜朝宗派九门提督翼兵，往石头胡同某清吟小班，将寒云曾眷之苏妓小桃红活捉入宫，静候传呼。八大胡同南部佳丽，受此惊吓，不知所云，有逃避一二日未归院者。事定，手帕姊妹艳称小桃红，真有福气，未嫁人，先做娘。扬州方地山（尔谦），寒云童子师也，贺寒云联云：“冤枉难为老杜白；传闻又弄小桃红。”一时传诵。旌德汪彭年民国九月十七晨来后孙公园说事，并记濮伯欣先生一乘曰：“寒云纳小桃红，方太师赠联云：苏语‘老杜’，即老大，指克定。方地山曾授克文、克良蒙课，人喜呼之为太师。寒云修禊法源寺，地山在津，一电回京，来往半日。又洪宪时，阮斗瞻娶媳，牵亲太太选相福禄，多儿女，未有妾媵者，礼延某夫人。某夫人初入京，乡气重，坚不欲往。都人为对云：‘方太师回朝；某夫人在野’。（按《顺天时报》载联凡四语：‘阮大郎结亲，某夫人在野；皇二子纳嫔，方太师回朝’云。）”

所谓“乡气重”，就是广州话的“大乡里”，而袁皇帝的皇后于夫人，虽然做了命妇二十年，仍不脱“乡气”本色。刘成禺有一段文字记她的趣事，并录孙中山先生的评语，是值得一读的，现在把全文录出，供读者一笑。

洪宪元旦，官眷各御命妇制服，入宫行朝贺礼。孙宝琦夫人宫中称为亲家太太者，朝见皇后，位尊领班。内礼官、女官长、女官，整齐仪注，左右分行，排列礼堂，导皇后升堂行礼。女官奉皇后入，官眷肃立，宣称请皇后升中位御座，受贺年礼。皇后曰：“亲家太太，各位太太，皇后不敢当，不必行礼。”群曰：“请皇后正位。”女官四人，扶持皇后，端拱御座。孙宝琦夫人率各官眷，伏地行九拜跪。皇后欲起立曰："皇后不敢当，要还礼。"女官复扶持之曰："皇后坐而受贺，礼也。"皇后身不得动，面红耳赤，吃吃大笑不止。女官又曰："皇后必恭拱受礼。"礼毕，皇后退座，语孙宝琦夫人曰："谢谢各位太太，做了皇后，连还礼都不能，真真是不敢当也。"贺后礼成，孙宝琦夫人又请贺皇帝。皇后曰："皇帝也不敢当，不必行礼。"翌日，不敢当新语，艳传都下。按：皇后为克定生母，人极长厚，长居彰德。洪宪登基，元旦受贺，乃于十二月二十日，克文、克良专车赴洹上，礼迎入新华宫，正皇后位，故其举动尚带乡气，未习宫廷母仪也。刘成禺记。

洪宪败亡，先总理孙中山先生由日返沪，开大会于尚贤堂。先生演说曰："吾人革命，对于国政，尚多外行之事，理所固然。即如项城登基，其皇后受官眷朝贺，声声言不敢当。岂有皇帝皇后受臣下跪拜而言不敢当者。足见袁家虽世代簪缨，身居帝位，亦是外行。吾愿革命党人，与闻国政，不作外行之事，如洪宪皇后作'不敢当'语也。"（成禺恭录）

"中华帝国"虽只短短的八十三天，但袁世凯却享有此美梦者达十月之久，也可说是得偿所愿了。洪宪元旦朝贺后，四面八方反对的文件如雪片而至，云南的大炮更把老袁的好梦轰醒。他见势不妙，连忙取消帝制，恢复做其终身总统，怎知老百姓已不许他这样搞下去，反对的行动不停，结果他便一气身死了！

民初倒袁历史人物：是非功过说陈宧

耿　心

陈宧先生字二庵，乡人多称为二先生而不名，与予同籍隶湖北安陆，予生也晚，初识先生之时，先生久已飞腾为政要，甚至将为历史人物。民国十一年予甫弱冠，留日归来，道经天津。适前大总统黎元洪，再度被北洋直系拥戴复职，正在酝酿之际，奉先兄仲钊之命，顺道晋谒黎总统，并嘱先见陈宧先生为之先容，是为相识之始。时陈宧先生年近五旬，慈祥平易，谦冲健谈，使人望之乐于亲近，如坐春风。此后三年时相过从，遇有新知疑难，常承下问，予自审旧学略窥门径，然倘非久亲陈宧先生教益，亦不克臻此。陈先生不以贵势骄人、齿尊慢客，能使人心悦诚服，忘年攀交，实非始料之所及。

寒门秀才人间冷暖

予少小离乡，本不知陈宧先生身世，自相识后，陈先生常喜于风雨之夕，邀作炉边叙旧，每于谈话无意中流露其出身贫寒，遭人白眼辄思报复之故事，述之足以激励青年发愤自强。

陈宧先生幼年丧父，生计艰难，赖母徐太夫人以纺织抚育成人。母生二子，陈先生居次，长兄冶堂经纪棉业，获利微薄。陈先生少怀大志，以苦读撷芹入泮，于欣慰之余，而烦恼之事，随之而生。盖凡应试中秀才者，照例应缴纳谒见主考及儒学教谕之贽敬礼，约需银三十两。母子三人苦筹应付，实因家徒四壁，无可为计，不得已告贷于族中殷实富户，不意告贷不着，反遭白眼，陈宧先生从此始悟古谚“流自己的汗，食自己的饭，靠天靠人，不算好汉”为至理名言，更益奋发图强，志在四方，不以秀才老死乡里为满足，以后腾达，皆由受斯挫辱有以成之。陈家为当时湖北安陆县陈、李、张、刘四大巨族之首，户众丁多，显宦辈出，此次拒助陈宧先生，貌若寡情，亦未始非激劝之方，寓玉成于激刺之中。而陈宧先生少年气盛，不免流于偏徼，待人处世，时怀报复之心，一面不惜千金报德，令人赞扬，另一面虽非睚眦必报而心存芥蒂，难以化解，使人莫测高深。

应考中秀才对于主考之贽敬，亦名院费，虽为科举时代之陋规，但不能不缴。陈宧先生既无法取助于族人，乃不得不求援于知交，就交情财力两者俱备而言，当时陈先生心目中之友人有四，即号称四大名士之刘仲武、赵伯威、郭正侯、寇息亭等四位先生，俱系饱学硕德，望重乡里。陈先生初意在求四人分担，乃先访郭正侯，适值郭下乡收租未遇；次访寇息亭，而寇表示稍有难色；最后往访刘仲武时，陈先生心情沮丧，未存奢望，不料刘仲武闻悉后，竟慨然一力承担，以免另求他人，使陈宧喜出望外，自誓倘不予酬报，不足为人。当陈宧先生携银返家之时，而赵伯威得悉陈宧筹款困难，不待求而先送银十两，留置其家，于是母子三人愁眉尽展，庆幸文章有价，功名第一关之秀才中试亦有落入寒门之时。陈宧先生此时更增心理上之负荷，即如何恩则重酬，怨亦不忘薄施，以为扬眉吐气之表征。

此后二十余年，陈宧先生风云际会，扬历中外，位跻封疆，其所以报施刘仲武、赵伯威、郭正侯、寇息亭四先生者，举凡殷勤接待，谦冲应对，慷慨周转甚至内眷过从之彬彬有礼，莫不一视同仁，毫无厚薄轻重之分。而对事业方面之赞助，于刘赵两先生则不待求而先事安排，均出两先生望外；但对郭寇两先生，则必待求而后为，且均适可而止。此种差别，不仅局外人无从辨别，即当事人亦被蒙混，遇有奢望不遂，亦只有自叹命薄而已。当时实际掌握郭寇两先生穷通命运关键之陈宧先生，似不应以贫困时受施之大小有无，为权衡答报之标准，直至以后失势为止，虽不忘陆续补报，惜为时已晚，力不从心。

一饭千金，廉介自持

陈宧先生于秀才中试后，立即进入汉东书院，更加勤奋攻读，求为廪生，以助膏火之需。时值除夕，因无力购办年货敬神祭祖，自忖愧对老母，乃决计逃避现实，夜宿书院，不愿回家。此时院中同窗，俱已回家度岁，寂无一人，陈宧先生灯下形影相吊，百感交集，无以排遣，乃集句为联，张贴室外，联曰："再穷无非讨口；不死总要出头。"此时枵腹难支，隐几假寐，忽闻爆竹一声，岁序更新，正欲振衣回家为老母贺年，突见书院罗姓门卫，手捧丰盛香热之酒肴入室，为之称觞祝岁，并亲为斟奉，表示诚敬。陈宧先生正感饥寒交迫，不暇答礼，乃先接杯痛饮，借以驱逐寒气，继则狼吞虎咽，不片刻而尽兼人之量。犹见罗役侍侧奉茶，备致殷勤，人处困苦之际，最易感受恩怨之激动，陈宧先生并非天性凉薄之辈，此情此景永铭心中。十数年后，陈宧先生追随东三省总督锡良出关任第二十镇统制，忆及一饭之恩，特电托安陆县令派人护送罗役赴其任所养老，不幸罗役已死，又改迎其长嗣，视若子侄，备极优待。徒因罗子思家，乃厚赠纹银三百两（约值湖北官钱局制钱一千串），派心腹牙将，沿途护送到家后，又携其亲笔函件，请求安陆县令代为洽购约值市价两千串，而由县令居间，实付银三百两即可成交之田产，以为报答。此事曾经多方求证，信而有征，乡里久经传为美谈。

陈宧先生为秀才时期，因屡次岁试成绩优异，顺利取得廪生、拔贡，成为邑中闻人，惟赋性不羁，好鸣不平，尤喜舞文弄墨，讥刺贪官污吏，玩弄土豪劣绅。守令恶其藐视官府有伤威信，土劣忌其目无尊长，阻挡财路，设非陈姓为邑中巨族又兼陈宧先生远房族祖陈学芬正任学部尚书，陈宧先生虽不恃为奥援，而意图报复者，则不得不投鼠忌器，虽恨之刺骨而莫敢如何。陈宧先生聪明过人，早知乡邦并非乐土，且男儿志在四方，亦不甘长此蛰居，老大无闻，徒因母老家贫，不忍远离。正在踌躇莫决之时，其族祖陈学芬奉旨还乡修祠祭祖，陈宧先生除在陈氏宗祠内随众见礼外，并未亲至叔祖私邸谒候，已属失礼，迨族祖致赠颇为丰厚之“族敬”银时，陈宧先生见其封面所书“敬老怜贫”四字，伤其自尊，坚拒不受，并在封面后批复“家虽贫而不受人怜，母虽老而分属晚辈不敢当敬，谨此璧谢”，颇为不逊。顾族祖齿尊量大，概置不究，且认陈宧玩世不恭为狂狷，狂者进取，狷者有所不为，凡属不满现状或郁抑不得志之时，贤者不免流于狂狷，何忍加责此自幼丧父之孙辈。陈宧先生闻悉斯言，知系叔族祖因才施教，借事感化，于是感激涕零，撤除向对族人之心中藩篱。立誓从此折节下士，谦卑自牧，不再恃才傲物，予人难堪。旋经其族祖再三敦促，始允随同赴京，进入收容八旗子弟之南学为书记，半工半读以待乡试，乃志在循科考正途出身，不愿依赖族祖权势或捐献以求幸进。

庚子之乱，危城救星

陈宧先生入京之次年，岁次庚子，即公历一千九百年，值义和团之乱，招致八国联军，攻陷北京，祸首西太后，如丧家之犬先逃，百官继之，北京顿陷无政府状态。时锡良为九门提督，亦已放弃职守，隐避观望，听任所部官兵四散奔逃，惶惶无主。陈宧先生目击心伤，亟思用之以救身陷危城之苦难官民，逃离虎口，幸在南学结交锡良之子锡方，虽不学而有血性，胸无城府，豪迈过人，素为其父部属爱重，尊为小军门，陈宧先生亦悦其坦诚，彼亦敬佩陈宧深沉邃密之学养，互相倾倒，情逾骨肉。陈宧乃说服锡方散财解囊收容其父旧部百余人，组织义勇服务队，拥锡方为队长，陈宧为提调，队以下分十小队以为服务单位，每队十人，选机警、诚实者为队长，专任救护尚在危城之官民，并沿途护送至安全地带为止；以五小队在城内护送，其余在城外接应；锡方与陈宧在近畿隐蔽之处，居中联络指挥。虽不收护送费，而官商感激之余，自动给予之犒赏，尚足维持薪饷而有余。是时仅少数王公大臣已随帝后先逃，尚有多数满汉显宦及绅商军民，坐困危城，留则朝不保夕，行亦安危难测，正处进退维谷无计可施之际，赖有此种服务队适时组织成功，在百余日之内，使数约万户之官民，顺利逃离险境，得庆更生。即陈宧族祖及锡良，并其多数亲朋同寅僚属，亦均赖此组织先后逃往西安行宫，莫不同声感佩锡氏父子救助之德、任事之勇。即西太后亦微有所闻，频加赞赏。若此事论功行赏，陈宧应为首功，自经始以至蒇事，策划运筹，煞费苦心。惟陈宧自认牛刀小试，为所当为，且因人成事，居功迹近浅薄，故当面对锡氏父子，绝口不提此事。但锡良内心既欣赏陈宧文武兼资，胆识过人，尤爱其宅心忠厚，不自矜伐，用是自省反有掠美之嫌，愧对此与爱子交称莫逆之青年才俊，乃决计延聘陈宧入幕，礼若上宾，言听计从。西太后回銮后，任锡良为山东巡抚，接替袁世凯，此后十年由鲁抚一再调任为云贵、四川、东三省总督。陈宧随其历练宦海，无役不从，水涨船高，最后累官二十镇统制，威震关东。虽曰时势造英雄，设无真才实学，焉能历经长期考验，光芒愈益焕发？

锡良拔擢黄兴推荐

陈宧先生最为受社会疵议者为拥袁（世凯）。其实陈宧拥袁为总统，则系出自心愿，至拥袁称帝，虽为袁之心腹如段祺瑞、冯国璋尚且有所不为，而谓非其心腹如陈宧先生者，甘愿违背潮流拥袁叛国称帝，显非情理之常，其中不无怀疑之点。予久思伺机请陈宧先生解释，而惧触其忌讳，导致不欢。不料当予借题讨论当时（民国十二年春）已被曹（锟）、吴（佩孚）拥护复职之黎大总统与袁世凯之关系时，陈宧先生立即莞尔笑曰：何不改为讨论区区与袁世凯之关系。陈宧先生此言，不仅令予喜出望外，更深佩其善与人交，屈己从人之雅量。

陈宧先生以拔贡受知于锡良，追随十余年，历经山东、云贵、四川、东三省，凡属各该省建立新军业务，自策划以至成军，训练、辅导、指挥均委由陈宧，以营务处或督练公所总办名义负全权处理，视省之大小饶瘠而定养兵之多寡。例如云贵贫瘠则建军一协（旅），四川富庶则成一镇（师）且殚精竭虑为之选将置帅，务使适才适任，故西南各省之新军首领，如云南之唐（继尧）、蔡（锷）、罗（佩金），四川之熊（克武）、邓（锡侯）、二刘（文辉、刘湘），均与陈宧先生有深厚之渊源，职是之故。直至锡良移督东三省，陈宧先生始直接统军任二十镇统制，军中亦有两人声名藉藉者，一为与吴禄贞齐名之革命元勋蓝天蔚，时任二十镇协统；一为基督将军冯玉祥时为弁目，受知于陈宧先生，提升为牙将。故陈宧在清末虽曾为统兵大员，但与以小站练兵起家掌握北洋六镇实力之袁世凯，毫无关系。宣统元年袁世凯被载澧放逐回乡韬光养晦，翌年陈宧亦因按规定新军镇协部队长，必须正式军官出身，而将第二十镇统制交与张绍曾接替，后隐居天津，以待时机，斯际与退隐洹上，表面忧谗畏讥，实则亟思蠢动之袁世凯，亦无任何联络。

辛亥武昌起义，袁世凯用两面投机方式，由临时总统而正式总统，初则为表示与国民党合作，曾先后电迎孙中山先生及黄兴北上共商国是。先兄伯钊以举人留日士官第五期，参加同盟会，赞襄中山先生策划革命，民元中山先生就职临时大总统时，任总统府秘书。黄克强为南京留守时，伯钊任留守府参谋处长，用是孙黄先后赴京，均邀先兄伯钊同往臂助。陈宧在报端阅悉先兄行踪，立即赴京就商其个人去处。时蓝天蔚在座，建议三人同谒黄兴先生。不料黄兴先生爱才若渴，一见如故，认陈宧儒而知兵，可位之中枢运筹帷幄，人情练达，可为协调南北合作之最佳人选，允向袁世凯鼎力推介。袁亦久仰陈宧平正通达，兼为交欢黄兴先生，立即用为参谋本部次长兼代部务。时参谋总长为黎元洪副总统兼任，徒拥虚名，未尝视事，遇有紧要公事均系直接秉承袁世凯之意旨处理。而陈宧先生谋断兼擅，极为袁所器重，凡关军国机要，几无不咨诹而后行，倚畀之殷，并驾冯段。故在局外人之心目中，不免误认陈宧为袁之心腹，其实深入分析，事不尽然。

与袁世凯、蔡锷关系

陈宧先生以杰出才华，为袁世凯借重，自审在革命以后，曾在长期彷徨中，咄咄书空。正恐英雄无用武之地，今获此遇合，理应感激图报，并乘时发展抱负，为个人开拓事业前途，故在筹安会尚未成立、袁世凯叛迹未露之前，曾多方设谋定计为袁经营四方，以促进中国之真正统一。民国三年袁世凯已改国务院为政事堂，任徐世昌为国务卿，段祺瑞为陆军总长，陈宧先生以参谋次长代理部务，时人称为三巨头。每周二、五必参加袁所主持之公府小型国务会议，凡属军国大事，俱经斯会决而后行。但在会议中徐世昌老奸巨猾，遇事在未理解袁世凯意旨以前，从不轻易发言；段祺瑞个性沉默，非其主管业务，向不置喙；惟陈宧先生知无不言，言无不尽，且在开会以前，曾作充分准备，虽言多而中肯，遇有疑难问题，往往抒其急智，片言立断。尤可贵者，陈宧先生文笔犀利而快速，凡属应争取时效之要公，常能根据甫经决议之要旨，即席拟具命令或办法，而送袁世凯判可，立即施行。似此身兼设计、执行而又包办总长以至秘书业务，表现霸气纵横，干净利落。在陈宧先生认为感激图报，理所当然；在袁世凯久处北洋暮气深沉之环境中有如石破天惊，欣赏赞佩，溢于言表；而在一同出席之徐、段两人，未免相形见绌，由羡而嫉妒，不仅退有后言，常于袁前媒孽其短，且在袁死后，段徐相继执政时，对陈宧先生冷落异常，则均非始料之所及。

民国四年二月中旬蔡锷忽夜访陈宧先生，告以根据种种迹象显示袁已蓄意窃国改制，并微露其与袁谈话时知袁有意借重陈宧先生出镇西南。时距筹安会成立尚早半年，蔡锷即已察觉奸谋，其所以转告陈宧，旨在借报行将外住之喜讯，就便试探意旨。当时陈宧虽神色不露，使蔡莫测高深，但内心认为袁世凯身为民国总统，既经宣誓效忠共和，不应罔顾信义，叛国改制。若一意孤行，外必诱发国民党第三次革命，内亦引起众叛亲离。自顾既为民国总长级首长，且曾蒙黄兴推重，转介袁世凯，相约通力合作，维护民国，虽因黄兴先生赴美无法联络，但言犹在耳，未可负心，纵无力公开反对帝制，最低限度，亦应效法黎元洪副总统暗中消极抵抗，决不助纣为虐，于是密陈黎元洪，建立此种默契，自难为外人道。顾北京为是非之地，必须设法早日远离，始能摆脱袁世凯父子及其左右之邪恶纠缠。而在尚未成行以前，又仍需虚与委蛇，不露声色，甚至倍效忠勤，取得信任。此际陈宧先生处境之艰，应付之难，用心之苦，可谓一言难尽，而启人疑窦，召致误会，亦因是而更趋严重。所幸峰回路转，机运重临，使陈宧先生逃离魔掌，有如水到渠成，了无牵强。时袁世凯检讨大局，认为我国中原及长江各省，均已布满爪牙，纳入势力范围，惟西南川滇黔及珠江一带，尚无控制把握，亟应预为布置，以策安全。夙知陈宧先生曾于清末久任西南各省高级军职，当时各该省军政首长，非其部属即为同寅，乃任陈宧为四川将军兼巡按使，率领北洋精锐部队三旅入川，可自选旅长，以便指挥灵活，旨在以四川为根据地，辐射西南各省，经营部署，纳为己用。陈宧首即选中早年为二十镇牙将当时为旅长之冯玉祥，次为曲同丰、乌祯祥两旅，此为北洋部队入川之始。

拥袁反袁各有宗旨

局势发展，已届陈宧由拥袁演变为反袁之关键阶段，兹分两面说明：一、袁世凯调任陈宧掌理四川军政，并用以促进西南各省服从北京命令。陈宧志大才高，人地相宜，自亦愿效驰驱，以展抱负。无奈袁世凯别有用心，仅在用其为屏障西南之工具，镇慑反侧，铲除异己，对于有实力者胁之以兵力，有声望者饵之以利禄，骑墙中立者诱之以甘言，均授以全权，以收运用存乎一心之妙，而终极目的则系为其顺利进行帝制铺路。但袁作伪心虚，从不坦诚相告，陈宧亦不敢明知故问，触其所忌。昔司马昭之心，路人皆知，其先莫不讳莫如深，必待时机成熟，伪装天与人归，效颦曹丕篡汉三辞三让而后受，此种鬼蜮伎俩，袁世凯用以对冯国璋，今竟施之于陈宧先生。二、陈宧先生拥袁世凯为总统，出自至诚，理由有三：（一）自国民党癸丑二次革命失败后，陈宧误认袁世凯为中国之重心，为促进统一，解救民生，争取国际地位，宜助一臂之力。（二）袁世凯不学而有术，在用人之际，尚能谦恭下士，收服人心，尤对新进合作之蔡锷、陈宧等，礼遇有加，不为谗言所间。（三）陈宧曾佐锡良戎幕，兼掌兵符，惜局面较小，未能尽量施展长才，今遇袁世凯，入为总长，出为将军，宏猷大展，不无知遇之感。故在入川以前，曾经殚精竭虑，矢忠矢勤，以图报答。

至反对帝制之主要原因有三：一、民国既庆成立，举国倾向共和，且甫经奠定统一之基，并获国际承认，岂可任意改制，自召祸乱，君子爱人以德，不忍苟同附和，陷于不义。二、陈宧入川以后，屡思迎养老母。袁世凯时借口蜀道艰难，恐老人不胜跋涉，或以时局不靖，传谕从缓，意在留为人质，胁其无条件服从命令。但陈宧事母至孝，更不愿陷老母于政治纷争旋涡，曾以去就力争，始遂迎养之愿。自是启袁疑窦，猜忌日生，互不信任，虽袁世凯为投鼠忌器，不敢临敌易将，而陈宧亦早有备以防此突变，于是相互激荡，逼上反袁之路自非意外。三、民国四年十二月二十五日，蔡锷起义讨袁，一面率师入川，一面遣使密与陈宧联络。陈宧乃密告来使：蔡锷愿为陈涉，予非章邯，讨袁成败，系于鼓动风潮，造成时势，不在力征，夙知云南贫瘠，劳师远征，绝难持久，所幸天下仁人志士，不分党派、南北，为反袁护国，毕集昆明，就中以屡为袁所蒙骗之进步党领袖梁启超及二次革命湖口起义元勋李烈钧，号召力最大，亟宜分使四方，发动各省响应，造成媲美武昌起义时咄咄逼人之声势。此外冯国璋段祺瑞虽为袁世凯心腹，但拥袁为总统则可，拥袁称帝则心有不甘，盖总统出缺或任期届满，彼等自料尚有逐鹿之希望，一旦称帝，则永为袁氏之家奴，尤不满袁克定态度倨傲，袭位以后，彼等将不免为韩彭第二。此中利害得失，彼等久经权衡，成竹在胸，倘能敦请梁启超设法联络以为内应，不啻予袁致命打击。此即辛亥年袁世凯授意段祺瑞，电逼清廷退位，所谓中央突破之战略，今即以其人之道，还治其人之身，必能促其觉悟，知难而退。予暂承乏现职，居中缓冲，一面仍与袁世凯虚与委蛇，阻其另派大员率师入川助战，昔王猛尚知以秦存晋，予岂不能暗中以川卫滇，一面伪装动员抗拒滇军以造成相持不下之局势掩人耳目，非到最后关头，不必剧露真相，但一经暴露，必使其猝不及防，应声立倒。此中奥妙，蔡锷已即知即行，唯仅一半，下余一半，交予接棒。倘纳刍荛，蔡锷必为黎元洪第二，非若陈涉助人成事而未身尝胜利果实。

冯玉祥险些误大事

蔡锷、陈宧两人之间默契，在陈宧方面，惟其参谋长刘杏邨（冯玉祥任国民革命军第二集团军总司令时参谋长刘骥之胞兄）与闻秘密，并代表陈宧与蔡锷联络，冯玉祥不知，蔡锷方面惟唐继尧及蔡锷密使邓文瑗（广东名士，蓝天蔚岳父，与上海李梅庵齐名之大书法家）知之，蔡之部将亦鲜与闻。时袁世凯屡催陈宧採取主动，迅以优势川军，消灭入川饷械两缺之滇军，陈宧均设辞搪塞，卒因旷日持久袁不能耐，加派曹锟率师入川增援，但曹锟既有冯国璋密谕，暂行观望又曾与陈宧义结金兰，屡接其密电，力阻前进，于是亦借故延缓。似此以川省掩护云南安全，俾其争取时间，从容策划西南各省响应，卒抵于成，皆陈宧经始于先，苦撑于后之力。惜冯玉祥不知蔡、陈默契，竟以识时务俊杰自居，忽自前防撤兵一部，意在借此劫持陈宧，宣布讨袁。事为刘杏邨侦知，乃急赴前防，阻冯继续撤军，并告以陈蔡之间默契，及根据默契双方部署经过，劝冯同赴成都，面向陈宧请罪，而由刘杏邨担保其生命安全。冯虽畏罪踟蹰，而与刘杏邨交谊素厚，并知其担保信而有力，始随刘同谒陈宧。陈宧于听取报告后，一言未发，立即携二人之手同入密室，陈宧首问冯玉祥：“今日之事，如果异地以观，汝将作何处置？”冯始跪地痛哭，自数其罪，自掌其颊。刘杏邨复从旁代为申述冯玉祥悔过之诚，不无可原，畏罪之深，不无可悯，丁兹艰难时会，三军易得，一将难求，亦跪恳予以自新机会，准其戴罪立功。于是陈宧从容面谕冯玉祥：“汝自二十镇相随，分为部属，情逾骨肉。此次奉命入川，予即指名索汝同行，寄以心腹，宠冠三军，今竟倒戈相向，实出意外。设非刘参谋长机动制止，几误大事，纵绳汝于法，何补于事。方今天下滔滔，国事如麻，凡属自负才智，率思不择手段，乘时躁进，捕捉机会，本不足怪。惟汝分属军人，又与予私交至厚，岂可罔顾法纪与道德，擅自轨外行动。姑念良知未尽丧失，尚能自承错误，以求宽赦，可免予处分，惟须汝亲书悔过书，由刘参谋长背书保证，永不再犯，且此事惟你、我及刘参谋长三人共知，勿再泄露。”至是冯玉祥喜出望外，立即当面亲书悔过书“此次擅自撤兵，罪该万死，荷蒙赦宥，自当永矢弗忘将军天覆地载之恩，戴罪图功，至死不渝，谨呈将军陈。立悔过书人冯玉祥，民国五年三月二十日”等字样。陈宧见其文字清顺，大非昔比，足见尚能以身作则，推行军中进修，不觉怒气全消，复假以辞色，留其共饭，并勖以为将必须修德立诚之道。冯玉祥于民国十三年冬直奉二次大战时发动政变回师北京，推倒曹（锟）吴（佩孚），即有倒戈将军之称。时人多误认为系第一次倒戈，其实首次系在四川，而为陈宧恩威并用，中途制止，未酿大患。

倒袁之役举足轻重

迨冯玉祥返防，陈宧即与刘杏邨检讨时局，认为自护国军起义后全国舆论一致声讨袁世凯窃国称帝，并揭穿筹安会之鼓吹帝制。参政院之推戴，各省之劝进，统由袁世凯授意指使，本属自吹、自推、自劝，而伪托民意以欺国人，骗亲信，其结果欺人者人亦欺之，负人者人亦负之。在众叛之后，继之以亲信如冯段等亦表示离弃、拒不合作，袁世凯始于民国五年三月廿二日撤销帝制，而尤图恋栈总统职位，其所以恃以作最后挣扎之凭借者，陈宧为其西南屏障尚屹立无恙，虽有滇黔之变，袁初未视为心腹大患。陈宧检讨至此，瞿然心惊，盖当时民国之存亡，系于袁世凯之去留，而袁世凯之去留，又系于陈宧态度之拥叛。但拥袁则为国家之罪人，反之则不啻再造民国，既无负于黄兴先生之推重，兼可表明心迹于天下，于是毅然决然于民国五年五月廿二日通电四川独立并径电袁世凯断绝个人关系。袁世凯阅悉之后，如饮狂泉，立即变寄望为失望，变挣扎为萎缩，始知大势已去，忧忿交加，病仅半月，于六月六日羞愤以亡。此一代政治魔术家，不学而有术，处天下分崩之时，以作伪为天下倡，视自私自利为当然，以投机取巧为得计，不惜欺君、罔上、背师、卖友，自以一世之雄，人莫与毒，孰知以诈欺起家者，仍以诈欺自取灭亡，可不惧哉！

苦心策划三角同盟

袁世凯死后，由黎副总统依法继任大总统，陈宧旋亦辞职离川，原因有三：一、为避功让贤，力荐蔡锷继其后任。二、前统率北洋部队入川，开罪川人，解铃系铃，自仍由彼带出为佳。三、此次为维护民国通电独立，仅欲逼袁知难而退，不料因是而置之死地，揆之私交，不无内疚。虽黎大总统念其倒袁有功，调任督湘以为酬庸，亦坚辞不就。于是长年隐居京津，闭门思过，淡泊自守，不思进取。惟冯玉祥知其居官清廉，生活艰窘，尚知感恩图报，时予接济。陈宧却之不恭，而受之有愧，乃与约法三章：一、平日非至三餐不继，决不接受。二、非岁尾年初，百债临门不接受。三、银数逾千者不接受。冯玉祥服其固穷美德，遵守上述三约，胜于曩在军中服从军令。

民国十三年一月孙中山先生召开国民党第一次全国代表大会于广州，

其目的首在重振革命精神，一方面必须打倒军阀，另一方面尤须驱除支援军阀作恶之帝国主义。故对外主张废除不平等条约，为全国人民谋一生路；对内主张召集国民会议，以谋中国之统一与建设。上项消息自日本电讯传出，由予编辑。在天津《益世报》发表，惟大会宣言，系以打倒军阀为主题，自不便刊载。时予任外交部特派直隶交涉员公署日文秘书，交涉员为熊天豪先生，兼任《益世报》社长，用是邀予兼该报编辑，当即携陈上项电讯全部资料供陈宧先生研讨时局之参考。因陈宧先生无心问世，而极关心国家前途，热望南北早日统一，开始建设，既不满曹锟之贿选，玷辱国格，尤反对吴佩孚武力统一政策，在其再统一之构想中，第一希望孙中山先生早日奠定两粤，用为北伐根据地，号召南方革命英豪，会师武汉，饮马长江，然后由彼说服以三造共和自命之段祺瑞，纠合北方实力派响应，共同推倒曹吴，合谋统一建设，厚植国力，团结对外。盖段祺瑞自民国九年直皖战争失败，退隐天津，久静思动，并曾检讨失败，源于刚愎自用，妄自尊大，亲小人，远君子，于是修改作风，尊贤礼士，博访周咨，暂时疏远曹（汝霖）章（宗祥）陆（宗舆）梁（鸿志）之流，而尊礼陈宧、许世英、叶恭绰、汪大燮等为上宾，企图东山再起。夙知陈宧有恩于冯玉祥，交往甚密，而冯玉祥虽名隶直系，颇受吴佩孚排挤。民国十一年，第一次直奉战争后，冯玉祥出任河南督军，因见恶于虎视洛阳之吴佩孚，密请黎大总统调为陆军检阅使，夺其实权，削其饷粮，冯玉祥早怀怨恨；其后冯玉祥驱逐黎大总统，为曹锟贿选铺路，仍未获得地盘，冯益不平。陈宧虽同情其境遇，而惧其冲动偾事，一再婉劝其坚忍待时，并允于必要时为其借筹代筹。冯玉祥获此默契，始能力持镇静，安心在南宛勤训部队，并好整以暇，敦聘黄郛常至军中讲演。黄郛即以“欧战之教训与中国之将来”为题材，训练冯部爱国家、爱人民、明大义、守纪律。冯玉祥亦随班静听，颇有心得，其效果表现于守纪律一点，最为显著。例如民国十三年冬冯玉祥发动政变，回师北京，部队系在深夜入城，秋毫无犯，一夕之间，军警异岗，市民尚无警觉，迨民国十五年撤军南口亦然。论者谓冯玉祥之人品心术，姑置不论，仅就其治军尚知严明纪律，不无可取；且在军中饮食起居，与士卒同甘共苦，虽被讥为作伪，而能习以为常，持之以恒，亦属难能可贵。

当予携陈国民党第一次代表大会宣言供陈宧先生研讨大局时，即蓄意介绍中山先生思想及世界新知，以助其端正从事政治活动之趋向，并尽量搜集报社与私人秘存之中山先生著作，供其阅读。陈宧先生智慧过人，甫经两月，竟能提出下列有关政治经济学术上之名词与内涵，有所质疑，命予解答：

一、何谓帝国主义？美国既属民主共和国，其与帝国有何区别？何以亦被指为帝国主义？

二、民主政治与中国固有之民本、民贵观念，有何区别？

三、资本与资本主义有何区别？

四、资本主义与社会主义不同之点，可否用一言以蔽之方式扼要解答？

五、现在中国百废待举，正须讲求发展资本，何以中山先生主张节制资本？如何节制？

六、南方喜谈革命，北方厌闻革命。革命一词，源于易经“汤武革命顺乎天而应乎人”一语。历代鼎革之际，率用流血暴动手段发动政变，可云革命。何以属于经济领域内之改进生产方法，亦冠以革命字样，定名为产业革命，亦号为不流血革命，岂西人亦以革命为时髦，滥用名词？现中外学者甚至以产业革命发生之迟早及程度之深浅，为区分一国富强贫弱与文野之标准，其理安在？

予当即就上列各题，作画龙点睛式扼要说明。由于陈宧先生天分高、悟性强，确能举一以知十，不仅疑难解尽，益增其继续研究兴趣，予亦因在相互辩驳之际，多所承教与启发。尤足称者，两月以前，陈宧先生尚不能首肯中山先生之革命思想与伟大人格，连同其所著《三民主义》《建国方略》《建国大纲》，已深入广大智识青年之脑海，奉为救国建国之导师与蓝本，今则深佩中山先生知难行易之学说，其言曰："中山先生倡导知难行易之说，因国人习闻传说'知之非艰行之维艰'，短期间自难接受，故不惜辞费，多方举例证明。倘或有幸遇见中山先生，定请其举我为佐证，因我今在党外拥护《三民主义》，即系先下过一番研究功夫后，油然而生信仰。此后遇有机会，并愿现身说法，以广流传。"予至是始觉与陈宧先生心灵相通，并深自庆幸年龄上之悬殊，尚未影响思想上以心传心之契合也。

对段祺瑞三点画策

民国十三年前后，曹锟自贿选总统成功，骄矜自大；吴佩孚更因先后战胜皖、奉两系，气焰逼人，竟视段祺瑞为手下败将，尸居余气，不足齿数。段不能堪，乃请求陈宧先生为其策划报复，陈宧亦思借此撮合南北统一，以遂平生之愿。时段祺瑞自民国十二年苏浙战争卢永祥失败后，皖系实力丧失殆尽，在其心目中惟有依恃陈宧先生足智多谋，设法制造于彼有利之局势，俾便重操政柄，更欲借重陈先生运用其多年苦心培植维护之冯玉祥实力，以为后盾。于是陈宧先生乃坦陈其蓄之已久，差可媲美诸葛隆中对之高见三点：一、今天下又复三分，曹锟窃据中央，吴佩孚任直鲁豫巡阅使，虎视洛阳，为其羽翼，声势最强，但树敌太多，内部亦极不稳。吾侪可伺机予以分化，运用中央突破战略，攻其不备，乘其土崩瓦解、大局未定之际，段祺瑞以三造共和及北洋元老之声望，取而代之，并用诚挚纯洁之心理准备，公告天下，以和平统一救国济民为鹄的，以民意为依归，一面纠合各方志同道合之贤豪，共商国是，则进可措国家于统一，退亦将留令誉于历史。二、中山先生现已平定两粤，提兵北伐，凭其伟大人格、革命思想及创建民国之光荣历史，早已为广大智识青年所崇拜，吾人不仅应结为外援，共同讨曹，更应虚心研采其救国建国之方略，以奠国家长治久安之基。现事不宜迟，未知可否敦请许世英赴粤，面谒中山先生，密陈联合讨曹大计，并尽量征求其淑世匡时之卓见，以备参考。三、张作霖自民国十一年直奉战争失败后，退处关外，自任东三省保安总司令，虽号称保境安民，其实顷刻不忘湔雪前耻。现直奉双方俱已剑拔弩张军事冲突，势不在远，亟应密派亲信妥人前往联络，共结盟约，一致讨曹。未知可否指派吴光新（段祺瑞妹夫）出关，与张作霖面商一切，并请吴光新常驻沈阳，随时留意对方军事行动，立即密报，以便适时配合，俾免贻误。

陈宧先生以上三点策划，均为段祺瑞欣然采纳，随即密遣许世英、吴光新分赴广州沈阳洽订盟约，此即世称三角军事同盟之概略也。民国十二年冬直奉双方动员，吴佩孚任讨奉总司令，竟在北平南海怀仁堂高坐堂皇，效平剧点将式，任冯玉祥为第三路总指挥，沿京张铁路绕承德进攻奉军之侧，吴佩孚自率大军沿京奉路出山海关正面迎敌。于是陈宧召冯玉祥密授方略，乘吴佩孚正面作战十分紧张之际，回师北京，改组政府，废曹锟而拥段祺瑞为过渡，届时电迎中山先生北上，共谋统一建国大计；并告以报复个人恩怨事小，促成国家统一建国事大，此次计助回师，并非长人之恶，亦不欲从中渔利，实系于阅读中山先生所著有关救国、建国之革命主义，受其感召，亟思竭尽愚衷，从旁协助，以表区区景仰之微忱而已。随即面交段祺瑞致冯玉祥手书，表示回师之谋，有段祺瑞撑持，毋须徘徊瞻顾。

不随流俗，克保晚节

曹吴既倒，由冯玉祥、张作霖于黄郛摄阁之后，共拥段祺瑞为临时执政，由许世英组阁。不料权力使人恶化，段祺瑞故态复萌，刚愎自用，虽电迎孙中山先生，而拒其开国民会议之主张，擅自独断独行，召开善后会议，其组成分子，率皆失意政客与无知军人，显违南北合作、共商统一建国之初意。陈宧极表不满，既婉拒许世英，邀其入阁任陆军总长于先，复力辞段祺瑞挽其接替萧耀南督鄂于后，仅允接受执政府参政名议，不过表示君子不为己甚而已。翌年孙中山先生于北京逝世，国民党旅京同志及全国智识青年在中央公园（民国十六年改名中山公园）集会追悼，邀段祺瑞主祭。而段祺瑞托词足疾，不欲与祭，经陈宧力争无效，至是陈宧先生始觉前者助其再起，本系出乎与人为善之一念，今竟变为助长其恶，誓不再为之设谋定计，以示决绝。

自是以后陈宧先生自我检讨，深觉由于望治之心太切，又有一腔与人为善之赤忱，用是不免卷入政治旋涡。担当帷幄运筹之任不惜呕心沥血、竭尽才智，求于国家有补，但结果往往被野心人家所利用，无益于国，召谤于身，乃决长期退隐，不再为人作嫁，生活虽苦，心境恬适，颇能自得其乐。惟自抗战发生，平、津沦陷，汉奸蠢动，多系段祺瑞旧日僚属，不甘独为小人，常来游说拖人下水，甚或怂恿倭寇亲来劝驾，极尽威胁利诱之能事。陈宧先生心如止水，不为所动，其北平后门东不压桥住宅距吴佩孚居处甚近，二人乃尽弃前嫌，互相砥砺，共谋抗拒敌伪陷阱，保全清白，不辱晚节。陈宧先生直至抗战胜利后，病逝北平，临终虽明知身后萧条，而犹以亲见抗战胜利为荣。论者谓当时北平群魔乱舞，泰半北洋军阀余孽、段系显要，而陈宧与吴佩孚独能认清民族大义，珍惜羽毛坚贞自守，可谓大节不亏，纵有其他细行不修，仅此一端，即可掩盖而有余。

追忆陈宧参加倒袁运动的一幕

刘大元

民国四年陈宧奉袁世凯命令督川，为成武将军，初兼巡按使。集军民之权于一身、驻成都。先父世卿公与陈宧为训育四川军官之先导，举凡武备、速成、小学，皆陈宧与先父所筹划。余因以习陆军，陈入川，先父以故人，又因陆军关系，被招致入幕。余亦为其参谋，故于陈宧参与“倒袁运动”的一幕知之颇详。今年适为“倒袁运动”之五十周年，抚时感事，颇多怅触。因就追忆所及，特写此篇，用飨读者。

陈宧的两条路线

陈宧，号二庵，湖北安陆人，为前清总督锡良、赵尔巽所识拔，任云南镇统。后在四川办军事学校，作育人才不少。故与西南等省素有渊源。

民国成立，袁世凯继孙中山先生而出任总统，其时黎元洪为袁之参谋总长，陈以次长代行，因是与袁世凯建立较深关系，虽非北洋系，固亦雅附骥尾者也。

袁世凯为了背叛民国，遂行其帝制自为的野心，对西南各省如何控制，自为其特别注意之问题。当时滇督蔡锷奉调入京，而继之者为唐继尧，袁则以全力收买之（唐虚与委蛇）。贵州为刘显世，老军人耳，袁以为不足虑。惟四川为天府之国，得之可以控制长江上游，可以扼守西南。袁世凯虽利用四川内乱，勾结胡景伊而去尹昌衡，并扣留于北京，然以胡为川人，终不可靠。于是北洋嫡系之陈宧，遂因袁之特别青睐而荣膺督川之命矣。

陈宧与北洋军人比较，可谓足智多谋，能武能文。袁世凯深爱之，而又深防之。陈宧正利用袁之矛盾，以增高其地位。然最后则因受袁世凯不堪之侮辱，已蓄意不忠于袁。袁固不能用人也。

袁用陈宧安定四川进而巩固西南，当时可谓得人。陈宧受命叩辞时，亦曾拍胸负责。

袁忽令陈与大公子袁克定一谈，至则克定已备好兰谱，恳请陈宧与之结为异姓兄弟，陈虽感意外，然亦无如何也。及既结盟，因再谒袁世凯，称之为义父，又从而叩头九拜。陈袁本同辈，年龄亦相去不远，历年兄弟之交，一旦变为父子之分。陈宧至此，万分忍耐，心实不甘，袁世凯不知也。

陈宧由北京赴任，袁世凯令文武百官，恭送如仪，沿途亦电令各省将军恭迎恭送。陈宧后谓先父："吾前以贩夫走卒，一人夹布包来川。今则衣锦赴任，大丈夫不当如是耶？"

然陈读书人也，读书人有读书人之气节，故终以被迫与袁克定订兰谱一事，认为胯下之辱。于是偶露辞色，革命党人遂乘机而入。故其入川，其夹带中多倒袁之人，陈宧岂不知之？

蔡锷与陈宧以两湖同乡，本有交谊，蔡敢于赴滇起义，即知陈宧之两面作法。袁世凯本视陈为洪宪之长城，而蔡等反袁，亦视陈为护国之枢纽。此袁所以败而蔡终胜也。

尤有两重要关键值得并此一述者：即黎元洪始终反对洪宪，黎陈关系极深，陈终附黎。冯国璋尤反对袁世凯称帝，陈又以冯之态度为态度。先父屡与陈说及国事，陈秘告："我以黎冯为转移，袁倒而我不倒也。"陈确为军人中之有政治头脑者。

西南既定帝制开始

陈宧入川后，其气势之大，甚于明末清初之藩镇吴三桂，彼率领之李长泰、伍祥祯、冯玉祥三旅，分驻川西北。前任都督胡景伊几被逼自杀，陈宧出巡游街，冯玉祥打马开道，形同侍卫，威风可见。

然袁世凯固不能完全对陈放手，派政务厅长冯某监视其民政，派参谋长张某监视其军政，派黄某为清乡督办执法处长，专杀国民党，在成都每日戮三十人以上。国民党前财政厅长董修武即为其中被逼自杀之一员。

原川军完全改编，仅刘存厚一师将裁而变作。即后来赴义在叙泸以抗袁军者也。

陈宧见四川既定，以为滇黔皆无问题，遂以西南巩固入告。

袁世凯由此遂认为西南无虑，而此时其他各省将军巡按，也因袁之极力笼络收买而大都成为其鹰犬爪牙。自国际关系而言，近邻之日本，在与袁签订了“二十一条”之后，也请袁高升，其他各国则因欧战正酣更无力东顾。于是他所欲一手制造之洪宪帝制，遂由杨度之希意承旨而进入所谓筹安会的紧锣密鼓阶段矣。

方筹安会电讯论文之来川，原极秘密，陈宧密召先父与余而告之曰：“北京将有大变。”自此即将本案面嘱先父专办，而命余襄助之。盖陈深知余虽一青年，已与革命党通声气。彼之所以侧面露出消息，意谓袁成功则不过牺牲一青年；若反袁成功，彼则早已与革命党搭上了线。陈之用心亦狡矣。

某日陈又持袁一密电，气色愤怒，密告先父曰：此大总统来电。电中竟称“二庵览”，俨然义父口吻，略谓“筹安会事希竭力维持，西南由汝负责，将来开国之功，必居上乘。凯印”。陈狞笑，余当时虽涉世不深，然睹此固已审其不为袁用矣。

筹安会既于民国四年八月成立于北京，各省复设分会，乃一面倒主张君主立宪。杨度密电陈宧，此总统之真意，吾兄须切实宣传之。并嘱以后对袁文电，宜照清廷皇帝称谓。于是陈宧又由义子而兼为奴才矣。

袁知杨度文人，不足与闻政治密谋，深悉梁士诒不特有政治经验，亦有经济基础。乃借五路参案迫其落水。梁士诒乃有“请愿联合会”之组织。然梁狡诈，只居幕后，而以沈云沛任正会长，幕前活动。九月十九日成立，距筹安会之成立，不到一月。此袁世凯之双轨政策，杨深恨梁，而不知此袁之计也。

筹安会为学理的研究，请愿联合会为实际的行动，筹安会只谈君主立宪，请愿联合会则直接拥袁为大皇帝。

杨度见大功已被梁士诒夺去，遂改筹安会为“宪政协进会”，意图于帝制下为一政党。功狗结局，殊可哀也。

梁士诒与陈宧交谊颇深，梁组织请愿联合会后，致陈密电，略谓：“弟已落于火坑，盼兄救我。”此电双关极妙。陈仍交先父研究，由此愈证其奸诈也。

一束制造帝制的文电

自此以后，即为袁世凯假借全国民意，制造所谓国民代表大会，投票赞成帝制，并恭戴袁为皇帝。其由袁用顾鳌主办之国民会议选举事务名义，及段芝贵名义，陆建章名义，朱启钤、周自齐、梁士诒、阮忠枢、张镇芳、袁乃宽、张士钰、唐在礼、雷震春、吴炳湘连名名义，电各省将军，及巡按使电，不下百十通。

此项电文皆用袁世凯与各省军民首长密电，即“华密”“堂密”本。

电到四川，陈宧令余父子密为保存，然余连夜抄送民党，故四川揭露最早。后辑为《洪宪纪实》印行，陈并不禁止，其意可知。兹录其露骨之原文大意如下：

一、所有文电，恐贻痕迹，留为开国缺点，一律查明烧毁。（然余皆密存，已成为稀世之秘宝。）

二、凡推戴书，由北京拟定，必须照叙。文曰：“国民代表者，谨以国民公意，恭戴今大总统袁世凯为中华帝国皇帝，并以国家最上完全主权，奉之于皇帝，承天建极，传之万世。”决不准更改。（据袁克定致陈电，此为其父袁世凯所拟定，勿得有违。）

三、电告奉袁世凯面谕，选举代表场所，必须在公署举行，以防反帝者捣乱。

四、举办选举及投票，应济之以无穷之运用。代表应先暗中物色。当选者不致出我范围。

五、袁世凯亦知办理选举，必酿事端。特密谕：京外文武官吏必须保守治安，维持秩序。

六、距省较远之各县，及其他种情形，认为应从权办理者，由省监督饬令各县，私行将代表人选出，即行电省。

七、投票程序务必表示慎重，庶对内可以为弹压反侧之资，对外可以杜干涉责言之渐。

八、先事运用敏活，临时再限制非投票人不得入投票场所，则虽不宣布公开，当亦不致别生妨害。

九、但求表面与规则吻合，而内部运用，只要操纵得宜，便可放手办去。

十、先期敬谨将君主立宪四字标题，印刷于投票纸，钤盖监督印信，并于决定投票日期，示国民代表一律遵行。

十一、现所提议之计划，为各省分头选送请愿代表，请愿书稿，将于北京草成，而后分电各省，君等亦当与地方上赞成请愿之绅商，一例列名请愿，此种请愿，即可于立法院召集之时，一一向该院提出。

十二、国民代表，无论何地，每县须选出一人，且须择各省与政府机关有关系之人物，方能对于选举目的，不致有所误会。

十三、委任代行立法之参政院为总代表，必须用各省国民代表名义，举凡文件，皆预拟妥当。其余绅商军政各界之推戴电及登基时各界庆贺书，亦照单预为拟备为要。

十四、现在国体业经决定，帝位亦已有归，我等均为皇上股肱心腹，谊同一体，自当努力同心，尽忠报国。至登基大典，系形式仪文，迟早无甚关系。现在我国国体已经决定，皇上已经承受拥戴，事实上已无问题。

右所辑录，仅系举例。原文自多。凡此皆袁世凯一人或示意其左右为之，袁虽有百啄，不能辩也。

五国警告之提出

嗣至十月三十日陈宧忽得南京冯国璋机密电，谓外交紧急，政局危险云云。陈阅之大惊，旋向驻成都各国领事探查，始悉十月二十八日下午，驻京日本代理公使会同英、俄两国公使，向袁世凯提出警告，谓总统若骤立帝制，则必因国人之反对而立即促成变乱，行见中国将复陷重大危险之境。

袁世凯立令外交部答复，日政府不满意，袁又有二次之答复，并谓复兴帝制一事，暂行从缓，本年断不实行。实则欺骗中外，已于十九日设立大典筹备处，并订于民国五年一月一日为洪宪元年。

外交之警告，固为加强国内反袁之决心；国内反袁之行动，尤促成外交之警告。

帝制所依托于日本及英国者，此时已不可靠。而袁在国内所依托之军人亦不可靠矣。自此以后，冯国璋、陈宧虽未宣布反袁，已成中间派之中心。然其动机，实促成于外交。

至十一月十五日又由驻京日、英、法、意、俄五国公使，同赴外交部通告：日本及其他四国，以后对于中国决定采取监视之态度云云。

袁世凯因内外形势不利，乃于民国五年二月二十五日缓迟登基之令。然帝制派则因以消极，更不可为矣。

袁世凯一面欲牺牲中国之土地、物资、主权，以软化日本，为日本承认帝制之交换条件。另以庆祝日皇即位大典名义，派农商总长周自齐为特使，日本原已接受。

周定一月十七日启程，随员先往，殊十六日日使忽至外交部表示：不便接待中国特使。至此外交遂成死路。

陈宧忽接冯国璋密电：嘱将袁外交失败情形，密达护国军，无异助长反袁气势。此时陈宧已由中间地位，趋于反袁。而冯则隐然为反袁重心矣。

撤销帝制与冯陈运用

袁世凯本定于民国五年一月一日登极，改元为洪宪元年。殊云南于民国四年十二月二十五日先行讨袁独立，次日贵州独立。袁于二十九日免唐继尧、任可澄、蔡锷官职爵位。派陈宧、曹锟进剿，相持于川边之叙府、泸州一带。

陈宧与蔡锷本有旧谊，而西南民党及反袁之人，又奔走川滇。于是陈宧乃不战而观风色，战事遂停。

然袁形势则日劣。计：三月十五日广西独立，四月六日广东独立，五月六日浙江独立，五月八日肇庆成立军务院，五月十一日陕西独立，其余零星之独立尚不计焉。

是时，冯国璋已由陈宧沟通，与南方密电往还几无虚日。忽一日陈交下冯一电，谓“大哥病将好了，二哥速准备”。陈阅之极为兴奋。至此，遂与国民党公开联络，蔡锷代表亦加派余负责联系，即其形势，似距独立不远。

后来探求，所谓“大哥”是指“冯”，谓彼“将有活动”；“二哥”即指“陈”，因陈号二庵，叫他准备独立。

三月二十二日，袁见大势已去，废去洪宪，焚毁关于帝制之公文八百余件，又自称大总统，承认“万方有罪，在予一人”。四月四日改政事堂为国务院，以段祺瑞为总理。用徐世昌、段祺瑞、黎元洪三人名义，向南方议和。五月二十九日袁乃宣布帝制始末，意图诿罪他人。

此时南京冯国璋已成重心，代表纷集，会议迭开，陈宧亦俨然在冯陈联络下为南北之转枢要人矣。

袁世凯的一道催命符

袁世凯帝制既败，乃欲以恢复总统为缓兵之计，活动借款为复兴之谋。无如南方坚持袁必退位，而后乃能议和，实则冯亦同此心理。陈宧更欲袁退黎继，渠将大用。

其时康有为、汤化龙、伍廷芳、唐绍仪、孙洪伊、张謇，皆露布致袁世凯文电，力劝袁退位。袁皆不为动。

卒乃经冯陈密商，由陈宧于五月三日径电请袁退位，复于五月十二日为第二次之忠告，袁皆不纳。陈乃于五月二十二日自称四川都督宣布与袁世凯个人告绝。世传此电为袁世凯的催命符，极关重要，特于余所藏原稿，披录于后：

> 特急，北京、国务院统率办事处、各部局、各省将军，巡按使，并转各镇守使、徐州巡阅使、上海护军使、承德归化张家口都统、西藏办事长官、永宁行营蔡总司令，并转滇黔桂粤浙都督均鉴：宧以庸愚，治军巴蜀，痛念今日国事，非内部速弭兵争，则外人必坐收渔人之利。亡国痛史，思之寒心！川省当滇黔兵战之冲，人民所受痛苦极巨，疮痍满目，村落为墟。忧时之彦，爱国之英，皆希望项城早日退位，庶大局可得和平解决。宧既念时局之艰难，又悚于人民之呼吁，因于江日（三）径电项城，恳其退位，为第一次之忠告。原冀其鉴此悃忱，回易视听，当机立断，解此纠纷。乃复电传来，则以妥筹善后之言，为因循延宕之地。宧窃不自量，复于文日（十二）为第二次之

忠告。谓退位为一事，善后为一事，二者不可并为一谈，请即日宣告退位，示天下以大信。嗣得复电，则谓为已交由冯华甫在南京会议时提议。是项诚所谓退位云者，决非出于诚意，或为左右群小所挟持。宧为川人请命，项城虚与委蛇，是项城先自绝于川，宧不能不代表川人与项城告绝。自今日始，四川省与袁氏个人断绝关系，袁氏在任一日，其以政府名义处分川事，川省皆视为无效。至于地方秩序，宧有守土之责，谨为国家尽力维持。新任大总统选出，即奉土地以应命，并即解兵柄以归田。此则区区素志，于公于私，以求无负者也。皇天后土，实闻此言。谨此电布以闻。中华民国五年五月二十二日四川都督陈宧叩。

后据帝制派某人，密电陈宧，谓袁世凯接电后，忽狞笑："二庵（陈宧字）如此爱我，辜负我拔识一片苦心，夫复何言。"曾亲笔拟有复电，此袁之绝笔也。原电云：

昨见松坡（不称蔡逆矣）致黎段电：请劝我退位，公谊私情，感佩交集，但尚未悉我心。我厌问世，几不愿一朝居，再商诸重要诸公，担任善后，佥以兹事体大，且难轻放，内忧外患，相逼而来，即有亡国之祸。我年近六十，艰难万状，尚有贪念，愚不至此。我志已决，退位不成问题，所当研究，惟在善后。政府诸公讨论多日，仍无结果。如不顾善后撒手即去，危亡立见，实不忠心至此，且亦无术足以自拔。目下要点，在速筹善后之策，但有二三分抵挡，不致立见危亡分裂，退位一议，即可解决。务望切商政府，速定办法，力担责任，期早定局。希即速筹，共同妥商如何？务祈严守密秘，电未尽言。

并闻袁拟电后，掷笔三叹曰："悔不该令孺子（指陈宧）坐大。"旋即发病，卒致愤恚而死。一代枭雄竟如此下场，亦可哀已！

曾记陈持袁原电交余保存时，并暗示曰："小子志之，凡人皆有骨气，读书人尤有骨气。侮人者，人恒侮之。"此盖指袁令其与克定拜兰谱而言。其怨愤之意，固彰彰也！

蔡松坡与云南起义的真相

——云南起义、再造共和六十年纪念

周庆余

当民国四年，松坡先生由北京出走，间关来滇，起义倒袁，这时滇督，还不能决心讨贼。松坡先生计料如果不速决定，恐生变化，便对滇督说："余此行为救国而来，幸君早决大计，免生他变。又闻袁氏封爵电已至，君欲安富尊荣，则请持吾头去，并可博一公爵也！"滇督经这一激，才肯合作。

积欠粮饷，电梁告急

滇人李华英氏（小川），早年在港，与笔者谈松坡先生与云南起义事，能言人之所未言，并拥有若干珍贵资料，足以澄清后人疑误。

当蔡公率师入川时，李任行营副官处长，及蔡公离川赴日疗治喉病，李又随行，盖所谓始终其事者。李尝太息以语曰："云南首义前夕，苟非松坡以大无畏精神，剑及屦及，争取一瞬间之决定，则蓂赓（指唐继尧）夜长梦多，恐局面又大不同！吾服松坡之智，吾尤服松坡之勇！而松坡之大公无私，更使蓂赓无法作一遁词也，今安得再见斯人！"

李氏语毕，并以蔡公手书致梁任公电稿相示："火急，上海孟渊旅社，石醉六、袁士传兄，即转呈梁新会先生：马电所陈，为万不得已之请。查锷所部，自滇出发，仅领滇饷两月，关于给养，后方毫无补充，以致食无宿粮、衣不被体，每月火食，皆临时东挪西凑，艰苦度日。今大局既定，欠饷不能不发，所借绅民贷款，更不能不依限偿还，以安众心。而全信用，计所需各款，在二百万元以上，除派员赴京交涉，请中央从速筹发。如承函丈据电政府，提前拨领，俾锷得以早日脱身养病为感！锷叩敬。”李氏复为说明曰：“今读此电，可知松坡之领兵征川，冒有八分危险！饷既不济，兵又单弱，倘非松坡之善于运用，早已解体！”余闻说，为惆怅者久之！电中所称石醉六（陶钧），亦宝庆人，袁士传（华选），则新化人，皆蔡公士官同学，为向梁新会执弟子礼者，故以请款事相属也。

洪宪一幕珍贵史料

我们再看《云南首义拥护共和始末记》一书中所载，仅略略一提蔡公之名，似首义之举，与蔡公无干者，书端如唐蓂赓（继尧）、赵石禅（藩）等所为序，无一字及蔡，成见所使，固不足怪！可怪者，为对革命文献、自称一代传人之章太炎（炳麟）氏，其所为序，竟亦不言及蔡，苟非有人篡改，便属昏聩糊涂！幸黎黄序中，有“蔡唐诸君子”一语，为能不向革命历史与革命文献自欺。

又曾叔式（广轼）先生与蔡同赴日本留学，蔡学陆军，曾学警察。学成返国，又同赴广西，蔡办随营学堂，曾办警察学堂。后蔡调滇，曾则返新化原籍，与邑人刘命侯（廷举）等，组华昌锑矿公司，即举世闻名之“陶塘”锑矿山也！余少时尝谒曾先生，必出梁新会手函，及蔡公手函相示，梁函约二十通左右，蔡函则百通以上，用一箱藏之。蔡出语庄谐并茂，犹忆称项城为“当涂”，盖以袁术相比，称杨皙子为“韭菜”，余初不解所谓，后在北平，得睹杨风子（凝式）韭菜帖真迹，始知所指，又函中称“积之为吾党之彦”，余初亦懵然，后乃知指刘存厚也！写到梁任公，必抬头称“新会师”！于唐蓂赓在首义以前函札，称“蓂赓兄”，首义以后，则称“蓂公”，称谓谨严如此！会冬夜，留余宿书斋中，则指箱中物曰："他日以传汝！"余亟起逊谢之！但求以蔡公致项城手书稿一通相赏！因此稿为蔡公离北京前，手书数百言，讽项城勿帝制自为！忠义所激，情文并茂，下笔有神！新会恐其一投此书，即难离京，因留而未发，实洪宪一幕中，一珍贵史料。

弹尽粮绝，两度求援

又蔡公当军事吃紧之际，所部纷告弹尽粮绝，乃迫不得已，由洪江周统领蔗生处，转电曾氏（叔式），两度求援。其手书电稿，曾由中华书局，于民国七八年间，影印问世。

第一电曰："洪江、周统领蔗生代译，专弁送新化刘命侯、曾叔式，并转新邑矿界诸绅鉴：华密。国家不幸，致肇兵戎，滇黔首义，弟总师干，分出川湘，师行所至，幸不辱命，惟滇黔皆瘠乡，兵额骤增，饷糈不给，故敝部出征以来，率仅发口粮零用，而滇师自出省迄今，省政府仅发饷两月，支撑至今，竭蹶可想，历就黔川滇各绅商凑借挪移之款，已不下百万，今已罗掘俱穷，不能不远作将伯之呼！万望两公，为弟邀集新邑矿界诸贤，认借军饷二三十万，以济眉急，半年之后，必全数偿还，息银若干，照政府公债最优之数核给。募饷出力人员，当择尤由中央给奖，务望于接电后，三星期内，陆续募集，随时电告此间，当电饬黔军赴湘护运，公等急公好义，当不后于他省及海外侨人也。如何？盼速复，滇黔护国军总司令蔡锷，由四川行营叩文。"

第二电曰："万急，宝庆、飞送新化华昌公司，刘命侯、曾叔式先生……敝军窘迫万状，故远作将伯之呼！在诸公不过腾挪一时，珠仍还于合浦，在敝军藉资饱腾，不啻解燃眉之急！临电无任翘企，盼速复。锷、巧。"

蔡公廉介自矢，取与绝严，不到万不得已，不肯以国家事累私人也。观上述二电，便可知其处境之艰苦，然卒能独棓巨憝！又可知其毅力之过人也。

帝制解体，费尽心血

我对蔡松坡先生，还想略述人所未曾道及之一二事！

世人但知陈乙庵（宧）领兵入川之背叛项城，使项城遭受重大打击与刺激，致帝制解体，而不知为蔡公之惨淡经营，费尽几许心血，以引之入彀也。兹为分录其手书致陈乙庵数电原稿，即可知其由来，其自大洲驿飞转成都陈都督（即乙庵）刘顾问，及范、邓、杨诸将领第一电曰："乙兄致京养电，由滇黔分途递寄矣，蜀省独立，竟观厥成，乙兄之苦心毅力，深堪佩仰，诸兄翊赞之功，并垂不朽，回忆兹事，几如婴儿久孕，临产无期，便便硕腹，群方疑为胎变，今竟诞生麟儿，母子俱吉，民国无疆之庥，如袁氏因川事发动，幡然彻悟，迫职出国，则乙兄一举手投足之劳，胜于雄师百万矣！惟尚有欲奉商者，川既独立，则渝泸各要地，断不容有袁军横亘其间！自应设法处置，或令去逆效顺，与我夺取一致之行动，或照滇桂对付龙军之法（指龙济光），勒令缴械，资遣回籍。二者不行，亦惟有加以惩创，再行相机区处。现在冯、伍、李旅，能否用以击曹？川中各部队，能用以对袁军作战者共若干？滇黔之师，如对渝泸作战，尊处能派若干部队助战，或只能派兵威胁，遥作声援，现在川军或冯伍李各旅，心理若何？尚能用命否？曹、张、李态度若何？其所部内容若何，张馥卿运动之成绩如何？均希详细见示，便宜此后应行方略，锷叩敬戌。"

其自泸州刘道尹转陈将军第二电曰："仙电敬悉，公谊私情，深感惓惓，国势阽危，岂堪内哄？故滇省起义之初，痛切陈词，亦不过求其取消帝制、惩办奸佞而止，不图项城不省，致构兵祸，数月以来，血骨横飞，生灵涂炭，同类相残，言之悲叹！今天牖其衷，幡然悔悟，削除帝号，在弟初意，原不乐再事多求，惟此后国家根本建设问题，应如何解决？项城仍继充元首，于纲纪法律，于对内对外之威信，有无窒碍？即置纲纪法律及国家信用于不顾，而委蛇迁就，他日之翻云覆雨，谁能为之保障？项城声言：曩者以救国不得已而出山，今睹人心之已去，威信之已堕，或将废然思返，则目前继任，自属黄陂！仍应召集国会，正式选举，无论为黎为段、为冯为徐，均无不可，凡此数端，均关大计，不能不早为抉择，以定从违，吾兄才望，冠冕南洲，絜兹纲领，登高一呼，则海内向风，纠纷宜可速解……此间已电饬滇黔各军，停战一星期，以副雅命，惟连日接各路文电，主张颇属激烈，尚望飞饬前方各军，勿稍冒进，免启冲突为幸，蔡锷叩也。”

有领袖才，有文学才

据目击蔡公拟此电稿，而又交其译发之李华英（小川）氏称：“松坡对重要函电，从不假手于人，多躬自执笔，一气裁成，然后略加点窜，即予署发。盖其智虑周、学殖深、气度恢宏而魄力卓绝，故能恰中肯綮，翕合无间。且命令一出，即全权交由受令者自为区处，从不越超级指挥，甚至连传令兵亦要管者之所为。当第一电致陈乙庵时，陈尚在虚与委蛇，毫无切实表示，吾等劝其不能轻信陈言，即吐腹心之论，致为所骗。松坡慨然曰：‘吾岂不知陈乙庵之狡诈！惟项城最多疑，耳目又长，吾与陈函电往还，项城必知，知则疑陈必矣！是项城将终为驱鱼之獭，而此鱼终归我有！又吾联络开端，即以心腹相剖示，更足坚乙庵之信，君等且待收获。’又当第二电译发后，松坡笑谓吾辈曰：‘项城击倒，除黎黄陂希望根据法理，袭承大位作过度外，次如段、如冯、如徐，亦野心勃勃，虎视眈眈！均暗望袁氏之倒下，得以一造时势！故电中特为论及诸人，可保证乙庵，必分别向段冯等实力派通讯邀宠，则项城之势益孤，而吾处主动地位矣！’松坡所料如此，后皆果如其言。时松坡喉病已深，处荒僻行军之境，而能高瞻八表，非具天亶之聪，又曷克臻此？”今观此二电，又回忆李氏之言，则世人谓其有领袖才、文学才，诚非过誉。

正气凛凛电斥唐督

世人多知其与唐蓂赓（继尧）相处，率以谦退恭让行之，而不知其一遇有关国计民生诸要端者，则毫不徇情，辄忠告而善导之，正气凛凛！毋敢侵犯！据李小川氏相告：“当项城倒毙，松坡正赶办善后，以备赴日就医。而蓂赓忽令滇军分别出发川黔，为攫取地盘之计，并派某亲信大员（忘其姓氏），来前方慰问松坡，略示出兵企图，松坡不待词毕，即毅然告曰：‘论私，唐都督（接继尧）要锷头颅，锷亦一割掷与之！论公，锷不能让过五步！吾人以义始，而不以义终，锷方敝屣利禄，洁身引退，以昭示天下，而唐都督，当敌我血战之际，不肯加一兵一矢，今战事告一段落，乃麾兵前进！人将谓锷狐媚以取天下，谲诈以骗国人，唐都督知我个性，如不明令停止前进，即溅血以谢同袍！请为我转告唐都督，莫令国人，又以讨袁者讨唐也！’某大员惶恐谢曰：‘传语恐有差错，还请总司令（时蔡公为滇黔军总司令）书覆，俾便反命！’于是松坡一面为函一面手草一电致唐，函电措辞相似，其电文曰：‘万急！云南唐都督，贵州刘都督鉴：义密。蓂公删电悉，喉病增剧，加以感冒，热度达三十九，遂致稽覆，歉甚！滇黔于此次起义，悉索敝赋，以赴国变，虽达拯溺之志，已陷额烂头焦之势，在我辈应亟谋善后，以图元气之恢复，在政府及一般人士，浴共和之恩波，饮水思源，对于首义之军，似应有以安之劳之！使之得所，以锷计之，滇黔善后，当不甚难，需款亦不甚巨，政府对我，万不致有所歧视！吝此区区，而阴相掣肘也。所最宜注意者，我辈主张，应始终抱定为国家，不为权利之初心，贯彻一致，不为外界所摇惑，不为左右私匿所劫持，实为公私两济；迩者，滇省于袁氏倒毙之后，于刚出发之军，不惟不予撤回，反饬仍行前进，未出发者，亦令克期出发。锷诚愚陋，实未解命意所在。近则竟与川军启冲突于宁远矣，若竟徇某某等之一意孤行，必致败坏不可收拾，将何以善其后。锷为滇计，为蓂公计，不忍不告，务望设法力图挽救是幸，锷叩，皓戌。’”

今观电文语气，较对使传言，虽略和缓，但已面斥其非。蔡唐私交，有如手足，不知唐读电后，作何感想?

湘督一席视同敝屣

蔡公对维桑与梓之湖南，则仅有关怀之念，毫无染指之心！在其个人方面，一如对川督位置之视同敝屣也。兹录其致湘人手书电稿数通，以为例证。

手书致张榕川电稿曰："铜仁，探送张榕川兄鉴：义密。迭电悉，承公等盛意推重，愧不克承。湘局现已宣告独立，陆督亦亲统大军入湘，主之者，何患无人？秉三先生，亦近在咫尺，似亦可拥之以出。川湘阻隔，无凭遥领，贱躯多病，稍间，即当乞假引退，方命希谅。锷叩咸。"按当时黔军王文华部，已入湘西，而桂军陆荣廷，亦亲统大军窥湘，以共逐湘督汤芗铭、程颂云（潜）以总司令名义驻宝庆、湘乡、宁乡间。湘人有拥程与拥谭（延闿）之分，于是一般策士，想出由蔡以川督兼领湘督，进而控制川黔湘鄂诸省之谋，认为蔡以一时物望所归，可水到渠成。此举如在他人，立可接受，可惜策士，找错主顾，既以"川湘阻隔，无凭遥领"为辞，复举出熊秉三氏（希龄），以荐贤自代。其光明磊落，诚有足多!

手书覆程颂云电稿曰："万急，湘乡、宁乡，探交程总司令潜鉴：华密。诸公十四号电敦悉，湘局杌陧，险象环伏，为之慨然！诸公欲为桑梓谋幸福，而所以期望于锷者尤厚，近十年来，奔走省外，未得于故乡稍效绵薄，辄歉然！以吾湘地理上之位置、人民之性质能力、土地所出之产物，均不下于他省，用力少而成功必多。窃常以廉颇未能用赵，殊以自悔，今既有此机遇，自当回戈返湘，以符夙愿，而副诸公殷殷相属之雅。惟现在川情复杂，未能即离，而本军善后事宜，亦须亲为部署，以全始终，急遽间，实无术图东归也。各界诸公，均乞遍为将意为幸，锷叩筱。"

此电稿纸尾，注明发于民国五年六月十七日。诚恳道出爱护桑梓之意，而辞以不能分身东归，对程对谭，无一字作左右袒。

天诞斯人国之大幸

手书复石醉六、袁士权电稿曰：“上海孟渊旅社，石醉六袁士权兄鉴：核密。顷接有电，箴告各语，当书绅！闻‘党争’近颇蓬勃，殊非前途之福，弟早作退计，乃愈堕愈深，失我自由之身，良用怃然，细察病情，非急切所能愈，即前途以湘事相委，亦难立时就任，以组安代任或即真除，均所欣幸也，锷叩卅。”

此电为致其亲任石（醉六）袁（士权）二氏者，始表明如中央以湘督相委，则以谭组安氏自代，或即由谭真除！后来督湘之命，果落谭手。

余曾以电中“党争”二字，面询石醉六氏于上海，应作何解？石曰：“殆指民党！”嗣于抗战第二年，又以面询袁士权氏于长沙，袁曰：“当时程颂云颇接近民党，松坡不喜于程，故以湘督属意于谭组安。而本身则坚决谢绝之！”

吾以为自民国以来，军人擅文事、有武略而又穆然具武德者，惟松坡先生一人！中国政局如弈棋，宦场如染缸，举棋有定，涅而不缁者，亦惟松坡先生一人！松坡先生早死，实国家之不幸；惟其早死，或个人之幸！以天诞斯人，仅成就其个人之幸，则又国家之大幸也。

云南起义的史实解剖

黄天石

今年十二月二十五日，为云南起义的五十七周年纪念。

辛亥革命以来，推翻帝制是第一件大事，云南起义则为第二件大事。这两件大事，推翻帝制的意义，为摧毁数千年来的专制，尽人皆知；云南起义的意义，则为消灭专制余毒的借尸还魂，尚为人所忽视。太史公之论《春秋》，谓："别嫌疑，明是非，定犹豫，善善恶恶，贤贤贱不肖，存亡国，继绝世。"云南起义一役，所造成的史实，意义在存亡继绝，不可无至公至正的信史，纪念这件反袁护国大事。

唯其意义重大，笔者不愿以应时文章式草率落笔。英国史论家麦考来 T. B. Macaulay 认为史论有两类：一类是风景画，一类是地图。前者譬如雕刻家用刀尖，刻划鲜活的偶像外貌；后者则如解剖学家动手术，剖开人体的内部，将五脏六腑赤裸裸地摆在我们眼前。

本文所采用的是后者的方法——解剖史实，所以史料必力求真确，态度必力求大公，行文必力求正直。

不幸这场反袁护国的神圣战争，混淆入许多流言。当时护国元勋的正气血性，不顾成败，揖让谋团结，牺牲争国格，那种高尚精神，事隔半世纪，被后人说得面目全非，将来变成怎样？一段再造共和的光荣史，岂不成为传奇化，神话化？

大别之，流言可分为三种：

（一）蔡锷之人格疑问？

诋毁蔡锷为赞成帝制，首先签名拥袁称帝的罪魁，后来出尔反尔，入滇讨袁，因失宠于袁，迫而出此，非真心举义。

（二）唐继尧之人格疑问?

诋毁唐继尧因贪恋权位，袁世凯饵之以将军侯爵之尊，原无反袁意，直至蔡锷入滇，以手枪威胁，被迫而同意讨袁。

（三）梁启超主动之疑问?

梁启超本人亦公开表示，见诸文字，谓与蔡锷有师生之谊，蔡之反袁，盖梁所发踪主使。甚至有人捏造事实，插入小凤仙与蔡热恋故事，则更可笑。

第一疑问，把蔡锷说成一个反复小人，一个没头脑的傻瓜。奸雄可以牢笼他，老师可以摆布他，妓女可以指使他，本身绝无主动能力。咱们的大英雄，一变而为小花脸。

第二疑问，把唐继尧说成一个贪生怕死的懦夫。蔡锷一枝手枪，便可将他威胁下来。可惜造谣者太没常识，昆明五华山上的都督府，大门、二门、三门设有三道守岗。蔡锷一条光杆，如何与唐拼？唐纵然是木偶，左右的侍卫难道尽是木偶吗？可能那造谣者受了武侠小说剂的全身麻醉，满口梦呓。

第三疑问，梁启超公开演讲，护国之役、蔡锷入滇，是梁所主动。蔡锷以苦学出身，赤手奋斗，由留日士官生，回国后在桂滇训练新军有年，位至督军府将军，对于国家存亡大义，个人出处大节，难道还要老师耳提面命，才知所取舍？妓女代为设计，才能脱网罗？把一个智仁勇兼备的蔡锷，丑化成牵线木头人似的，恐怕真正的木头人也不会相信。

上述三点疑问，略一思索，便不攻而自破。然而真相怎样？仍待真凭实据的史实证明！

一个民族的精神遗产，便是历史文化。历史为人类生活的引路明灯，明灯不容有一点暗昧模糊，迷失人类生活前进的道路。我们对于虚伪荒谬的史实，不可不彻底澄清。《春秋》大义在“明是非”，明是非，必须提出有力的实证！

有力的实证在那里？

一、“证人的证明”。

二、“事实的证明”。

先提出人证。有了证人，事实的证明便跟着而来。

第一个重要证人是周钟岳。周钟岳，字生甫，号惺庵，云南剑川人，前清解元，后留学日本；性笃实，淡泊自守，先后为蔡锷与唐继尧秘书长，蔡唐皆尊之信之，唐每出征，周辄署理省长。年四十九，须发尽白，以时事日非，体弱多病，去官谢客，以读书著述自娱。然于迭次滇中内讧，恒正色而言；不听，则通电镇压，叛将无不惮其威严而息争，龙云胡若愚均师事之。一晃十八年，周自分息影终老，与政治绝缘，不料抗战军兴，迁都重庆，那年周已六十七岁了。军事委员会委员长兼行政院院长蒋中正，为延揽老成，屡派热人入滇，促周出山，共襄国是，周推老病谢绝。后来蒋专电滇主席龙云婉达，说不任官职也得，请来讲学两星期。周以情不可却，勉强一行。既抵陪都，蒋礼貌周至，果然绝口不提强他做官的话。周每天往各处讲学。一到中午，蒋必派车接周到官邸，同进午餐。一客一主，一谈便是一两小时。及至讲学期满，周向蒋辞行。蒋才说出真意，留他当内政部长，并开玩笑说：“我不发出境证，看惺老如何飞返昆明？”就那样硬把周留下了。周当了三年内政部长，后转任考试院副院长。那些经历，旨在说明周钟岳是怎样一个人。因本文既说他做云南起义始末的主要证人，应该了解他的为人。他最配做证人的一项资格，是在蔡唐二人主持滇省军政期间，都是他当秘书长，对蔡唐无所左右袒。他对笔者谈的政治秘密，当然是最可靠的第一手资料！

民初，袁世凯对蔡锷早有戒心。蔡为新派少壮军人，头角崭然，朝气蓬勃，绝无旧军人恶习。自主滇政，都督俸给自定一百六十元，其刻苦奉公，关怀民瘼的精神，真能以身作则，军民翕服。袁耳目甚众，听说蔡为人持正不阿、机智深沉、文武兼资、才德俱备、用人行政，一反自己那种纯用权术、以名利为饵的腐化旧作风，显然胸怀大志，欲与自己争天下，深恐新政一经推行，风靡草偃，不但云南一省掌握不住，新风气渐渐展开，影响及于全国，自己领导的旧势力，还站得住吗？

自古奸雄多猜忌，袁世凯见蔡锷励精图治，欲先把云南建立一个模范省，然后进窥中原，建立一个新的中国。周文王以百里而王，若不及早剪除，后患可虞，便决意用调虎离山计，下令把蔡锷内调。

那时中央集权伸展到极度，所谓中央，其实是袁世凯一人大权独揽，总统一句话，等于一道圣旨，违抗则性命可危，蔡锷只有忍气受命。袁氏那道命令，表面上很平和，任命蔡锷为将军府将军、经界局督办，阳示拔擢，阴实左迁，阴谋解除他的兵权，分化他的潜势力。同时故意表示大方，命蔡锷密保继任滇督人选。蔡保荐罗佩金、黄毓成、唐继尧等三人。唐继尧提名居最后，以免袁世凯疑忌他们两人的深厚交谊。

袁世凯果然上了大当！

袁一见前两名威名远播，恐怕不容易驾驭，唐继尧年事最轻。袁询问左右，听说他绰号唐娃娃，原为蔡部下的一名少校参谋。值贵州内讧，乞云南请救兵，蔡派唐继尧以大队长名义，率兵入黔平乱。大队长的阶级，只等于营长，贵州震于云南之军威，作乱者其实只是几个小军阀，并无大企图，不过因分配地盘不均而起纷争。唐继尧一面用军事力量弹压，一面用政治手腕调停，敉平变乱，安抚流亡。黔中父老夹道攀辕，挽留滇军驻黔镇压叛变，推戴唐继尧为贵州都督，所以论资望唐氏最浅。

袁世凯怕的是养虎，不怕牧羊，一圈便圈定了唐继尧。

蔡锷携眷入京就职，心知袁不怀善意，把他关进牢笼里。万一有什么不测，须有个心腹可托之人，与云南保持经常的密切联系，便邀请周钟岳为经界局督办公署秘书长，同赴北京。

袁世凯先把蔡唐分了家，然后分别笼络。蔡外貌严毅，一望而知为难以利动的人。唐则一团和气，大度汪汪，对袁方派来的人，周旋得极有分寸。袁便不加防范，全神对蔡，指定一班密探，日夜陪蔡花天酒地地胡混。蔡也装作糊涂，沉着应付。

那时杨度为首的筹安会策动帝制机构，明目张胆，制造空气。蔡见势危事迫，不革命则投降，不投降则革命，再没第三条路可走。但兵柄既释，怎能发动革命？计唯有先明唐的意向：若已附袁，连根据地也失了，无话可说；若唐意尚未决，事势或有可为。当即嘱咐周钟岳拟密电致唐试探，略谓：

> 民间发起筹安会，讨论国体问题。此事关系国家安危甚大，公意若何？

唐继尧的复电是：

> 中华民国国体已定，岂能动摇？如果实行，决难承认！

是年九月，筹安会密锣紧鼓，纷纷上表劝进，形势愈急。蔡再次电唐：

> 变更国体，势在必行，国内必生动摇，望公预为准备。

唐继尧立即复电：

> 业经有所准备，请公南来，共图大计！

唐继尧两次复电，光明磊落，直爽干脆，不作模棱两可语，与蔡锷肝胆相照，“二人同心，其利断金”，决定了中华“民”国与中华“帝”国的最后命运！

根据上述的人证、事证——

打破了第一疑问：蔡锷的首先签名赞成帝制，纯属权变，兵不厌诈，早具讨袁的决心。

也打破了第二疑问：唐继尧对蔡锷视同手足，情逾骨肉，在蔡未入滇之前，便决定了兴师讨伐元凶，岂待蔡手枪威胁而后发动？

同时更打破了第三疑问：蔡唐两次密电往还，大计已决，又岂待梁启超去促成？小凤仙的戏剧性传奇，更何从沾上一些边儿？

蔡锷虽尽力装扮成腐化姿态出现，袁世凯始终不放心，曾经好几次派密探往蔡官邸搜查，一获证据，坐实罪状，然后下毒手。可是蔡早将所有密码电本，秘密文件，交周钟岳保管，收藏极密，历经严搜，一无可得。周劝蔡先离京，自愿留京观变。蔡说："要走一同走，此间不可久留。"当即嘱周拟定请假呈文，托词往天津养病。

蔡于十一月十一日秘密赴津，入日本共立医院。十五日派韩凤楼约周往德义楼相见，转至奥租界蹇季常家密谈，安排经界局善后事宜，由周再拟一呈文，谓往日本就医，请假一月，于三天后递呈。是日为十九日，袁世凯阅呈大惊，急派唐在礼赶程赴津挽留。下午抵达，蔡已于上午搭日本山东丸轮离津。

蔡锷脱离虎口的实际情形如此。

唐继尧复蔡锷的最后密电，谓"业经有所准备"。究竟怎样准备呢？

大举讨袁，必须扩充兵源，筹措战费。兵源不成问题，有的是壮丁，战费则大成问题。以地瘠民贫的边省，与拥有全国兵力财力的袁世凯作战，强弱之分显见，胜负之势立判。然而当时云南上下一心，正如初出犊儿，不知利害生死为何物，誓与民国共存亡。其志壮，其气锐，卒能号召全国，迫使袁世凯取消帝制，终伏天诛，完成护国之大功。"师直为壮曲为老"，此语确有它不朽的价值。

云南起义，在准备期间，前后召开过五次会议。

第一次（民国四年九月十一日）

唐继尧召集云南军政要员，宣布与蔡锷来往密电。一致主张袁若称帝，不惜一战护国，作原则上之决定。

第二次（十月七日）

根据上次决识之原则，具体分析当前之局势。袁世凯逆迹已露，研究发动时机，预定之时机如下：

（一）中部各省，有一省可望响应时；

（二）黔桂川三省，有一省可望响应时；

（三）海外侨胞能接济饷糈时；

（四）如以上三时机均归无效，则本省为争国民人格计，亦孤注一掷，宣告独立。

第三次（十一月三日）

商讨军事计划。派唐继虞往海防香港，欢迎蔡锷、李烈钧入滇。

第四次（十二月二十一日）

唐继尧于十二月十八日先后接到蔡锷李烈钧抵滇，稍息征尘，与唐继尧先行交换意见，定于二十一日开第四次会议。是日出席者，除唐继尧及云南军政要员外，外来者有蔡锷、李烈钧、熊克武、王伯群、但懋辛、方声涛、戴戡等。议决致电警告袁世凯，促其取消帝制，悔过自新。

第五次（十二月二十二日）

此次出席者，即前次那些人，见袁世凯迄无复电，显无悔过之诚，义愤所激，一致主张用兵，当场全体宣誓，拥护共和；并发出最后通牒：请诛筹安会杨度等六人，及通电各省促成帝制之朱启钤等七人，以谢天下，限二十四小时之内答复。

最后通牒发出后，袁世凯仍搁置不复，藐视云南一隅之地，决不敢当真开衅，无非恫吓而已，领衔的唐娃娃稚子可欺，未必有什么真本领。唐继尧，云南会泽人，前清秀才，留学日本士官，二十九岁当贵州都督，三十岁当云南都督，时人戏呼之为唐娃娃。在老奸巨猾的袁世凯心目中，也只当他一个娃娃看待；估计这批少壮军人未必敢动，未必能动。不料袁世凯的估计完全错误，迫虎跳墙，云南竟然动了！

藏于九地之下，动于九天之上。云南于中华民国四年十二月二十五日，传檄全国，宣布独立，实践第二次准备会议“本省为争国民人格计，亦孤注一掷，宣告独立”的决议。

云南未举义前，警告袁世凯与最后通牒两电，及云贵檄告全国檄文，不仅理直气壮，文章劲练，且有关历史文献，分别录后：

云南警告袁世凯电

大总统钧鉴：自国体问题发生，群情惶骇；以列强干涉，民气益复骚然。佥谓谁实召戎，致此奇辱？外侮下袭，责有所归。乃闻顷犹筹备大典，日不暇给；内拂舆情，外贻口实；祸机所酝，良可寒心。窃惟大总统两次即位宣誓，皆言恪遵约法，拥护共和，皇天后土，实闻斯言，亿兆铭心，万邦倾耳。记曰：“与国人交，止于信。”又曰：“民无信不立。”食言背誓，何以御民？纪网毁弃，国体既废，以此图治，非以敢闻。计自停止国会，改正约法以来，大权集于一人，凡百设施，无不如意。凭此势以改良政治，巩固国基，草偃风从，何惧不给？有何不得已，而必冒犯叛逆之罪，以图变更国体？比者，代表议决，吏民劝进，拥戴之诚，虽若一致；然利诱威迫，非出本心，作伪心劳，昭然共见。岂能一手掩天下目？幸大总统始终持稳重冷静之态度，未尝有所表示，及今转圜，易如反掌。或者谓，因强邻之责言，沮已成之计划，国家之面目不保，后来之隐患恐滋。不知政府宣言，未经民意，民意孰衵？事实可稽。据多数人欲公天下之真情，遂大总统敝屣万乘之初志。系铃解铃，皆由自动，磊磊落落，何嫌何疑？若复怙恶遂非，缘羞迁怒，悍然不顾，以遂其私。窃恐人心一去，土崩之势莫挽；外患沓乘，瓜剖之祸更酷。兴念及此，痛何可言？继尧等夙承爱待，参列司存；既怀同舟共济之诚，复念爱人以德之义；用敢披沥胆肝，敬效忠告。伏望大总统力排众议，断自寸衷，更为拥护共和之约言，涣发帝制永除之明誓。庶使民碞顿息，国本不摇。然后延揽才俊，共济艰难，涤荡瑕秽，与民更始，则国家其将永利赖之。临电零涕，不知所云。谨率三军，翘企待命。唐继尧任可澄刘显世蔡锷戴戡等叩。

云南致袁世凯最后通牒

大总统钧鉴：昨电未承示覆，无任屏营。窃惟中外人士，所以不能为大总统谅者，以变更国体之原动力，实发自京师，其首难之人，皆大总统之股肱心膂。盖杨度等六人所倡之筹安会，煽动于最初，而朱启钤等七人所发各省之通电，促成于继起。大总统知而不罪，民惑实滋。查三年十一月二十四日申令有云：民主共和，载在约法，邪词惑众，厥有常刑。嗣后如有造作谰言，紊乱国宪者，即照内乱罪从严惩办等语。杨度等之公然集会，启钤等之秘密电商，皆为内乱重要罪犯，证据凿然。应请大总统查前项申令，立将杨度孙毓筠严复刘师培李燮和胡瑛等六人，及朱启钤段芝贵周自齐梁士诒张镇芳袁乃宽等七人，即日明正典刑，以谢天下；则大总统爱国守法之诚，应可为中外所信，而民怨可稍塞，国本可稍定矣。再者，此间军民，痛愤久积，非得有中央拥护共和之实据，万难镇劝。以上所请，乞以二十四小时赐答，不胜悚息待命之至！唐继尧任可澄刘显世蔡锷戴戡。

唐继尧等讨袁檄

慨自晚清失政，国命阽危，我国民念竞存之孔艰，痛沦胥之无日；共倡义举，爰建共和，统一需人，乃推袁氏。当元二年之交，举国喁喁望治，爱国之士，不惜牺牲一切，与袁氏相戮力。岂其有所私于一人，冀藉手以拯此垂亡之国而已。袁氏受国民付托之重，在政治上未尝示吾侪以一线之光明，而汲汲为一人一家怙权固位之私计，以阴柔之方略，操纵党派；以狠鸷之权术，蹂躏国会；以卑劣之手段，诛锄异己；以诱胁之作托，淆箝舆论；以朋比之利益，驱策群小；以虚憍之名义，劫制正人。受事以来，新募外债逾二万万，其用途无一能相公布。欧战发生，外债路绝；则专谋搜括于内，增设恶税，强迫内债，逼勒苛捐，更悬重赏，以奖励掊克之吏；不恤民力，竭泽而渔；以致四海困穷，无所控愬，问其聚敛所入，则惟以供笼络人士，警防家贼之用；而于国务，丝毫无与。对外曾不闻其为国防之计划，为经济竞争之设备，徒弄小智小术，以取侮于友邦，致外交着着失败。对内则全不顾地方之利害，不恤人民之疾苦，盗贼充斥，未或能治，冤狱填塞，未或能理，摧残教育，倡言复古，垄断实业，私为官营，师嬴政愚黔首之谋，尊红羊利出一孔之教；法令条纷如牛毛，朝令夕更，自出自犯，使人民无所适从，而守法观念，驯致澌灭以尽；用人则以便辟巧佞为贤，以苛酷险戾为才，忠谠见疏，英俊召嫉，遵妾妇之道，则立跻高明，抱耿介之志，或危及生命。以致正气消沉，廉耻扫地，国家元气，斲丧无余。凡此政象，万目俱瞻，以较前清，黑暗泯棼，奚啻什倍？我国民既惩破坏之不祥，复谅建设之匪易，含辛忍痛，冀观后效，搁诚侧望，亦既数年。方谓当令内难已平，大权独揽，列强多事，边患稍纾，正宜奋卧薪尝胆之精神，拯一发千钧之国命，何图彼昏、百事弗恤，惟思觊觎神器，帝号自娱，背弃口宣之誓言，干犯公约之宪典，内罔吾民，外欺列国，授意鹰犬，遍布爪牙，劫持国人，使相附和，良士忠告，充耳弗闻，舆论持正，翻成罪状。以致怨毒沸腾，物情惶骇，农辍于陇，商闭于廛，旅梗于途，士叹于校，在朝节士，相率引退，伏莽群戎，伺机思逞。驯致列强干涉，警告再三，有严密监视之宣言，作自由行动之准备。夫以一国之内政，乃至劳友邦之容喙，奇耻大辱，宁复堪忍？谁为为之，乃使我至于此极也？今犹不悛，包羞怙恶，彼将遂此大欲，餍其祸心，苟非效石晋割地称儿之故技，必且袭亡清奖拳排外之覆车。二者有一于此，则吾国永沉九渊，万劫宁复？先圣不云乎，乱贼之罪，尽人得而诛之。况乃受命于民，为国元首，叛国之事实既昭然，卖国之阴谋且暴露，此而不讨，则中国其如无人也已。呜呼！国之不存，身将焉托？而立国于今，抑何容易？人方兆众为一体，日新月异，以改良其政治，稍一凝滞不进，已岌岌焉为人鱼肉之惧。况乃逆流回棹，欲袭中世式东方式奸雄之伎俩，弋取权位，而谓可以奠国家，安社稷？稍有常识者，当知其无幸也。袁氏对于国家，既瞯然不自知其职责；对于世界，复懵然不审潮流事会之所趋。其政法上之效绩，受验于我国民之前者，亦既有年，所余者惟累累罪恶，污我史乘，他复何有？就令怵于名分，不敢明叛国体，然由彼之道，无变彼之术，亦惟有取国家元气，旦旦而伐之，终亦酝酿大乱，以底于亡已耳。况当此祸至无日之时，乃更有帝制自为之举。譬犹熟视父母，宛转属纩，而复引刀以诛之，别有肺肠，是孰可忍？数月以来，淫威所煽，劝进之辞，所在多有。彼方假借，指为民意，冀以窃誉当时，掩罪后史，实则群公之权宜承旨，或出于顾全大局，投鼠忌器之苦心，或怀抱沉机观变，待时而动之远识。岂其心悦诚服，甘作贰臣，狂走中风，殉兹戎首？尧等或任职中枢，或滥竽专阃，为私计则尊显逾分，更何所求？与袁氏亦共事有年，岂好违异？徒以势迫危亡，间不容发。邦之杌陧，实由一人，亦既屡进痛哭之忠言，力图最后之补救，奈独夫更无悔祸之心，即兆众日在倒悬之域。是用率由国宪，声罪致讨，剪彼叛逆，还我太平。义师之兴，誓以四事：

一曰：与全国国民戮力拥护共和国体，使帝制永不发生；

二曰：划定中央地方权限，图各省民力之自由发展；

三曰：建设名实相副之立宪政治，以是适应世界大势；

四曰：以诚意巩固邦交，增国际团体上之资格。

此四义者，奉以周旋，以徼福于国民，以祈鉴于天日。至于成败利钝，非所逆睹，唯行乎心之所安，由乎义之所在。天相中国，其克有功，敢布腹心，告诸天下。唐继尧任可澄刘显世蔡锷戴戡。

唐继尧等既传檄天下，云南全省转入军事状态，立即组织护国军大本营，统一指挥，发号施令，其最高机构为都督府。

都督府都督之地位，犹之兵马大元帅统辖三军，下置三路总司令。当时起义人物，除唐蔡外，如李烈钧、熊克武咸一时名将，具有都督资格，而且曾经当过都督。这第一把交椅应该谁来坐？值得商量。

当由唐继尧推蔡锷为都督府都督。蔡在同辈中得志最早，资望最尊，做过云南讲武堂监督，反正后第一任云南都督，为唐的老上司、老大哥。可是蔡再三逊辞，理由是他为反袁而来，恐怕外间不察，误会他为争名位而来；再则他是湖南人，不是云南人，滇中人情浑厚，民族性器度宽大，虽无省界观念，但劳师动众，统筹饷械，究不如本省人的唐继尧，得当地父老子弟的信任爱戴，便力推唐任都督府都督。二人揖让不下，即席付表决。结果一致附和蔡的主张，共同推戴唐继尧为都督府都督。

编制既定，群情奋发，由都督唐继尧主盟，全体为歼灭元凶，摧毁帝制，恢复共和国体而宣誓，歃血为盟。（歃血杯年前由唐之长公子筱萱献出来，陈列台湾博物馆。）旋即决定出师计划，唐继尧立下动员令，三路大兵克日开拔。第一军先头部队左翼，陆行三周，于民国五年一月十七日，行抵滇川边壤，与敌军接战。当时交通梗塞，榛莽遍野，军行艰苦可想。敌军早接谍报，沿边密布重兵，血战四昼夜，占领叙府，此为护国军出师之第一次胜仗！此后三路义师浴血苦战，节节进攻，迭克名城，而胜负互见。据周钟岳私人札记，在抗战陪都对中枢公开演讲，节录全面战况梗概如后。

护国第一军攻川战情

第一军由赵又新，顾品珍两梯团出永宁，取泸州，为中路主军。刘云峯率邓泰中、杨蓁两支队出昭通，取叙府，为左翼。戴戡率黔军熊其勋一团，并由殷承瓛、叶封歌一支队协助出松坎，攻綦江，窥重庆，为右翼。

左翼军第一梯团两支队先出发，抵两省接壤之新场，一月十七日与敌军交战，节节进攻，二十一日克叙府。

中路军先遣部队于一月二十六日抵毕节。川军第二师师长刘存厚输诚，合力捣泸城。敌军踞险顽抗。袁世凯先后派遣北洋陆军第三师曹锟，第七师张敬尧，第八师李长泰入川，分布泸州重庆，第六师马继增入湘。适三月二日叙府又陷敌手，左翼既失利，中路久攻不下，退驻大舟驿。

我军以寡敌众，鏖战数月，至为艰苦，终以士气奋厉，转败为胜，尽复失地，占领新据点，追击敌军，大获胜利。

护国第二军在滇桂边境战情

第二军经蒙自，出开广，为由粤入赣之计。袁世凯派龙觐光（粤督龙济光之兄）为云南查办使，假道广西，进犯剥隘。

三月十一日，我军张开儒梯团与敌战于虹山。十三日，敌增援。十六日，我军力攻，敌大败溃走。

敌军司令黄恩锡，由西林八达进犯，我军方声涛梯团奋勇将敌击退。

第三军以第二军进军屡受阻，令梯团长赵钟奇由贵州黄草坝出发，向西隆推进。挺进军第一纵队由潞城进兵夹攻，敌溃退，我军直取西林。

赵钟奇梯团，与黄毓成挺进军，会合百色，进攻黄南田之敌。纵队长杨杰，率第一营炮兵夹击。敌军大败，龙觐光全部缴械，通电投诚，粤桂震动。

护国第三军在黔湘方面战情

第三军原定作战计划，由参谋长韩凤楼，率李植生、华封歌两支队会合入湘；挺进军黄毓成，由贵州直下辰沅。嗣因川桂战事紧急，华支队改由殷承瓛统率，改道松坎，助第一军右翼攻綦江；李支队改由赵钟奇统率，协助挺进军改道西隆，攻百色。

入黔先遣军徐进之混成纵队，亦分拨入黔军东北两路。东部司令王文华，遣四混成团集中镇远铜仁一带备战。

一月二十五日晨，晃州敌军来犯，我军迎战，大败之。二月三日进占晃州。五日攻克黔阳。六日克洪江。十四日占领沅州。乘胜追击，迭克麻阳、清县、通道、绥县诸城。

时敌军大队云集川境，闻第三军直下沅湘，大震惊，急调精锐增援。三月初，武冈敌军扰绥宁，我军于九日分由高汰梅口反攻，血战四昼夜，敌退守武冈。

三月三十一日，沅州一路敌军，由吴佩孚、张作霖两部出战，张之马队尤猛鸷，在沅城与我军鏖战三昼夜。我军以武器不足，兵力单薄，不敌，退出沅城，犹贾余勇分路反攻，毙敌甚众。

是年四月，袁世凯举棋不定，拟自动取消帝制，不复厚豢鹰犬，敌军亦军心涣散，请求停战。我军奉命暂守原阵地，停止进攻。

护国军苦战期间，获得意外之收获，是人心归向，得道多助，各省先后响应：

贵州于五年一月二十七日宣布独立。

广西于三月十五日宣布独立。

广东于四月六日宣布独立。

随之，浙江、陕西、湖南等省相继独立。袁世凯见大势已去，乃于民国五年五月二十三日，下令取消帝制。犹妄冀重踞民国总统职位，但为时太迟，无法挽回已丧失的人民信念，而最后一道催命符，则为四川宣布独立，与袁世凯断绝关系。川督陈宧，原属袁之死党，袁正在病中，得此噩耗，疾益加剧，于六月六日病死。

元凶既毙，护国军大功告成。此后护法、靖国两役，云南对国家尚担负一大段艰苦任务，以不属于本文范围内，从略。

唯梁启超对护国军云南起义为主动一说，笔者虽引据蔡唐双方事前已密电决定之史实（周钟岳不仅对笔者私人谈话，在中枢公开演讲时亦如是说），足以辩证梁主动之说不尽然。梁于其《护国之役回顾谈》一文中，愤懑不平，可窥见其内心。如云："总之，因为这种障碍，弄到蔡公要从大理府一带调兵，耽搁了十来天的日子。而且好的兵都留在省城，蔡公所能带到前敌的，只是二等以下的兵，二等以下的军械。"云云。言外之音，似乎云南害苦了蔡锷。此点不可不辩！须知云南是个穷省，每年岁入在当时不过二三百万元。据又一证人惠云岑（云南报界公会会长）跟笔者说："大军出发，仅向总商会筹得三十万元。"说也可怜。说到蔡所统率的是二等以下的兵，不知道梁以什么等级做标准？就一般人所知，第一军所部，有赵又新、顾品珍两员大将，带的是全省最精锐的部队。至于军械缺乏是事实，唐在起义准备期内向德奥日本所订购的枪械，给袁政府全部扣留。云南急迫兴师，全部护国军只能用旧枪械，决非唐对蔡有所歧视。作者深信以梁启超的人格，并非存心诬蔑云南为不义。可是梁文对滇省一隅之地，牺牲如许生命财产，统筹全局的苦心孤诣，没提及只字，只有责备与怨怼，怎得谓之公允？梁为一代贤者，非斤斤小丈夫，其中必有绝大的误会！

误会是怎样发生的呢？

梁启超本人从没到过云南，既未与云南当局接触，误会何从发生？

毛病就出在梁启超没到过云南！

笔者为此事，曾问过马骢（曾任蔡锷的参谋长；唐继尧的参谋长，军政司司长，代理督军等职）。这也是一个重要证人。他在五次准备会议都出席，据他说，梁启超没到云南，却派了一位代表某君来。这位某君把事情搞糟了！

某君是梁的友人，出席会议时，老气横秋，提出一个大难题来，要首义诸人拍电欢迎梁启超做让国军的领袖。欢迎无问题，做领袖可大有问题。某君也许以为梁启超是蔡锷的老师，唐继尧与蔡锷同辈，可以随便发言，却没顾虑到这个场合万不能随便发言！李烈钧、熊克武、但懋辛等是国民党人；云南的军政要人都是唐继尧的亲信部属。这两部分人，各有背景，岂能放弃固有的立场，拥戴一个外来的进步党领袖？

因此，这个中心人物，只有唐继尧最适合当时的环境。一则唐没有党派关系，不是进步党，也不是国民党。但重要的国民党军事人物如李、熊、但等，都跟他私交甚厚。二则唐为人豁达大度，光明坦率，不喜玩弄政治手腕，对人和善诚恳。那些调和各方、笼罩全局的条件，都非梁启超所具备，坐上头把交椅，只有头疼。蔡与梁纵然有师生之谊，但唐当护国军都督府都督，是蔡首先推戴，并经会议表决。蔡也没法推翻既成事实！何况阵前易帅，犯用兵之大忌。当时某君一提请梁启超领导的话，全体不约而同地剧烈反对。某君乘兴而来，只落得败兴而返。

某君回去复命，说些什么话，未便妄测，梁启超可激恼了！不然，梁启超何以会对云南发生愤恨？马骢之言如此。后来笔者再询问周钟岳，也这般说。马周军政耆宿，始终亲历其事，所言当然不虚假。

所以笔者肯定梁启超纯属误会！

幸而唐蔡梁都是中国典型的读书种子，识大体，重道义，相忍为国，没闹出更大的乱子来。

尽管如此，梁启超在护国一役，有其不可埋没的功绩。他的功劳，不在奔走游说，那是别人也做得到的事。别人做不到的是他手上的武器！引用梁启超自己的话："蔡公靠的是枪，我靠的是笔。"

这话一点不夸大。梁启超确为现代中国第一流政论家。那篇《异哉所谓国体问题者》，是倒袁的有力大文章。

第一、第二、第三，几点疑问，都已解答清楚。梁启超文字报国之功，听信谗言之误，也据实直书。如今剩下的一个问题，是后人争讼的唐蔡二人，谁是首功？

唐蔡两人的行事，心迹皎然，如日月经天，盖棺定论，留芳万古，还须后死者替他们来争功吗？笔者的论断：蔡唐两人合起来原是一个人格；中国文化精神陶铸成的典型人格！

这个人格，那有后人所想象的争功利那种肮脏念头？这个人格何自而来？

蔡锷在军中编有《曾胡治兵录》，唐继尧手编明代大儒《吕新吾语录》及重刊《王阳明全集》，可见二人秉承的是儒学思想。思想同出一源，言行同趋一轨，合起来不是一个人格吗？

抗战期间，笔者旅居昆明，唐的长子筱蓂（唐继尧日本士官第六期毕业，筱蓂第十六期毕业，曾任陆大教官，现卜居台中），谈起童年的事，有一段是他们父子俩的谈话，那时筱蓂还不甚懂事。

唐筱蓂问："蔡老伯留在这儿很危险，袁世凯封您的将军侯爵，岂不都完了？还得杀头，牺牲太大！"

唐继尧答："蔡松坡是我的知己！"

从那句话，可想见唐蔡两人的交情，再不必旁人下注脚了。

笔者以超然的立场，搜集史实，解剖史实，说明云南起义的真相。

这件惊天动地的大事，是三个书生合力领导做成的：

唐继尧主持全局；

蔡锷劳苦功高；

梁启超文章报国。

论功皆不在禹下，三人为同一目标，奋斗到底；还有一股看不见的巨大力量，那便是全国人民的爱国热诚和民族文化的精神遗产，支持他们克竟护国大功！

笔者按：（一）本文为丈论，遵史体例，所有"公""先生"等称谓全略。（二）滇中军政耆宿张维翰、李宗黄诸先生对云南一役，各有专著，恐犯重复，均未引用。

唐继尧轶事

赵旅生

云南起义，唐继尧功在国家。本文由唐氏快婿赵旅生先生执笔，真人真事，信而有征。

一九一五年（民国四年）十二月二十五日，云南讨伐袁世凯称帝，再造共和，实为中华民国开国之转折点，也是亚洲和世界最关重要之一件大事。盖当时唐继尧领导之护国军若不幸失败，则袁世凯之皇帝梦必成事实，而孙中山先生数十年革命之目的亦必成为泡影，全国同胞又将受封建帝制之荼毒。护国之役，军队枪械及粮饷之筹划均由唐氏领导云南军民自力为之，其中虽有一部分南洋侨胞捐款，但为数极微。护国军成功，袁世凯暴卒，中国重复民主，唐氏及云南官兵及老百姓之功不可没。台湾出版之教科书有关护国之役一页，根据史实证明后，方于数年前改正为："……接着高举义旗出兵讨袁的有唐继尧、蔡锷、李烈钧等。他们以云南为根据地，组织护国军，蔡率第一军出四川，李率第二军出两广，唐率第三军居中策应。唐以护国军总司令兼领第三军。蔡将军和袁的爪牙部队，在四川展开血战，护国军无不以一当十，以少胜多，李联军在两广方面亦大胜。"这较为接近事实，盖蔡锷与李烈钧未入滇之前，唐氏为首义之举，曾与云南各高级将领接连开过三次秘密会议，第一次在一九一五年（民国四年）九月十一日，第二次在十月七日，第三次在十一月三日，讨袁之决心早已在第一次会议时决定。先头部队邓泰中与杨蓁两支队已先后于十一月十七日向四川出发，而李烈钧于十二月十七日到昆明。蔡锷则于十二月二十日始抵昆明，是日下午唐氏及各高级将领往火车站迎接，因唐氏及各将领与蔡为日本士官同学，及后又曾同事。见面后唐氏告以讨袁决心及计划，蔡大惊曰：“怎么这样早？”蔡锷与李烈钧之参加护国之役，可谓同声相应，同气相求。旋于十二月二十一日，由唐召集蔡李及各方响应者、滇省高级将领等开第四次军事会议。与会者即席议决，推戴唐继尧为护国军都督府都督，主持全局，蔡锷为第一军总司令，李烈钧第二军总司令，唐自兼第三军总司令。无论从任何角度来讲，云南首义护国之役，系以唐继尧为主，兹将唐氏其人其事鲜为外人所知者，略述于后。

护国将领歃血为盟

时在一九一五年（民国四年）十二月二十二日夜，在昆明忠烈祠。唐继尧、蔡锷、李烈钧、任可澄、罗佩金、黄毓成、赵又新、张子贞、刘云峰、唐继虞及方声涛等三十八人为表示打倒国贼袁世凯，不惜牺牲一切，不顾成败利钝，同生共死再造共和之决心，特举行隆重之歃血盟誓。当时所用之杯，现陈列在台北市博物馆孙中山先生革命纪念资料室内。

主持云南讲武学堂

唐继尧被清廷选拔赴日留学时，拟学工业，抵日后深知祖国危状，以救国莫急于练兵，乃改学陆军。先入振武学校。后毕业于士官学校，经朝鲜回国后不久，即任云南讲武学堂教官。反正后（唐继尧为发动云南反正之主要人物，讲武堂学生为反正之骨干），唐氏曾任校长，大加整顿，效法日本士官学校体制及训练方式，同时加以改善，学科术科适应中国学生，以期毕业后文武兼资，通晓中国及世界大势，造就人才不少。清末云南反正及护国之役中下级干部大多出身云南讲武学堂，毕业生中有前国府军事委员会副委员长朱培德、北伐第六军军长金汉鼎、前云南省主席龙云及卢汉以及朱德及叶剑英等。抗日期间改为中央军校第五分校，唐氏族弟唐继麟曾任校主任。

昆明开全国教联会

一九二三年（民国十二年）双十节，全国教育协会联合会在昆明开会，全国各省代表如黄炎培、袁希涛等均参加。一因当时唐氏对教育十分重视，遍邀各地教育家、学者及著名教授到云南协助发展教育，教育厅经费之充足、学制之健全、智德体三项教育并重、其普及性与健全性，各地教育界早有所闻，故该年度全国联合大会特在昆明开会（又云南航空学校亦为全国最先成立者）。二因适逢东陆大学成立，其建筑之宏伟，设备及仪器之完善，教授人选之聘请，亦为当时国人所盛称。东陆大学为唐氏私人捐款建立，唐氏少年时即作文排满，署笔名为东大陆主人，故用东陆为该大学之名。抗日期间改为云南大学，校内最大建筑名会泽堂。唐氏会泽县人，因人尊崇其德望，称为唐会泽，犹称曾国藩为曾湘乡、李鸿章为李合肥、张謇为张南通也。

法国人自动除苛例

清末民初安南法国人对一般中国商人过境百般刁难及侮辱，除严厉之检查行李外，对怀疑人物或有夹带黄金出入之商人，特在与云南交界处之老街海关处设一大秤，着令商人坐在竹制之大笼内（此笼颇似时下装猪之竹栊），用大秤衡其重量。被秤者莫不狼狈万状，但富时滇越铁路为云南往港粤及华中最快捷及安全之通路，只得忍受侮辱。唐氏任云南都督后，即命在华界之河口海关内亦设一同样大小之秤及竹笼，凡有法国商人出入，一律照秤，否则不准通过。法国人不论男女一般体格均较中国人魁伟，而该竹笼与法人海关所设置者一样大小，中国人尚勉强可坐，但法国人以体格较大，不易装进，尤以大秤一升起，上下左右摇摆不定，法国商人莫不叫苦连天。法国驻昆明领事闻之大怒，提出抗议交涉，唐氏曰："只须贵国先取消此苛例，我方自然取消。"法领事无法，只好通知安南海关取消该大秤。嗣后中国人过境不必再受此侮辱，法方海关人员亦不敢再无理刁难过境华人。此为唐氏对付无理之外国人之一贯政策。

诗书字画均有造诣

唐氏年十五应童子试，补博士弟子员，自幼对诗书字画富有兴趣，并好研究理学，曾重印《王阳明全集》及《吕新吾语录》。在日本士官时代及后居重任，虽簿书鞅掌，戎马倥偬，每获闲暇，必以诗书字画自娱。书仿郑板桥，善画竹，少年时代即著有《东大陆言志录》。

青年都督貌若妇人

唐氏眉目清秀，谈吐文雅，二十九岁已任贵州都督，三十岁为云南都督，亦为中国近代史中最年轻都督之一。虽为军人，或穿西服，其儒雅风度，如名士，如外交官。日本之中国名人辞典中，有关唐氏一段云："貌若妇人……"当时笔者颇为讶异，认为日人有意讪笑，曾将原文抄录，请教曾留学日本学生及日本友人。据云此乃日本人誉唐氏为美男子之意，昔太史公撰《留侯世家》，谓张良状貌如妇人好女，亦是此意。

拒受侯爵，领事惊服

一九一五年（民国四年）唐氏讨袁之计划早已决定，先头部队邓泰中及杨蓁已于十一月十七日出发四川，曾通电全国、中外声明态度，但袁世凯之皇帝梦仍未觉醒，尚欲以高官厚爵笼络唐氏，以期挽回颓势，急电封唐氏为一等侯开武将军。当时驻滇英法两国领事闻此，循例往贺，唐氏问其故，曰：“贺封侯。”唐氏笑曰：“余以为君等来贺宣布讨袁耳，封侯何贺为？”两领事大惊，因叹曰：“袁氏假托民意，篡取皇冠，今已数月矣，未闻有中国人起而反抗者，尝谓非亡国灭种，决不至此。今滇人能倡大义，方知中国非无人也。”后袁世凯虽又加封唐氏为亲王，英法两领事亦不敢再往道贺，以免再度表错情焉。

唐氏金银币在美国

唐氏执政时，云南曾发行金、银及铜币，金币又分大小两种，即当银圆十元及五元两种。其成色之充足，图样设计之精美，为全国所仅见。笔者年前在纽约华埠，即俗称唐人街区之白乐利街与康乃尔街转角处美国大通银行分行之大厅内，见有中国银币陈列柜一个，任人参观，发现内中亦有唐氏所发行之银币一枚，装在特制透明塑料袋内，并用英文注明，大意谓：“此币十分稀罕，乃纪念唐继尧将军，打倒想做皇帝之袁世凯者。”后又闻友人言，纽约市繁盛区百老汇与第五十街附近之间，有一专卖世界各国金币之犹太人商店内，亦有唐氏金币一枚。笔者好奇，亦往一观，果见该店橱窗中有小型者一枚，问其价，犹太人答曰：“四百美元。”又问之如此重量不过几安士之小金币，为何如此高价，犹太人正色曰：“此人乃中国皇帝之一，全美国只有此枚出售，卖出后，不知何时才能再得一枚。”笔者笑曰：“此人并非中国皇帝之一，他是唐继尧将军，事实上他曾将一位想做皇帝的人打倒下台。此种金币有大小两种，君现有者为小型，此两种金币在中国及东南亚流传尚多。”犹太人闻之，半信半疑，面青面红，啼笑皆非。

考秀才，试场夺烛台

唐氏天资聪明，自幼好学不倦，十五岁时应乡试。同试中童生有姓龙者，已忘其名，姑称之龙生，亦为诸童生中之表表者，两人均有中试资格，冥思苦索，尽量发挥。至交卷时限，天色渐暗，应考诸生已先后交卷，惟唐氏与龙生尚在埋头写作。清时考试制度及规则亦甚严格，必须限时交卷。当时主考官田某，特破例宽限，但天色已黑，只以半枝蜡烛为限，命两人对桌而坐，半枝蜡烛摆在桌中间两人共用，烛尽必须交卷。当时土制蜡烛，燃烧性极短，光度极弱。龙生因患近视，无法看清楚，将蜡烛抢到自己卷前；唐氏虽非近视，但烛光太远，亦无法写作，只有将烛移回中间原位；龙生大急，又抢置自己卷前；唐氏亦不肯罢休。于是两人争来夺去，有如拉锯，忙乱中龙生将砚池打翻，唐氏试卷为墨水所污。主考官见此，认为有犯场规，着令两生停笔交卷，所幸试卷虽被墨水所污，但字迹尚可辨认。放榜之日，唐氏果中试。及唐氏发迹后，怀念故人，派人遍觅龙生，已不知所终。

识拔龙云摆设擂台

民初俄国有一大力士，来中国摆擂台。此人身高六尺，体重二百余磅，由哈尔滨南下，在各大城市摆擂台，因其孔武有力、体重如山，到处无敌手。唐氏阅报知其事，为提倡体育，提高滇人对武术之兴趣，特电驻沪代表，重金邀请大力士来滇表演，大力士欣然应邀。抵昆明后唐氏破例接见，果见其如山之体格，绝非普通身材之国人所能与之较量。即命讲武堂各教官在学生中，选拔一二人来陪同大力士表演，旨在观摩学习，不计失败。各教官商讨后，认为学生中，龙云身材虽瘦小，但武艺精娴，且谙柔术，可出一试，但冀不致被俄国大力士抛下擂台，保留面子。打擂台之日，风和日丽，讲武堂大操场，特搭下擂台，高约三四英尺，方约二十尺，有如今日之西洋拳斗比赛台，但四周无柱或绳栏。讲武堂全体师生列席，昆明各学校放假一天以便学生观摩，各界人士亦纷往参观，数千人环绕擂台席地而坐，唐氏亦亲临，另设木椅数张与各将领共赏。俄国大力士先出场，登上擂台，张开如普通人大腿之双臂，鼓动肌肉，向四方观众炫示，其自高自大之骄态，令人侧目，各观众惟有鼓掌一番，作礼貌捧场。稍后龙云一跃上擂台，先向唐氏及四方观众一鞠躬，再向大力士行一鞠躬礼，擂台之战旋即开始。只见大力士如大熊一般扑向龙云，欲将其抓住抛下台；龙云则如猴子般，左跳右闪，以避其锋。忽见大力士大吼一声，箭步冲向龙云，欲将其摔下擂台；龙云不慌不忙，顺其冲力，将身一闪，顺势将大力士推下擂台。赫赫巨人飞扑下台，幸而台下均属草地，未致跌伤，但已遍身泥草。唐氏见此，即着人请大力士回宾馆休息，并问此学生姓名，答曰："昭通龙云。"唐氏除多加勉励外，已有提拔之心。不久龙云毕业，即调升侦飞军大队长。后唐氏发现其军事材略，又调升团长，屡建战功。唐氏更不次拔擢，三年内连升五级，位至军长，升迁之速，实为奇迹。

被尊为东方拿破仑

护国之役后，安南法国人对侵吞云南之念全消，盖法国人自知侵吞云南有如蛇吞象，慑于唐氏之雄才大略，称之为东方拿破仑，谓因唐氏军事天才及相貌颇似法国之拿破仑也。某岁唐氏祖母称寿，法国某洋行经理亦来贺寿，一进寿堂，连走带跑，跳到蒲团前，向唐氏祖母双膝下跪行三叩首礼。唐氏及随从阻止不及，只得由此法国人演出喜剧。虽属小事，但可反映当时法国人对唐氏之敬畏云。

讨袁之役中的李宗黄

——纪念云南起义再造共和五十一周年而作

张　笙

今（一九六六）年初，笔者因事停留台北数月，李公宗黄先生时召训诲。笔者以先生追随中山先生革命多年，且亲与革命大业，曾建议先生就所知之种种，笔之于书，以存真实之革命史实。思我开国元勋，先生为硕果仅存的难得之一，故以此事不宜忽视，以正革命大业中之是非功过，并扬励今人之责任。先生以年逾古稀，且所知宏博，难于下笔。乃蒙先生供给有关资料，由笔者整理成文。

先生躬历革命盛事繁多，无法一一详述，笔者将就其要者，分文介述。本篇仅就先生在讨袁之役中的前后，及任护国军驻上海代表时与各方接触，计议倒袁之工作情形，概述其要。

先生一再告诉笔者："我的革命思想，始于我家乡那种无法无天的不平情形，而起革命之念。及后得接触中山先生之革命主义，如鱼得水，遂立志投身于此一革命之役中。"他又说，"时人常以地方自治专家誉我，实则此未言及我的思想。我是一个革命党人，所以我只承认我是一个革命家，我的思想就是革命思想。"现在我先就先生的家乡环境说起。

先生的家世，真是历代权贵。尊亲玉选公曾因军功而晋至五品蓝翎。故在云南鹤庆县逢密邨的李家，在云南的人，无不知是望族。先生于一八八八年生于这家庭中，照理应该满足，可是或因天生本质，先生对这一时代非常不满。先生说，蒋在《报国与思想》里说的"时清政不纲，吏胥势豪，夤缘为虐，……欺凌胁迫，靡日而宁；尝以田赋征收，强令供役；产业被夺，先畴不保，甚至构陷公庭，迫辱备至。乡里既无正论，戚族亦多旁观，……荼蘖之苦，不足以喻”，可说是当时清廷政治腐败所带来的普遍现象，云南也不例外。同时先生告诉笔者，云南当时还有一病，就是土豪劣绅的横行霸道、欺压善良，较之清廷的苛政暴吏为恶尤甚。

这些情形，在先生当时的幼小心灵里，种下了极为不平的反抗种子，而决心以除暴安良为己任。及后，先生求学于外，接触到新的思想与环境，使先生原来被拘限于逢密邨的狭小胸襟，得到开放；原来的局限见识，也因此大开了眼界。由是先生深感：欲救桑梓的苦难，救邻里于水火，必先从根本上革除清廷之瘤毒，而决不是从一乡一村来改革能有济于事的。因为这不是地方问题，而是国家问题；不是人性问题，而是政治问题。

因此，先生决心学习军事，而考入当时西南最有名的陆军小学，继入湖北陆军中学，最后毕业于保定军校第一期。此可谓先生革命思想的萌芽时期，或培养时期。即有革命之抱负，而未开始革命的行动。

先生的积极参与革命行动，是保定军校毕业后的事。那时，先生已在庚戌年于天津秘密参加中山先生所领导的同盟会。故先生在军中服务时，便已四处散播革命思想，揭发清廷的腐败与暴政，鼓吹革命，并暗中接纳同志，以迎接起义。故当辛亥革命事起，先生便立即潜往武汉，参与革命。直至汉阳失守，先生才奉派赴上海，授以督战参谋职，协助镇江都督林庆述攻克南京，先生由是积功晋任团长。

以后，先生在冯国璋部服务，参与机要，官授一等参谋。先生仍积极不改故态，散播民主思想，阐扬革命主义；并广结友好，为以后起事之助。时先生在冯国璋部，甚得冯氏及其亲信的秘书白坚武器重与信赖，故冯白两氏受先生影响很大。以后先生任护国军驻沪代表，游说冯国璋倒袁成功，在这一时期埋下的种子，不无关系。

先生在革命大业中初露身手，就是倒袁之役。在这一役中，先生少年英俊，才华绝伦，所肩负之重任，一一恪尽职守，而为中山先生所赏识，为唐继尧氏所赞许，及各界所器识。陈迈子先生在《李宗黄先生传略》中说：

> 民四云南起义，任护国军都督府驻沪代表，遥承中山先生之领导，就近与负责策动讨袁之陈英士先生及黄克强先生联络，促陆荣廷独立；并说苏督冯国璋中立，牵掣皖、浙、沪、赣各地二十余万大军，使不得为袁用；团结各党派康有为、梁启超、岑春煊、孙洪伊、汤化龙等四处奔走运动，力促各方响应，用壮声势；于此一役之成功，着绩甚伟，深获唐继尧器重，升任为云南都督府参谋处长，实授陆军少将。时先生年方二十有九，英姿焕发，识者早已凤麟许之。

讨袁之役，即中山先生所说的第二次革命，由此可见其在革命史中的重要。云南起义的讨袁胜利，即二次革命的成功。如果没有云南起义的成功，中国历史的写法或将大不相同。故中山先生曾有云南起义日为国定纪念日之建议。此可见民五年十二月十三日致黎元洪的电中见之。电云："溯自清帝退位，五族共和，国基已定，四万万人方想望太平。不图秉权者野心未除，诞生帝孽，筹安称帝，民国几亡。虽其时义士人人奋起相争，以期身殉，然首先宣告独立，誓师申讨者，实推滇省。遂使西南影响，举国景从，以有今日。方今武昌首义，一则为民国开创之功，一则为民国中兴之业，皆我五族人民人人所宜永留纪念者也。伏乞总统国务院主持，将云南起义日，为国定纪念日外，更予唐督军暨起事诸人以懋赏，以彰勋劳，昭示来兹，临电无任盼祷。"又一年，中山先生致唐继尧及云南各将领的纪念电中又说，"乙丙之交，袁逆叛国，帝制自为，国人怵于威淫暴力，相顾屏息。时蓂帅僻处南疆，不忍坐视共和沦胥，与诸君率先声讨，劳师数万，转战于数千里间，断脰糜踵，先后相继，海内始群起应之，卒使袁逆穹蹷以死，余逆解体，民国始克危而复定。追维匡复艰难，允宜同申庆祝，今届纪念之辰，又当民国飘摇之际。蓂帅及诸君戮力戎行，感念前功，责弥艰巨。所望力完靖国之业，成民国三造之成，俾此光辉赫奕之纪念日与民国永久无极，此则国人所昕夕以祷者也。”所以中山先生在《中国之革命》中说：“西南响应，而袁世凯穷途末路，众叛亲离，卒郁郁以死，民国之名乃得绝而复苏。”

这一民国中兴大业，先生致力甚多，厥功至伟。而先生才华，亦由是而得中山先生赏识重用。此可以中山先生致先生之函中见之。现录二函之要点以见一斑。

第一函，民国五年十一月二十日由中山先生复先生的函中说：

> 阁下（笙按：指李宗黄先生）既深投契，遂佐戎机，长揖参军，展足别驾，相得益彰，良用为慰。沪上勾留，百务冗杂，曩承枉驾，礼数犹疏。而唐公来书，猥以为谢，阁下来翰，亦齿及之，滋用为惭。然素心相期，皆在远大，区区之见，邀唐公之采纳优崇，实深愉慰。

第二函，民国六年十一月十一日由中山先生致先生的函中说：

> 滇省前岁首义，为全国观瞻所系。执事以卓荦之才，忝帷幄之重，甚望协力同心，共任艰巨，异日会师中原，当图握手也。

由此二函，约可窥见先生在讨袁之役中的功绩。据《袁世凯全传》中所述袁世凯取消帝制的原因是：

> 广西既宣告独立，而护国军与袁军又在四川之泸州纳溪等地，连日大战，袁军屡挫，张敬尧受重伤几濒于死，广东形势亦日在危急之中，且各地之反对帝制者，电文络绎不绝于耳，大都出自一国优秀之

人物，民党又乘时蠡起，防不胜防，各省将军往往抗不用命，截留款项，致中央政费军费无着，困难难于极点，袁计无所出，遂于三月十二日宣布取消帝制。（革心出版社出版，义士书局发行，一九六二年版第一一八至一一九页）

由此可见袁之称帝失败，直接近因有三：一是广西独立；二是袁军腐败而又战事屡败；三是各界各地之反对。在这三项因素中，先生对促成广西独立及各地反对，均有大功。现在我们先看广西独立前后之情形。《袁世凯全传》说：

云贵起义之初，广西早在联合之内，继以布置未备，饷械未足，将军陆荣廷氏，仍与袁通电不绝，且自请征滇，以明心迹。袁虽明知其伪，然不得不竭力羁縻之。既而事益急，袁乃发令以陆荣廷为贵州宣抚使，以陈炳焜代理将军。陈炳焜者广西师长也。……然陆则一面向袁氏领取大宗饷械，一面约请梁启超入桂。部署完善，遂于三月十五日宣告独立，军界陈炳焜等，公举陆为都督梁为总参谋。（第一一八页）

可见广西之独立，唐继尧氏早已与陆廷荣有所默契。而云南与广西之联络事，即由先生与吴擎天两人负责。先生在《云南起义护国史略》一文中说：

云南起义前后，唐曾派吴擎天、李宗黄与之密切联络，陆亦曾派曾彦至滇，商定包围龙觐光于百色剥隘之策，其后袁忌陆益甚，乃明令陆为贵州宣抚使，以第一师长陈炳焜兼护军务，作调虎离山使之自相携贰之计。陆见难再敷衍，亦于三月十五日，宣布广西独立。近则胁迫湘粤，远则震动中外，卒使袁逆因之取消帝制，其关系之巨如

> 此。盖非贵州之响应，则云南独立难支，无广西之独立，则云贵声势绝无若是之壮大，而响应者，亦绝无如是之速且多也。

此先生策动广西独立之功也。至策动各界响应一事，先生所负责任及其功绩尤大。

云南未起义前，先生任职于南京冯国璋幕府为一等参谋。待唐继尧决定起义，即召先生回滇，任上校参谋之职，并询以长江情形。盖京沪为全国政治、经济、交通之中心，亦为人物汇集之所在。故唐继尧决定讨袁后，即派遣两人驻于京沪，以负各方联络之职。其一为唐继尧之弟唐继虞，命以使沪，以沟通南北声气；一为先生，派使南京，以联络冯国璋。后唐继虞因迎蔡锷未归，上海空悬，先生复受命兼为云南护国军驻上海代表，责司一切香港沪京事宜。先生在他的文中说：

> 十二月十二日，在河口、海防，遇李烈钧：蔡锷，先后入滇，途中复奉唐急电，谓继虞职务繁重，一时不能远行，所有港沪各事均由余兼办，嘱余在海防等候，将所有文件，一并携往，计前后收到致孙总理、黄兴（克强）、陈其美（英士）、梁启超（任公）、陆荣廷诸先生信各一封，空白信纸委状聘书各廿件，嘱余便宜行使。

由此可见唐继尧对先生信托之专，而先生膺命之重也。其中唐致中山先生及陈英士之函，先生于民国五年由港转沪始于托付。据先生说，先生是民国五年一月二由河口到香港，下船后晤富滇银行经理张木欣；次日，偕故立委曾彦往访于钮永建寓所，将致广西的陆荣廷函转交。九日由港抵沪，即往法租界环龙路四十四号的革命党党部，询问中山先生信息。访员告中山先生在日本。翌（十）日晨遂赴新民里拜访陈其美（英士）先生。除将唐继尧致陈英士函递致外，唐致中山先生之函，亦由陈英士先生转寄日本。这两封函的内容是：

中山先生侍右，君主肆虐，荼毒人民，我公以旋乾转坤之手，建熙天耀日之勋，革除专制，还我民权，方谓永享共和，与欧美各先进国并驾齐驱，跻世界于文明之域，乃枭雄窃柄，大盗移国，会设筹安，实行帝制，举国靡靡谁敢抗颜，继尧自入同盟会以来，受我公革命之灌输，始终无贰，宁忍以先烈志士艰难缔造之共和国家，断送于袁逆之手，用是厉兵秣马，决与周旋，云南全省人民，亦复愤慨填膺，誓不与此獠共兹视息，然而地僻民贫，兵单饷薄，虽如长沙子弟，能仗剑以先来，究嫌澶水师干，等孤注之一掷，所幸四方豪杰，云集响应，先声所至，鼓舞欢欣。我公撑天一柱，领袖群伦，窃盼登高一呼，俾众山之皆应，片言仗义，重九鼎以何殊。除已密函海内外同志一致进行外，并派李君宗黄驻沪，密与各方面同志相机接洽，或为楚材之借，或为蜀钟之应，或拔戟以共锄采魁，或解囊而乐输义粟，总期早除袁逆之慝，复我民族之自由，如蒙训示当由李君就近趋候，禀承一切，切盼锡以南针，俾有遵守，翘詹伟画，无任般拳。

唐继尧顿首　十二月二十九日

至于致陈英士先生之函，内容是：

英士仁兄先生伟鉴：夙仰英风，每深劳结，自入沪滨，询悉坐镇海疆，荣问益盛，窃慰所怀。吾国不幸，枭雄窃国，袁世凯暗奸民意，亟欲称尊，举国上下，多数苟安，大有沦胥以靡之势。继尧激于忠悃，义不苟同，誓拼一切牺牲，与彼周旋到底。所幸云南民众，既爱国情殷，四方豪杰，亦同心早契。我兄革命元勋，党中俊杰，以砥柱中流之身，居绾毂四通之地，谅不忍以艰难缔造之民国，断送于权奸之手。已密嘱驻沪代表唐萍赓李伯英随时晋谒，请示机宜，伏冀推同盟之旧谊，锡以南针，本革命之热诚，助之鼎力，临风翘首，无任倾心！敬颂　勋祺，诸希亮鉴

唐继尧鞠躬上

由此可见先生在云南护国讨袁之役中，所负责任之重。而先生亦不负继尧先生及中山先生之托望，厥功至伟。倒袁成功以后，唐继尧论功行赏，评定功过时说先生在沪之力，足敌十万之师，故即以原来的上校参谋，升任云南都督府参谋处长，实授陆军少将，并授以三等文虎勋章，时先生年仅二十九岁。

先生在述及其当时的情形说：由于与陈英士先生往来，得识蒋介石先生及吴忠信、于右任、戴传贤、刘基炎、李征五、邵元冲、曹叔实、曹亚伯、蔡济民诸革命先贤。又经同志之辗转介绍，又识张人杰、孙洪伊、岑春煊；在孙洪伊处，又识张馨吾、丁啸云、万鸿图、王乃昌、光升诸先生；在梁启超、康有为、岑春煊处，得识汤化龙、黄群、汤觉赖、张靖生诸君；在《中华日报》得识吴稚晖、欧阳振声、曾曙笙诸同志；在《民国日报》得识叶楚伧、邵力子、朱宗良等。先生由这些人士的协助，工作遂得积极推展。于是先生进而奔走各方，宣扬云南义军同仇敌忾、军民激昂慷慨之情。于是士气大振，信心益坚，讨袁声势如排山倒海，风动四方。继之与各方商定讨袁计划。这一计划之内容，据先生自述为：

> 一、东南东北西北及黄河一带，由陈其美、于右任先生等主持。其美先生智勇深沉，迈绝群伦，为吾党第三位健将。曾于十二月五日，遣同志三十余人，突袭肇和军舰克之，旋因陆上失败，所约两军舰不及响应，舍之而退，陈可钧等死之，实为讨袁之急先锋。其后迭次发动，夺取上海，虽未成功，然发动一次，或露布一言，则风声鹤唳，草木皆兵，北洋军警，即旬日为之不安。袁逆恨之刺骨，畏之如虎，乃收买叛党党员李海秋，以补助革命军实为名，竟于五月十八日刺杀之于萨波赛路寓所，此为讨袁一役中，无可补偿之莫大损失。
>
> 二、两广方面由朱执信、曾彦、钮永建主持，并请梁启超、岑春煊、运动龙继光独立。其后两广都司令部之设，与抚军院之酝酿，均由此演变而成。

三、直系方面，由孙洪伊（伯兰）联络，当时坐镇南京之冯国璋，与督理江西军务之李纯等，均属直隶省（即河北省）籍，孙与渠等有同乡关系，联络极为容易，孙在此方面协助云南特多。

在以上这些人中，除黄群、康有为、岑春煊、梁启超四人外，先生把唐继尧事先寄给他的空白委任状，一一发挥到最大的效果，皆聘为“云南都督府顾问”，使他们在精神上得到极大的默契与安慰，对云南的讨袁之举，贡献良多。

在另一方面，属于袁世凯管辖的南京冯国璋，先生对其也用尽了智慧，使其为先生所用，代发上海（先生为驻沪代表）与云南唐继尧之间的电报，使滇沪消息，得以即日传达。以后倒袁成功，唐继尧谦辞副总统而推冯国璋，原由于唐对冯的承诺。此为近代革命史中的秘史，而先生亲与其事，知之最详。且亦由此可见先生之智勇。这段秘史，据先生说：

冯国璋为袁逆于小站练兵时的基本干部，追随袁逆甚久，由管带、标统、积功升至禁卫军统制，癸丑二次革命，被派至浦口率军进攻南京获胜，袁逆于民国三年任为宣武上将军督理江苏军务，极为亲信，与任陆军总长之段祺瑞齐名当世。

据先生说，唐继尧宣布讨袁前后，即着重于对冯国璋的争取。故特派先生为驻宁（南京）代表，后复兼任驻沪代表。先生膺命后，便完成了这一任务。先生自述当时的经过说：

唐继尧先生深知冯氏之举足轻重，故特派护国军驻沪代表，曾任冯幕府一等参谋之李宗黄氏与之联络。宗黄到沪后，即托其秘书白坚武为之先容，冯顾忌太多，均言稍缓。宗黄以军机迫切，乃于民国五年元月十五日得日本青本中将及松井中佐之助，乔装为日人，与国会议员直人张馨吾及冯之秘书白坚武混入南京，匿居东关头友人家，元月十七日得宗黄就读湖北陆军中学之教官，宪兵司令陈调元之助，引见冯国璋，宗黄转达唐（继尧）、蔡（松坡）、李（烈钧）诸氏之意，请彼出面相助，将来倒袁事成，必定公推彼主持国事，冯内心极为快慰，惟因环境关系，只允作消极的赞助，为我收发电及通消息，无法作积极的响应。……宗黄遂于元月二十日悄然离去。嗣后又二度赴南京联络，冯氏态度因而不明，颇为袁逆所忌，牵制张勋、倪嗣冲、卢永祥、杨善德等之兵力达二十万众，使袁逆无法以全力对滇，护国军方面始能从容应付，其功实不可没。冯氏于三月廿日电袁请速取消帝制，四月一日宣布调停时局办法，四月廿六日复电劝袁逆敝屣尊荣，亟筹自全，对于当时人心士气均有甚深之影响。袁毙黎继，副总统一席一般人均属意于再造共和功居第一之唐继尧，而唐以信约在先，乃慨然让与冯氏，并代为向众议院先容，此为护国史上一段秘密也。

由于先生在沪联络得力、中山先生的指导有方、唐继尧的统筹得宜，袁才迫不得已而退位。但直接促使袁世凯退位的，是冯国璋的反袁。台湾中华书局编印的《袁世凯窃国记》第三〇一页中有这样一段轻松的记载：

……袁吓出一身冷汗来，才知道自己的部下亦与“敌人”一鼻孔出气了。他自己算一算，已活了五十八个年头，袁家历代相承都没有能过五十九岁的。他惨然向夏午诒说：“完了，一切都完了（即皇帝完了，总统完了，生命亦将完了之意）！我昨晚观天象，见巨星陨落，这是我生平所见的第二次；第一次李文忠公薨逝，这次也许轮着我。”（袁的脑筋也是神话脑筋）

由此可见先生对冯国璋策动之功。由于先生在沪的联络各方得宜，对各地独立的促成，也居功极伟。回忆当年这一情形，先生提供了民国五年各地响应云南起义的情况，如下表：

日期	地区	主持者	起事概况
一·二五	贵州全省	贵州护军使刘显世及戴戡、王文华等	响应讨袁，刘为都督，师长川湘。
二·二	四川纳溪	四川第二师师长刘存厚	响应滇军，围攻泸州，刘为四川护国军总司令。
二·一八	湖北南湖	湖北第一师官兵	暴动未成。
三·一五	广西全省	督理广西军务陆荣廷、第一师师长陈炳焜及岑春煊、梁启超	独立讨袁，陆为都督，出兵湘粤。
四·六	广东西省	督理广东军务龙济光	龙以被迫独立，起事后，所部党与民军冲突。
四·一二	浙江全省	师长吕公望	屈映光先任都督，因无故枪杀革命党要人夏次岩而去职，众举吕公望继任。
四·一六	江苏江阴县	革命军	宣布独立，夺取要塞、炮台，旋被冯国璋军解散。
四·一七	安徽大通县	革命军	独立未成。
四·一八	江苏吴江县	革命军	独立，旋被冯国璋军解散。
四·二二	安徽宣城县	革命军	独立未成。
四·二四	江西玉山广丰等县	革命军	独立，旋被李纯军解散。
五·四	山东潍县	居正、朱霁青、薄子明	奉中山先生之命，委居正为东北革命军总司令。
五·五	上海吴淞	陈其美	攻袭北洋海军策电警备舰未成。
五·九	山东周村、邹平	吴大洲、邓天一、薄子明	众推吴为都督，薄为护国军总司令。

续表

日期	地区	主持者	起事概况
五·九	陕西三原县	陕北镇守使陈树藩	起事后攻占西安省城，通电反帝，自任陕西护国军总司令。
五·一五	山东济南	薄子明、吴大洲	派人攻袭将军府未成，但已风声鹤唳，令靳云鹏不得安枕。
五月中旬	安徽婺源县	革命军刘锡旧	独立，旋被倪嗣冲军解散。
五月（日不详）	湖北天门潜江一带	革命军	迭次起事，以力薄无援退出。
五·二二	四川成都	督理四川军务兼巡按使陈宧	被迫独立，称都督，仍与袁密通消息。
五·二四	湖南凤凰县	湘西镇守使田应诏	附义独立。
五·二五	山东周村	薄子明	薄子明派人再攻济南。
五·二六	湖北巴东县	巴东警备队	暴动未成。
五·二九	湖南长沙	督理湖南军务汤芗铭	被迫独立。

难怪袁世凯对先生的忌恨极甚，欲置之死地而后快。先生在沪任护国军代表时，袁世凯即有电报给冯国璋。电报系由北京统率办事处转来，文曰：“奉元首谕，唐逆继尧，派李宗黄来沪煽动军队，淆惑人心，着即严拿究办。”由此可见先生在讨袁之役中的贡献了。

身历其境的讨袁之役

沈　鹏

前言

民国元年元旦中华民国开府南京，孙中山先生就职首任大总统后，未几，南北议和告成。孙大总统为安定国家，宁牺牲小我，以成大我，旋即让位于袁世凯。当时定有议和条件五条，其一“明定清帝退位袁世凯即须知照驻京各国公使”，其二“接到外交团通知清帝退位后即行辞职，然后推荐袁世凯为总统”，可见含有不信任不得已之苦衷在也。迨后敦请南来就职，始而托词以北方秩序为虑，继而暗使北京兵变，以杜南方代表蔡、汪、宋三位敦促南下之口而作罢（即蔡元培、汪精卫、宋教仁三位代表）。于是不得已勉允袁在北京就职。自此全国政治重心集权于北方，司马昭之心，尽管日渐暴露，而南方革命党为顾全大局，仍然积极办理善后，将临时机关应裁撤者则裁撤之，军队应编遣者则编遣之，要皆为减轻人民负担，俾免地方糜烂而设。讵料复员工作甫告结束，接踵而来之阴谋恶行，层见叠出，如宋教仁之被暗杀，向五国银行团借款成立，撤换国民党四都督（皖、赣、湘、粤四省），革命党在忍无可忍之情势下，遂酿成癸丑之战，即世所称二次革命是也。其间（元二年间）办理善后诸问题，经过情形，余虽是摇旗呐喊，卑不足道之一员，因曾参与其列，故见闻较多，兹分述于后：

孙大总统让位后琐忆

一、“裁撤机关”——沪军都督府成立于上海光复之初，撤销于南北和议告成之时。为期虽短，而其所负军事财政任务，不仅为世所周知，且为南京总统府之后台，比之苏督府繁重，何啻百倍。然则何以要首先裁撤沪军都督府，盖因英士都督（陈其美）早抱功成身退之意，厥有四端：第一，推翻满清政府革命初告完成，且南北议和统一，国家已无用兵之需；第二，今后须致力于新的中国之建设，庞杂之临时机构即已成为障碍，便于执行计应自本身开始，以昭大公；第三，就江苏旧省制言，上海不过是苏省中之一县治地，更应提前归还建制；第四，财源枯竭，不能再发行军用票，以维持军费。由于上述种种，故力主首先裁撤沪军都督府，移交苏督程德全（雪楼）接办善后诸问题。因之镇江都督林述庆氏，亦即自动撤销其他临时机关，很顺利的相继解散，总算起了示范作用，实始料所不及也。

二、“办理善后”——苏沪善后问题，在当时咸感繁重棘手，非有众望所归足智多谋之大员相助不为功，首先要解决者，主持办理善后之人选问题，至接交手续，尚属次要；苏沪两督几经磋商，认膺白（黄郛）先生本是沪军都督府参谋长，兼统二十三师长及大本营兵站总监，以其智力、实力、声望、地位而言，实乃最适当的人选，是以程督坚请陈督延聘膺白担任。沉苏都督府参谋长以资熟手而竟事功，嗣得英士都督之同意，一致敦促，而膺白先生虽明知办理繁重棘手之善后诸问题，一旦落在他肩上，乃是一件费力不讨好之事，但为顾及公谊私交，只好勉力以赴，亦为便于移交，借以达成英士先生之心愿而报知己耳。

关于上述其他机关如何办理善后结束，因余未参加，不知其详。单就所知沪军都督府撤销结束情形，值得一述。该府组织本设有参谋军务两处，外加秘书一处，下设各科分掌职务，均隶属于都督参谋长之下。此一组织规模，后来苏、浙、皖、赣四省，亦均仿照设立。迨至沪府撤销结束时，除将全部人员妥为安插遣散外，凡属参加攻克江南制造局或光复淞沪之有功人员，由陈都督颁给金牌奖状，并将全体职员印有同仁录一册，以志纪念。名册中，尚留有张群（岳军）、何应钦（敬之）二公的大名在也，时余在未撤销之前两月已离军械科一等科员职（本科科长系张群氏），调升陆军第二十三师司令部军械处长，故仅奉颁金牌奖状，未录入同仁录中。此一宝贵纪念章状及一切证件暨中山先生、黄兴、陈英士诸公赐赠相片等在癸丑之役前夕，被郑汝成搜查余之办公处（该处附设在江南制造局内）时全部没收致未保存，深可惜也。

三、“编遣军队”——这是一件最棘手难办之大事，当时苏省境内号称有六十师之众，驻扎在淞沪沪宁津浦沿线以达徐鲁交界之处。其中浮报人数多半有官无兵，有兵无枪，服装不齐，乌合之众，谈不到军风纪，遑论其战力。此种杂牌队伍，都是凭借革命军招牌，临时拼凑而成，扰民有余，保卫地方更是缘木求鱼。膺白（黄郛）先生肩此重任，煞费苦心，对乌合部队，一律遣散，对稍有基础之军旅，实行缩编裁并。在着手之初，为杜反对者之口，首先将自己所统之陆军二十三师缩编成一团（该师原有步兵四团、独立炮兵营一营，装备精良，服装整齐，步枪、轻重机枪及七生三发迫山炮，都属江南制造局厂造，中有重炮六门，购自德造，当时堪称最精良部队），余均遣散。因能以身作则之故，不半年间，很顺利地完成编遣大业。则其有功于国家和地方，勋绩昭然，实不可磨灭也。

今追忆往事，主持裁军之膺白先生，因为秉公而先裁自统之师，甘以牺牲小我，实为革命党一重大损失。当时该师官兵就素质言，将领都属日本士官及浙江武备出身，士兵募自浙东农民，其不足之数，以独立第五团合并成师（该团系蒋介石先生一手训练，战力甚强，因与黄师长有金兰之谊，而愿归并），故其素质之优劣、装备之精良、实力之充沛、军风纪之整饬，当时实为各军之冠。乃竟囿于情势，不得不忍痛示范。在壬子年咸叹可惜，迨至癸丑年，讨袁时，追悔已莫及矣。假如斯时尚留此劲旅，则袁派之郑汝成旅，焉能顺利登陆，闯进江南制造局？乃竟不费一枪一弹，拱手让给郑旅，占领全局故此一战役成败之局判然明矣。这是后来事，借以引述裁撤廿三师之失策，单以被裁将领中人才而言颇有杰出者，如徐士镳同学升送陆大深造，与周普文同期高材生，俱留堂任教，所著战术、战略书一时传诵，成为有名之军事学家，其人即杨继曾之岳父是也。余自师司令部裁撤离职后未几调任江苏都督府驻沪军械所所长。隶属于苏都督府军务处，设办公处于制造局内。任务是负责监收被裁部队缴还武器弹药被服等，保管储藏。在此办理过程中，恒涉险就临营地监收起运，其中最感棘手者，监收吴兆麟师，（该师原属沪军一师吴师长在二次革命有通敌嫌疑被枪决）及李征五卫队时，暴动被围，几遭不测，终获救解围，亦云幸矣。

其时膺白（黄郛）先生主持裁军，结束后即辞去参谋长职，受苏督府派赴欧美考察军事，乘便向袁政府报告裁军结束，并探察北方情形，拟绕道韩日，转赴欧美。正在准备行装留津待发之时，适张群（岳军）先生由沪接洽赴津，将宋教仁被刺于沪宁车站之惊讯，转告膺白先生。次日接英士先生急电促归，遂相偕南还，共商大计，而欧美之行遂作罢。

袁世凯倒行逆施种种

一代枭雄之袁世凯（项城），不可与清廷政府孤儿寡妇之暗弱可比。自其就任总统以来，握有北洋新军实力为后盾，运用权术政治，以统驭威胁利诱，双管齐下，迹其迫使清帝退位、教唆军队哗变之情事，已昭然若揭。所设卧榻之旁，岂容他人甜睡，则其排除异己，实行独裁，乃属必然之举。革命党明知其奸诈，而犹容忍退让，实乃格于情势，只希望其尊重议会政治，故仍含有委曲求全之苦衷在也。讵料事变以来，手段之毒，令人忍无可忍，不得不再举义旗，以张声讨。

一、“晴天霹雳”——宋教仁（字遁初，又号渔父），湖南桃源人，其人博学多才，曾为《民立报》主笔，革命党之健将也，又掌北京参、众两院占多数国民党议员领导权，是以袁政府视宋为眼中钉，非去不可。在民国二年三月二十日夜，宋被刺于沪宁车站，凶犯武士英由路警当场捕获。噩耗传来，沪市震惊。余闻讯即赴车站时，宋已送铁路医院急救中，而凶犯亦禁闭于路警所，但见满地血迹而已。余之关心于宋之安危者，含有公私两种意义：对公而言，宋死是国家重大损失，从此多事矣；对私而言，余在上海光复之前，蒙与范鸿先生介见英士先烈，得参加革命行列，以感其爱护青年之诚，次日得不治身死之讯，宛如一晴天霹雳下降，革命党人化哀悼而变愤怒矣。

二、“破案线索”——在密电中，发现杀宋线索时，有吴佩潢者（字承斋，浙江吴兴县人，与英士先烈同乡），其人颇具机智，又能操英语，父本出生于上海电报局，对于电号码可不查电本如数家珍，随看随译，而于密电号码亦能推敲译出，尤其往电局查阅密电，即发现应桂馨有电报告赵洪二人中有“梁山匪首已灭”之句。（应是上海帮会头脑之一，曾充沪军部督府谍报科长及兵站员，其人本系流氓、见利忘义之徒，电文中之赵，即袁死党内政部长赵秉钧，洪又是赵之秘书，由洪收买应而行暗杀无疑。）根据电文，始知刺宋疑凶系国务总理兼内政部长赵秉钧，受命于袁。而赵又密令其秘书洪述祖收买应桂馨，事成许以高官厚禄为酬。应即雇用刺客武士英狙击宋教仁于沪宁铁路车站。嗣经租界巡捕房搜查应寓，又获得其密电本及往来电报文件，更见逆迹昭然，无可逃遁，遂将应犯连同证据一并押送捕房。这一惊天动地之刺宋案情，至此大白矣。

三、“交涉归案”——宋案既大白，革命党人尚不主与袁政府决裂，先循法律途径，寻求解决。于是一面电请袁政府，将疑凶赵秉钧与洪述祖二人传案讯究，一面向捕房交涉引渡应桂馨归案法办。前者不睬不理，后者一拖又拖。正在交涉中，忽传凶犯武士英在监服毒暴毙，闻这一突如其来的事变发生以后，当然负责看守之六十一团咎无可辞，且涉有重大嫌疑。否则该要犯何来红头火柴，任其吞服自杀？其为被应犯贿通灭口无疑。革命党有部分同志平时反对膺白（黄郛）先生者，啧有烦言，据余所知，并非如此，实乃代人受谤而已。

当时六十一团看守派令，系奉江苏程德全都督手谕指派：（一）因该团驻扎在沪，就近责令陈其蔚团长派队看守，便于防范；（二）因膺白先生过去系该团的长官，易于指挥，由于后者的旧关系，故程督手令上附有监督指挥之令。在程都督令意兹事重大，除指派陈团看管外，又加令黄郛监督指挥。在膺白先生亦以为该团都系旧属，执行上并不困难，故允暂担任。实则该团派队看守人选并不请示指定，径由陈团长派周连长荫棠率部负责防守，不过派后报闻。而膺白先生平素对部属信任主管向不干涉其用人行政，乃竟发生要犯服毒暴毙之事，谓其应负法令疏忽责任则可；若认为涉有嫌疑，殊失公道也。

四、“变本加厉”——宋案发生是起因之一，赓续而来之倒行逆施，阴谋逐渐暴露无遗，如：（一）不惜丧权违法径向五国银行团借款二万五千英镑，不依法经议会通过，擅自订约；（二）为铲除异己，下令撤换皖赣湘粤四督；（三）派郑汝成（袁之死党）、何成濬（黄兴旧部）二员，名义上代表袁政府南下祭奠宋教仁，而郑则暗中布置上海为后来占领江南制造局之预谋。关于一者含有两种作用：一是恃财收买军人政客，二是占外交优势，用以高压民党；其二为了扩张南方势力，不惜用兵以逞；其三，袭取高昌庙兵工重地，迫令六十一团团部及一营部队退出。（该团、营长事前受统率办事处蒋叔南之鼓惑运动，意志早已动摇，故郑旅进袭时，并不抵抗，所以兵不血刃，就被占领。蒋叔南其人，浙江雁荡人，曾任独立第五团团附，凭借旧关系，连络运动。其时余之军械所办公室同设在局内，而六十一团官长多半武备同学。有时公余常去团部。每见蒋氏形迹可疑，而同学们亦比往常谈蒋更加怀疑。因以一面报告膺白先生，一面暗将收存枪弹陆续移运闸北南海会馆存储，以备不虞。迨至郑汝成进驻制造局，时局日见紧张，尚不料发动如是之快。一日，接膺白先生电话，谓派其自用汽车来接余至其寓所，匆匆只身随车赴约，见面谈未一刻，即听电话铃响，系陈团长报告膺白，除部队已退出外，并托转致余不要再进局，恐将被扣云，致留所档卷及余个证件奖章及中山先生与克强英士二公所赠照片等，均保存铁箱内，已来不及运出。当时曾多次电话给留守职员，均无人接，后来与本所同人见面，知被郑派员没收，深堪浩叹。）由于袁政府之三项阴谋，逐步逼迫，便国民党仅存之萌芽革命基础，已被摧毁无余，在实逼处此之下，为救党救国计，惟有孤注一掷耳！

讨袁前夕的军事部署

一、“估计实力”——袁与国民党公然破裂，宋案已形成不了了之之局，民心亦不若辛亥革命之热力拥护，革命党在南方各省执政不久，尚少建树治绩，对地方政治基础至感薄弱，且苏督程德全态度不比光复时肯合作，浙督朱瑞已为袁政府收买，后顾又极可虑。再谈国民党方面，实力以苏省言，自经整编以来，仅存三个步兵师，而此三师部队都系新军训练不久，战力有限，其编入中央部队番号，有驻南京的第八师及驻沪之六十一团。至皖省兵力本极孱弱，赣省虽属新军，因有善战之李烈钧都督指挥，能变弱为强，但其缺点全赖一鼓作气，只胜不能败（人称李之将兵虽乌合之众，一经他集合鼓励即成劲旅），至湘督谭延闿，仅能自保，而无统一指挥能力，粤省远处南边，鞭长莫及，估计堪以为用者，不过如此而已。情势既不利，胜算无把握，因以迟疑不决，拖延坐视袁政府之节节布置也。

二、“和战难决”——革命党鉴于局势危殆和无法律保障，战则实力悬殊，但二者之间必择其一，不容再瞻顾徘徊。于是由中山先生与黄克强、陈英士二先生，召集各省代表来沪商讨和战大计，借同孚路黄公馆为集会场所，内分和战二派，主战最力者中山先生与英士先烈，二位的看法：袁终将为害民国，迹其恶行，已到忍无可忍地步，退无可退余地，应以革命精神不计成败冒险以行；以辛亥革命为例，仅凭几枝手枪炸弹尚能打垮清廷，何况现拥有可用兵力，以前比今强胜多矣。而不主战之黄克强先生等，主张慎重，其关于前段的看法，要“冒险”就不计成败。大家都尊重中山先生主张，而后一段的“慎重”要衡量现实，其所持理由：（一）

袁非暗弱之清室可比，且民心已不若辛亥年之拥护国民党；（二）苏督程德全态度已非如辛亥肯合作，浙督朱瑞又归附袁政府；（三）郑汝成部已进占高昌庙制造局，且有海军舰队协防，在形势上难求战胜，尤以黄本人曾亲临黄花岗及汉阳前线战役，俱有失败经验教训，且光复进驻南京最早，迨至留守主办整军结束，亦最后退出南京，故对可用之兵与战斗力了如指掌，故主张慎重考虑，因以迟疑难决。拖延至四个月之久（民二年三月底至七月时间），最后还是遵从中山先生与英士先烈意见，宁愿冒险共生死。他二位位高望重，但只能主持决策，而调兵遣将之事又非克强、烈钧、文蔚、膺白四公不可，于是黄兴亲自只身赴宁，调第八师之一部及驻镇江之省军赵旅（第八师中有黄之旧部，赵系赵声之弟，第八师长陈系冯国璋之婿，故不能公开调动）。至沪李烈钧潜回湖口，柏文蔚亦同时回安庆，黄膺白相助英士先生，组织讨袁军总司令部于上海，至此各地风云顿起矣。

讨袁之役的战况纪实

一、“总部成立”——约在癸丑七月间，成立讨袁军总司令部（设立于上海南市信成银行旧址）推英士（陈其美）先生为讨袁军总司令，内部设参谋长、副官长，下设财政、军械两处。其参谋长一职虚悬（膺白未担名义，实负策划，请钮铁老担任，亦未到部）；副官长张岳军氏负内部一切责任；财政处长朱少屏氏，他的任务，重在外筹款，故并不在部中办公，时来时去；军械处长由余担任，专司筹划供应作战部队械弹。此外别无设置，仅派驻卫队一连守卫而已，故其组织极为简单，与往昔之沪军都督府规模相较，实相去甚远也。

二、“军事配备”——一般人有“得江南制造局即得上海”之语。癸丑七月，上海之战，攻击敌人目标在高昌庙制造局之郑汝成部，当时我方的军事配备，以南京第八师开到之一部与镇江之省军一旅，配置在南局门一带，而以六十一团警戒斜挡，西局门周团构成包围之势，待命进攻。同时沪杭路从松江至沪南车站，由钮铁老之学生军附以刘标福之敢死队沿线警戒，以防浙军威胁，并为攻局部队之后援，其有械弹不足之攻击部队，概归总司令军械处供给补充。曾忆当时由余手发给第八师与赵旅机枪子弹有六十万发之多，而木壳手枪与步枪亦在二百多支以上。此项械弹来源并非新购，来自余任职江苏都督府驻沪军械所长时所收缴遣散部队。尚幸于郑敌未占领制造局前，预将其中部分枪弹移运闸北南海会馆备运缴南京军务处（时督府已移南京）。居然留此移作战时之需，实非预料所及也。

三、"箭在弦上"——当开战之夜，前线的口令是"杀贼"二字。攻击命令南局门方面以第八师为主力，西局门方面以六十一团进攻，其时该团团长陈其蔚及有少数营连长，因受袁派之蒋叔南运动鼓惑，而对膺白先生旧长官关系，又不敢公然附逆，致其态度游移。故在开火之前，潜离部队形成主将无人之势，不得已于临阵之时，由蒋介石先生统率指挥（该团官兵多半是蒋介石先生部属原系独立第五团改编而成），他见危受命，完全显露爱国热忱。在士气方面，受了前团长游移影响，指挥上不免打了很大折扣。但此役战况，仍推该团为最烈，其中有两个连长，勇敢善战，世所称颂。值得一提，一是张连长绍良率部冲进壕沟，爬上局门，突受枪口被塞，炸弹失灵，不幸中弹阵亡。士卒见为首者，身倒众复后退，致功败垂成（张连长新婚月余可惨）、壮士牺牲成仁，痛哉惨兮。二是另一连长绰号强盗牌（已忘其姓名，其人是广西籍），又一勇敢战士失败后，率残余部队与敌人在西局门外周旋达半月之久。故以此团战绩而言虽败犹荣，至南局门方面，黎明后，不支溃退，而法租界交界各要口，已被英法军设防堵塞，使欲退守之民军，无地可退。遂各自抛却武装，分散逃避。是以南市沿黄浦江里外街道上，都堆满军服枪械，所谓兵败如山倒，见者惟惨痛浩叹而已！

一场沪战就很快地结束了，其中在开战之夜，有关我的事及与长官有关之事，附带一述：（一）我奉命发给军队械弹完毕，即往斜桥征宁会馆，晋谒蒋指挥介公，见其身穿白式学生装，腰悬指挥刀，袋装手榴弹，正忙于出发，我即事毕归部。（二）归部时闻炮声隆隆不绝，时有驻南局外之炮兵某营长，身藏手枪，闯部谋刺黄郛（膺白），被我首先发觉，拦阻拘捕，幸未遇害。（三）在战况激烈之时，司令部中赖张副官长群沉着应付坐镇，所以部内人员毫无惊惶，镇静如常。（四）膺白先生决定往前线观察战况，遂约偕岳军先生下楼，我与王志良同行，乘预备之美丰轮向高昌庙对岸方向进发，拟在浦东码头登岸，讵为英巡捕指挥的红头巡捕拒上码头，中道折回，可见外交方面，我方早就失败。在途但闻大炮声不断震入耳鼓，知系海军舰上所发，逆料战况于我不利。（五）我们四人折回至十六铺金利源码头登岸，即乘黄包车赶赴总司令寓邸，正陈述战况时，已近黎明，适接前方来电话，报告攻击部队已攻入制造局，闻讯狂喜。记得英士先生当即开一瓶三星白兰地酒，各饮一大杯后，当即随英士先生同乘其红色一号坐车赶赴前方，车行至斜桥，已知报告不实，即派张岳军先生与我往观战况。但见伤兵累累，敌方的机枪大炮弹如雨下，知难持久，一场空喜，就此告吹。

综上所记，二次革命前前后后，有的耳闻，有的目睹，盖我虽在革命行列中，还是一个摇旗呐喊的角色，究非参与决策之人，故所知有限，容或有不周之处，自亦难免。惟对此役，自宋案发生至战事失败，革命党固受了一次莫大之挫折教训，而国家十五年中受军阀割据荼毒，人民之害，袁世凯是始作俑者，不惟贻祸中国几陷于万劫不复之地，抑且为中华民族之罪人。但袁氏纵用权奸以取胜，终难逃因果循环之报，就宋案凶犯而言，如赵秉钧之被毒死、洪述祖之判绞刑、应夔丞之被杀于津浦夜车乃至武士英服红头火柴暴毙于狱中，固皆出于袁氏灭口所为，而其结果，做帝王梦不成，就愤恨以终了。至此则宋案主从凶犯均归案，无一漏网，此佛家所谓因果是也。

当开战之夜，有许多旧友托我缴还讨袁总司令委状、臂章，大约已看出危机，想逃避免祸及己身。我对答他们说："何必缴？如怕灾祸，即自行销毁可也。”至天明，失败后，次日即见租界高悬黄兴、陈其美、黄郛、李书城四位照片，赏格是不论生死，前二位黄陈各赏五万元，后二位黄李各赏二万元。其他革命党员亦风流云散，有的赴日本，有的去南洋，有的无力出国，只好销声匿迹租界各地，住亭子间（我是其中之一），境遇凄惨，笔难描述。而一般比我聪明旧友，早已不知其踪矣！翌年夏，我在沪已无法生存，函告膺岳二公，始得济助，乃赴南洋新加坡投奔了膺白先生处（他住新加坡乡什龙岗）。正拟在新加坡谋生，适遇第一次世界大战发生，膺白先生携眷赴美，我只好乘轮折回上海，其间途中两次受困，乃毕生难忘之一也。

写到这里，还要补述。辛亥与癸丑革命成败因素，以我个人的看法：辛亥革命能把清廷统治二百六十多年的政权很容易地摧毁，盖有远因近因在也。前者是清军入关之时，残杀汉族，惨无人道，如扬州十日、嘉定屠城；后来为剃发而屠杀者，又不知凡几。这类惨史，凡我民族子子孙孙永不忘怀，复仇之声，屡仆屡起。自鸦片战争五口通商乃至甲午战败以来，更引起民族之羞愤，此不共戴天之仇，早深植民心。后者自戊戌政变，庚子拳乱，帝后蒙尘，八国联军占领京都，悉听外人宰割，益愤清廷之暗弱无能，于是全国志士组党结社，群起革命。这是一次民族革命。由革命党（此称革命党者指同盟会而言）倡导于前，全国青年同情参加于后，所以辛亥革命很快地成功，要皆以远近二因积愤而成，非一朝一夕之功也。癸丑则不然，因情势有异。第一，民众观念，误认二次革命为内战，又因革命党在地方掌政时间太短，尚无显著政绩，故民众拥护心理不若辛亥起义时之热烈；第二，意志纷歧在革命党未公开之前，行动尚能团结一致，自民元成立国民党，投入分子复杂，多半投机幸进之流，已难控制党员，故其本身脆弱，易为政敌所乘；第三，袁氏善用权术，又是一个久在政治场合中历练的老奸巨猾之人，非清廷暗弱可比，等待他布置始行仓促发动，则成败之局已定；第四，国民党本身既不健全，步调又不一致，袁氏善于利用矛盾，在其有权有钱有兵及外力协助等优势条件之下，自然左右逢源，“安抚”“收买”“打击”“消灭”“分化”等，毒辣手段，肆行无忌。我们具此四种弱点，凭着一点血气之勇的革命精神，自必趋于失败之途了。回想当年，既有壬子之和，何来癸丑之战，倘斯时革命党能再忍痛一个时期，保存一点幼苗实力，吸收一些新进人才，把本身尽量整顿健全，等待时机到来，或许在护法之役，可以提前；北伐十年则在后，抗日之战赖此休养生息，增强国力，历史或又重写矣。

再论辛亥革命，固由于革命党多年鼓吹倡导之力，然而参加革命行列者，并非全是革命党人，亦非全是革命英雄，大多数属于青年学生与军人及各界知识分子。若辈都是自动组合，同情革命各行其志愿而已。余亦其中之一，自民元公开吸收国民党员，余一因军人身份，不应入党。二因鉴于投机分子竞相幸进，遂淡然于此，后来又见到癸丑前后党员中变节不少，更不感兴趣。直至民国廿二年，余在皖任第七区行政督察专员，余统率三县保安队，会同中央军八十二师与省保安处长蔡炳炎追剿张大鼻子，股匪在皖滁定远全椒含山和县合肥六县边界，痛剿达五十余，始于合肥边界之广兴集完全解决班师，蔡处回省特寄来特字十六号党证，自此才入党。大约蔡处长见余亲临剿匪努力之故，余一向认为革命事业并不一定要入党而后才有资格参加，革命人人得而为之。

所谓众擎易举，辛亥革命之成功在此，而癸丑则异，因素固多，已如上述。大凡一个国家，每逢一次变乱，必有顺逆之势也，有忠奸之分。以形势论，先是鄂黎、浙朱已归附于袁，局削弱了两省革命潜力，革命党自然处于逆势。以忠奸论，古云，乱世出忠臣也，有奸逆辈并起，在历史上，代代有之，而以明末为尤甚，革命党岂能例外。忠党爱国之士固多，但变节附逆之流亦复不少，在本身上又暴露了很大的弱点，加以民心归向，已不若辛亥年之热烈。处此种种劣势环境之下，终难挽回此一危局，亦时势使然耳。

陆荣廷参加护国讨袁的经过

林光灏

帝制问题的发生

洪宪帝制问题的发生，表面上起于筹安会，实际酝酿已久，而主动的实由袁氏父子和其少数私人，与全国民众无关。筹安会于民国四年八月中旬由杨度、孙毓筠、严复、刘师培、胡瑛、李燮和发起，八月廿一日成立，通电各省文武长官请派代表到京研究国体问题。是年九月初，各省代表尚未到齐，筹安会即促使代表运用各省旅京人士组织公民请愿团向代行立法院的参政院请愿改革国体。但参政院职权不能接受这种问题的请愿。参政梁士诒（燕荪）遂主使将所有请愿团体组成请愿联合会，请参政院立即议定召集征求民意机关的办法，以便召集民意机关来解决国体问题。参议院即议决“国民代表大会组织法”于十月二日咨送政府，十月八日袁氏将该法公布。十月廿五日开始选举。十月廿八日以后便继续国体投票，推戴袁氏为中华帝国皇帝，并向袁氏上推戴书。参政院十二月十一日呈送推戴书，袁当天咨复表示推让，参政院第二天再呈，袁十二日咨复承认接受帝位。一切进行神速非常！当时梁启超在《袁世凯伪造民意密电书后》一文中说：“自国体问题发生以来，所谓讨论、赞成……都是袁氏自讨自论、自赞自成……右手挟利刃，左手持金钱，啸聚国中最下贱无耻的少数人，像演傀儡戏的一样。……”已说得真妙！

各种反帝制势力

袁氏虽帝制自为，但当时各种反帝制势力，计有：（一）一般人民。因袁氏在癸丑（民二）赶走了革命党，而官吏的剥削、军阀的野蛮，比前更甚，再搞帝制，必然会招惹革命党重来，他们由恐惧不安而厌恶愤恨，自然而然地消极反对。（二）复辟派。如康有为、张勋和清室遗老们，只拥护溥仪，袁要称帝，他们是不拥护的。（三）北洋系。如首领徐世昌、段祺瑞、冯国璋等，行总统制他们尚可能有继任元首的希望，若行帝制，则全无希望可言，因此也反对帝制。（四）中华革命党。国民党在癸丑讨袁失败而被迫解散后，中山先生认为北洋军阀恶势力不打倒，革命绝难成功，于是纠合旧同志谋恢复同盟会的革命精神，于民国三年在日本组织中华革命党，国内和海外都密派同志组织支部。袁不称帝，他们都要待机去打倒他，现在更加积极行动起来了。（五）进步党。他们被袁氏玩弄，大部分在政治上失业，反袁心理当然存在。他们知道帝制问题发生，现状决难维持，自己不加入反袁，将和辛亥革命后一样，要受排斥。故筹安会发生不久，梁启超即毅然首倡反对，发表《异起所谓国体问题者》一文。进步党既反帝制，他们可和复辟派、北洋派发生关系，又可和革命党联络。于是，各种反帝制势力，当时在不知不觉中成为一条不自然战线联合起来。

陆氏的基本态度

在各种反帝制势力中，以革命党为最急进，陈其美（英士）因党内同志对上海方面的海陆军已有联络，于十一月十日派人刺杀上海镇守使郑汝成于白渡桥，十二月五日杨虎（啸天）率众袭取肇和兵舰，但占领上海的计划终归失败。当时无北洋军驻防的地区，只滇黔粤桂四省，但广东的龙济光、觐光兄弟已成为袁的死党，广西的陆荣廷虽反袁而又受粤方牵制，因此，可用为发难的地点，只有滇黔两省，而蔡锷（松坡）在云南的潜力最大。先是，十月，蔡与甫辞黔巡按使职之戴戡在天津和梁启超议定：云南于袁下令称帝后即独立，贵州过一个月后响应，广西过两个月后响应，然后以滇黔兵力下四川，以广西兵力下广东，约三四个月后，可会师湖北，底定中原。后蔡、戴秘密入滇发动。滇省于十二月廿五日独立，黔省于一月廿七日响应。革命党自云南独立后，朱执信在广东、居正在山东领导武装力量，牵制袁家兵力，给予护国军的助力不少。

陆荣廷反对袁氏称帝，认为清室既退让给民国，民国便是正统，人人都应忠于民国；人人都是中国主人，中国即人人有份，袁称帝而据中国为己有，便是背叛民国，人人得而诛之。这是他的基本态度。由于民国四年帝制进行中，袁氏曾于十二月廿一日封陆为一等侯爵时，陆不许属员向他道贺，可见是如何厌恶皇帝的恩惠。

虚与龙觐光委蛇

云南发难后，袁氏因法国拒绝北洋军队假道滇越铁路攻滇，想改而取进广西，陆荣廷闻而设计阻止，后又逼陆出兵攻滇。陆又以饷械不足、地方防务吃紧为由，加以谢绝。后来老袁乃令广东派龙觐光率粤军经桂攻滇，龙和谭浩明（广西第二师师长）是儿女亲家，当不易引起猜疑。陆氏曾遣员和龙氏兄弟密商粤桂联合独立，而龙不听，现对龙军过桂入滇，又想不出理由来拒绝，遂电请龙觐光少带士兵、多携军械，说兵在桂可以沿途招募，实在这是预为制龙的打算。龙济光正因粤中革命党人四伏，不能多出兵，遂接纳陆氏的提议。民五年一月中旬，龙觐光率征滇军八千人开到南宁，中半数是沿途招募，一部分军官和军士则是由陆氏拨助的。二月八日，觐光即派团长李文富率队由百色向剥隘进攻，又派儿子龙体乾回蒙自县运动乡团作内应。是年三月七日，袁任命陆为贵州宣抚使，派广西师长陈炳焜护理广西军务，意在借陈以制陆；同时密令就近监视陆的行动，如发现有可疑时，可在陆离南宁后取而代之。龙军驻百色极无纪律，为商民所痛恨，龙觐光惟征歌选色，日事行乐。忽然云南护国军第二军前锋张开儒遮其前而与宣战，黄毓成率挺进军潜由贵州他郎转入西林突攻其侧，龙觐光两面受敌，已难支持，而马济更率广西游击队十余营包抄其后，于是龙在四面楚歌之中，不能复战，势将成擒，乃电陈炳焜、谭浩明（广西第二师师长）请马济停战，陈、谭不答。觐光计穷，令其子乾发电向岳母谭夫人求救。谭夫人嘱陈炳焜电马济令龙军缴械，可代觐光父子一死。所有龙军军械，由滇桂两军分而有之。这是三月十二日的事，时陆氏已离邕于十一日抵达柳州。

梁启超由沪赴桂

陆缴龙械后第二日即和梁启超联名电袁要其辞职以谢天下。陆和梁本无关系，其所以推重梁氏，实由蔡锷之故。但滇起义经过了一个月，桂方仍无动静，梁乃于一月廿五日遂由沪函陆敦促，梁函恰道着陆之心事，陆对梁遂更深倾慕和推重。兹录其致袁世凯哀的美敦书，内容为：

北京前大总统袁公惠鉴：痛自强行帝制，民怨沸腾，云贵执言，干戈斯起，兵连祸结，徂冬涉春，国命之危，未知所届。远推祸本，则由我公数年来殃民秕政，种毒怨于四民；近促杀机，则由我公数月来盗国阴谋，贻笑侮于万国。查约法第十六条有总统对于民国负责之规定，失政犯宪，万目具瞻，厉阶之生，责将谁卸？云贵既扶义以兴，势无反顾，我公犹执迷不悟，何术自全？荣廷奉职岩疆，保安是亟；启超历游各地，蒿目滋惊。因念辛亥之役，前清以三百年之垂统，犹且不忍于生民涂炭，退为让皇，今我公徒以私天下之故，不惜戕我亿万人之命，以釁国家于亡，以较胜朝，能无颜汗！况事终无成，徒见僇笑，且为智者，顾若此乎？荣廷等以数年来共事之情好，不忍我公以祸国者自祸，谨沥诚奉劝即日辞职以谢天下，荣廷等当更力劝云贵同日息兵，则公志即可以自白，而国难亦可以立纾矣。事机安危，间不容发，务乞以二十四小时内赐复，俾决进止，不胜沉痛待命之至！陆荣廷、梁启超、陈炳焜、谭浩明、元。

此电发后，无结果，十五日广西即通电宣布独立。陆氏被广西将领推为广西都督，任命梁启超为总参谋。梁遂秘密由越入桂，由黄溯初陪往，三月廿七日下午三时入镇南关宿，知袁已撤销帝制。廿八日到龙州，陆都督自梧州来电欢迎，梁复电云："……龙张来使，不知所商何事？若以取消帝制为取消独立交换条件，务乞坚拒勿许。袁之无信而阴险，中外共知，若彼仍握政权，将来必解诸镇兵柄，再施伎俩专制。今日之事，除袁退位外，更无调停之余地。"同时又电百色马济司令请以此意劝陆，并分电各都督、总司令，请勿言调和，必坚持要袁退位。四月三日到镇龙，广西第六号巡轮到接。陆由梧返，四日亲率水警到三江口相迎，当日抵南宁，军民欢迎狂涌。

假独立拥护中央

广东方面，自一月六日陈炯明起义于惠州虽告失败，然屡谋卷土重来。而朱执信、邓铿、徐勤、叶夏声、林虎、魏邦平也纷纷在粤境各地组织武装力量。广西独立后，陆氏屡电促龙济光独立，愿担保龙的地位，否即进兵入粤。三月廿八日钦廉独立于西，三十日潮汕独立于东，四月初高雷也独立；而徐勤、王和顺等民军数千约期四月七日攻广州；魏邦平收复了江大、江固、宝璧各兵鉴，五日到虎门准备向广州进攻，六日率舰到白鹅潭将炮击观音山。龙济光在事机十分危迫中向袁请示，袁回电指示他"独立、拥护中央"，这就是宣布独立以缓和军民的进攻，用假独立的手段来达到拥护中央的目的。四月六日下午三时，龙在观音山召集官商士绅会议商讨独立事宜，会议毕即宣布广东独立，绅商学界推龙济光为广东都督。梁启超在邕，将拟在广州组织代行国务院职权的军务院，并拟以与滇黔粤桂川各方面都有关系的岑春煊为抚军长，在军务院成立前先推岑为两广都司令以统一两广的军权问题，商得陆氏同意后，即电沪请岑南来。

陆梁二人为龙济光、张鸣岐等屡电邀请赴粤，遂于四月八日由邕乘轮东下。临行曾致广州各界两电，并另电李根源、林虎、杨永泰、文群、徐勤重申此意。四月十三日到梧，突闻十二日浙江独立佳音和海珠事变噩耗，真是喜愤交集。

海珠事变六条件

海珠事变，起因于龙济光对民军无意妥协，每日仍向袁密通情报，密饬各县拒绝民军入城。四月八日，龙用广东各界代表名义召集海珠会议，以议决各党停止争端，民军停止进攻，龙督暂维现状，一切待岑、陆到省后解决。十二日，徐勤由香港到广东，当天即和陆的代表汤觉顿、陆军少将谭学衡、警察厅长王广龄、警卫军统领颜启汉、民军李福林代表何某以及商团代表等在海珠举行联席会议，讨论民军与龙氏合作问题。龙的代表贺文彪、潘斯凯提出取消“护国军名义，将护军并入警卫军”的建议，参加会议的警卫军统领都是龙党，身藏兵器，随带大批卫士，压迫民军代表接受他们的要求。正在争论间，颜启汉忽然行起凶来，一时枪声四起，当时打死了汤觉顿，龙的顾问谭学衡、王广龄和商会会长吕清中弹后都不救身死，徐勤跳窗避脱。

龙济光也知闯了大祸，特请巡按使张鸣岐赶到梧州，向陆极力解释海珠事变完全与他无关，请陆、梁即日往广州，并且代他向各方解释误会。张愿以身为质等候问题的解决。他代龙表白：海珠事变凶手是颜启汉，主使犯是四省禁烟督办蔡乃煌。陆、梁向龙提出了六个条件：一、交出蔡、颜两凶犯；二、调警卫军出省；三、整顿军纪；解散侦探；四、陆到广州后，不到观音山拜会龙，须龙来拜会；五、济军一半留广东，一半随同护国军出发进攻江西；六、指定东园为广西军驻所。龙对以上全盘条件表示接受。陆、梁即于四月十五日率兵由梧东下，张鸣岐同行。迨陆、梁到肇庆，镇守使李耀汉欢迎，就驻在肇。

肇庆设都司令部

龙采的是缓兵之计，条件并不履行，并且放走正凶颜启汉。同时粤人一致反对陆以个人意见处理广东问题，仍留龙为都督，广东民军也不肯接受陆龙协议条件的约束。陆被迫电龙劝其率部北伐，让广东都督于岑春煊，龙又请张鸣岐到肇庆求情，由于没有结果，龙乃于四月十九日亲自到肇和陆成立五个妥协条件：一、承认在肇庆成立两广都司令部，推岑春煊为都司令；二、龙仍暂任广东都督；三、枪毙蔡乃煌；四、即日调兵北伐；五、民军由岑处理，岑未到前，从三水划清界线，由马口及西南以上归魏邦平、李耀汉、陆兰清部驻守，由马口及西南以下归济军驻守。翌日，龙回到广州，即着手组织广东护国军三个军，做出整装待发的姿态；并于廿四日将蔡乃煌交谭学夔解往长堤亲自枪毙，以报其弟之仇。陆以广东方面的事有岑负责，留兵三千驻肇护卫，即回梧赴桂督师入湘。

岑春煊四月十八日由沪到港，十九日偕李根源、章士钊等由港赴肇。两广都司令部五月一日在肇成立，由两广将领推岑为都司令，以梁启超为都参谋，李根源为副都参谋。都司令下设参谋部、秘书厅、外交局、财政厅、盐务局、饷械局、参议厅等。仅参谋部、秘书厅较忙，其余均虚有其名，无事可办。

梁冒险亲往广州

龙济光即闹海珠事变，嗣又屡次食言，国民党和肇庆军人都主张讨袁必先去龙。但岑春煊以曾致书劝龙独立，不想于龙独立后取而代之，贻人口实；且此来为护国，非为争权。梁启超以我无优势兵力，攻龙恐费时日，战后残破，又须整顿准备三数月才能北伐，恐滇黔桂不易支持，不如暂置龙而专治兵北伐，以壮滇黔桂的声援，并促他省的响应。岑梁既不赞成，讨龙议论遂亦中止。

梁启超五月四日夜正欲登轮离肇赴日有所谋划，而驻粤日本领事太田来阻勿行，谓龙督极愿与君商量一切，凡可让步的当无不退让，请偕赴广州。梁以粤局不生不死，有碍大局，非彻底使龙明白利害，死心塌地跟我们走不可，不顾大家反对，决心冒险亲自出马，靠血诚去感动他。五日遂偕李根源、张鸣岐、黄大暹、太田赴广州，当日即上观音山苦口婆心和龙谈了十几个钟头，龙似口诚悦服的样子。六日，龙约许多将领开晚宴以欢迎梁，初还客气，酒过三巡，有胡令萱大发议论，由骂粤民军而到广西军、蔡松坡、护国军，瞪大了眼盯着梁像是就要动手。龙在旁边频频劝胡少说话。梁初一言不发，旋站起来演说了一点多钟，意气横厉，一面说一面不停拍桌子，气太盛了，他们像是被压下去了，胡令萱悄悄跑了，其余都像有些感动，席散，许多人来和梁握手道歉。从此，广东独立才没问题了。梁意原以龙即使不肯放弃都督，财政权或能划归肇庆，不料，龙只同意军务院事，余概拒绝。梁七日返肇庆。

世凯病死新华宫

梁启超返肇即提议成立军务院，统一各省指挥，连发宣言五通。第一号宣言：宣告袁世凯自称帝以后，已丧失大总统资格。第二号宣言：宣言大总统既已缺位，依民国二年十月所公布的《总统选举法》第五条，由黎副总统继任。第三号：宣告黎总统因陷在贼中，未能实时执行职务，国务院也无从产生，暂设一军务院，隶属于大总统，指挥全国军事，筹备善后庶政，院置抚军若干人，用合议裁决一切，对内对外皆以本院名义行之。俟将来国务院成立时本院即行撤销。第四号：宣告军务院组织条例。第五号：宣告依组织条例，以唐继尧、刘显世、陆荣廷、龙济光、吕公望、岑春煊、梁启超、蔡锷、戴戡、李烈钧、陈炳焜、罗佩金等为抚军，并互选唐继尧为抚军长，岑春煊为副抚军长，梁启超为政务委员长。五月八日军务院正式成立，即以肇庆为军务院所在地。因唐继尧未能来粤，依组织条例第四条第二项，以岑春煊摄行抚军长职权。有外交代表专使，以唐绍仪、王宠惠充任，后又派范源濂、谷钟秀为驻沪代表，负责外交事宜。

陆荣廷为牵制敌势，使根本问题早日解决，亲率第一师、马济武卫军向湖南进攻。五月廿二日，四川将军陈宧独立后，湖南将军汤芗铭以袁政权崩溃和北洋派分化的趋势日益明显，桂军压力日益加强，民军区域日益扩大，湘西镇守使田应诏廿四日又宣布独立，种种情形都使他不得不于五月廿九日宣布湖南独立。

袁氏因众叛亲离，刺激羞愤，六月六日病死新华宫，依照约法由副总统黎元洪继任大总统，于六月七日就职，帝制问题随之而自然解决。

军务院六月十日电黎总统要求四事：一、恢复旧约法；二、召开国会；三、组织正式内阁；四、惩办帝制罪魁。这四个问题到了七月十四日才得解决。军务院也于七月十四日自行宣告撤销，各省一致拥护中央。

陆荣廷到达衡州，湘既独立，即不再进，六月下旬曾一访长沙，旋即返衡。梁启超向北京力荐陆氏督粤。七月六日，中央改各省督理军务长官为督军，民政长官为省长。同时发表各省的督军和省长：广东督军陆荣廷，省长朱庆澜（子桥）；广西督军陈炳焜，省长罗佩金。罗不到任，七月十九日改以陈炳焜兼署，十月八日任命刘承恩为广西省长。以上是护国战后两广人事的变迁。

我所知道的袁大公子

薛观澜

在德堕马，两足皆跛

袁克定，字云台，项城长子也。项城有子十七人，惟克定为嫡出，于氏夫人所生也。幼而岐嶷，其父钟爱之，年未弱冠，即在京华为部曹。光绪三十二年，克定年甫二十有二，任农工商部参议，旋升右丞，丞参为部中小堂官，职位仅次于侍郎，高出现今之参事司长。克定赖其父荫，升迁甚速，然克定有能名，见重于公卿，农工商部尚书溥颋极赏识之，庆亲王奕劻亦器重之。克定盖以簪缨世家，礼数周到，国文亦具根柢，其在部署，恪共官守，周旋中节，则京官之能事尽矣。此为克定神志最清之时期，亲友莫不谓其前途似锦也。

无何，辛亥革命，袁世凯就任大总统，为统一军权起见，既设海陆军统率办事处，又在团城创立模范团，将以克定主其事。模范团者，训练将校之机构也，后之督军镇守使，在团受训者綦众。克定自知责任重大，乃循荫昌之议，请赴德国考察军事。荫昌为袁亲家，尝与德皇同学，项城即因荫昌献议，不与德奥宣战者也。

克定抵柏林，适值德皇威廉二世抱有席卷欧陆之雄心，故与中国有修好之意，由是克定在德，备受优礼。一日，克定与德太子威廉并辔郊外，乘马受惊，绝尘而驰，克定踣地，被压马腹之下，右腿折断，克定晕去；差幸德医技术高明，生命得以挽救，出医院时，两足皆跛。回国见父，形容憔悴，项城见其讷讷不能出口，不禁声泪俱咽。此为袁家最大不幸，嗣后克定因脑部受震，神不守舍，项城怜之，然不知不觉，移爱于其次子克文矣。

克文字豹岑，别署寒云，为袁第三如夫人闵氏所生。闵氏夫人系出高丽王族，惟因大姨太无所出，故克文自幼即为大姨太所抚养，迹近溺爱。克文弱表猶齐，倜傥瑰玮，读书有宿慧，过目不忘，故善属文，书法挺秀，诗词并妙，知名当世，且工昆曲，兼擅皮黄，习小丑，师法罗寿山，亦玩世不恭之意云尔。夫克文颖悟绝伦，常斐然有述作之志，若能专攻一业，必有极大成就。惟其个性，见异思迁，时而紬绎骨甲，时而研究古钱，生平爱嗜，不一而足，然亦可谓博学洽闻者矣。

项城第五子克权，字规庵，号百衲，系韩籍第二如夫人所生，敏而好学，一如寒云，诗文典雅，粲然成章。克权为端方之婿，亦子弟中之秀发者也。

袁对帝制并不热衷

光绪三十三年，克文尝任度支部员外郎，实受度支部尚书载泽不次之提拔也。不久克文随父归彰德，项城素习制艺，颇通翰墨，既见克文文名藉甚，宠爱之心，油然而生，此亦父子之常情。至酝酿帝制时，乌烟瘴气，乃有唐在礼、方地山之流，为克文吹嘘甚力，益见宠任盘桓，其流极乃至门户纷争，昆仲之间，互相水火，此亦帝制流毒之一端也。克定则居储君之位，不善自处，此其神志最感模糊之时期也。

窃按民二第二次革命，袁对国民党员大开杀戒，结下血海之仇，民四贸然称帝，再铸成大错，为公为私，皆属失策，虽百仪秦，不能为作辩护也。当民国三四年间，国内统一，人民粗安，库存六千万元，正当淬勉自强之时，何苦以元首之尊，为孤注之掷，舍磐石之安，履春冰之危哉！兹以一念之差，而致邦国殄瘁，此何为者也！

敬祈读者明鉴，观澜决无护短之意，帝制之事，为予生平所痛心疾首者。就予所知，第二次革命失败后，京邑即有提倡帝制之消息，但据袁项城与家人所云，对此并不热衷，渠指克定一病至此，何能继承其业。又云：“革命党人弥漫全国，恨余切骨，余岂肯自投罗网，以贻滔天之祸于国家若子孙乎。”迟至四年七月上旬，袁乃密电苏督冯国璋曰：“以余今日之地位，其为国家办事之权能，即改为君王，亦未必有以加此，且自古君王之世，传不数世，子孙往往受不测之祸，余何苦以此等危险之事，加之吾子孙也。……余已在英购有少许田园，设再有以此等事逼余者，则余惟有径赴他邦。”

以上为袁项城独特之文体，明快爽朗，不假润饰，亲撰无疑。予尚珍藏袁函二件，书法遒健，行文则驱迈淋漓之情，蒸然纸上。时人认为袁氏致冯之电，无非惺惺作态，观澜则谓此系袁氏由衷之言。至于在英购有少许田园一节，则并无其事，盖袁对冯国璋，无须作态，家庭之事，诚非局外人所得而知者。

予则确知袁氏对于家天下之私心，非如一般人想象之甚者，何则，伊于长子长孙，不抱何等希望，君主之世，或及身而亡，或二世而亡，袁氏能无戒惧之心乎？袁若始终有帝制自为之心，则民国二年机会最佳，何竟迁延两载有余乎？但袁近代知识，不甚充分，好大喜功，敢作敢为，则虽亲者莫能为讳也。夫袁心事，既如上言，因循至四年七八月间，形势大变，如暴风疾雨之骤至，袁之意志摇动矣！其故安在哉？

推原其故，约有三端

如上所述，民国四年六七月之交，袁世凯因种种关系，虽有变更国体之企图，尚无绝对同意之决心。最大原因为家庭问题，是故杨杏城、梁燕孙、朱桂莘、周子异、唐质天等，仅在幕后活动，未敢当面献议。转瞬至七八月间，袁之意志忽而摇动，于是更改国体之事，筚路开山矣。推原其故，约有三端：

一、袁受古德诺与朱尔典二人之影响甚大，此其赞成帝制之最大原因。按古德诺博士系美国约翰霍泼金斯大学校长，夙为国际政治权威，古氏认为中国适合于君主制度，而不适合于共和制度。至于法美共和制度，亦非善美，驯致党派纷争，苞苴公行，此于中国国情，尤不适宜。

朱尔典爵士为英国驻华公使，在中国服务逾三十载，与袁交谊最笃，惟彼确有左右袁氏之能力，伊因外交关系，劝袁变更国体，以期适应环境。朱氏且认中国人民教育水平不够，暂时不宜共和，殊不知国人教育水准虽有蹇缺，然于保全共和，志不可移矣。嗣后观澜赴英，就任使馆秘书，因朱为先祖门生。以老伯称之，见面辄讲中国话，伊犹坚持其主张，又云："袁总统完全失败于日本人之手，日人狡狯伎俩，予皆洞悉胸中，此后中国祸乱相寻，无宁岁矣。"

袁闻古德诺之言，对于共和政体，益无信仰，诚以古为共和国民而犹赞成帝制也。袁对朱尔典，向有好感，且与日人交涉，端赖英国幕后揞捂也。于是，帝制之议，急转直下，筹安会与请愿联合会各种机构，应运而生，吾故曰：袁以一念之差，自取灭亡也。

二、第一次欧战伊始，日人顿成天之骄子，在东亚可自由行动，对中国则予取予携，当其提出"二十一条"时，外交次长曹汝霖移宿公府，与袁比邻，出而叹息曰："极峰日理万机，夜不成眠，此岂摄生之道乎！"袁氏即受重大刺激，以谓变更体制后，则地位可以提高，外交较易着力，此属袁氏谬见，盖惟整饬军旅，方能杜息强邻之窥窬，徒改国体，于事奚补。

三、袁氏年已投老，英气渐消，高高在上，易受蒙蔽，其左右亲信咸劝袁氏称帝，无非自便身图，诚所谓叔世之奸谋，而非为邦之胜略也。其时秘书厅与内史府，每以中西各报狂捧之词，汇呈于袁，袁乃大受蛊惑。适逢其会，龙济光、张作霖等电袁，请早正大位，袁意遂决。然就观澜所目击，后以反对帝制自诩者，率为当时衷心劝进者。而袁本人承认改制之前，确曾考虑数四，故彼一旦觉悟，受人之绐，即幡然改图，撤销帝制，庶不致一误而再误也。

“二十一条”为催命符

延至民国四年十二月十二日，袁世凯正式承认帝位，翌日在居仁堂受贺，十九日政事堂“奏设”大典筹备处，廿一日封赠四十九人以爵位，爰以翌年元旦为登极之期，是为袁氏权威之最高峰，亦即袁氏声望之最低潮。旋派周自齐为特使，赴日报聘，日人违约，拒绝招待。不久袁遂撤销帝制，拖至六月六日，忧愤而卒。故曰“袁氏失败于日本人之手”。朱尔典之言，信而有据也。

自愚观之，纵无帝制之举，袁亦不能久于人世，因彼事必躬亲，繁忧总集，每日必进鹿茸一盅，强提精神，盖端午桥与袁友善，特为养鹿以取其茸。费子彬先生断为“体实而暴，一遇拂郁，气机窒塞，遂如怒马陷入泥淖，一蹶不振”。旨哉言乎。非名医不能道此。

按日人所提“二十一条”要求，实为袁氏催命之符，由于内心焦急，累月不能成眠，又不肯服安眠药，于是食量锐减，元气大损，为有精神失常之状态，遂作倾向帝制之决定，此所谓祸不单行也，伤哉！当其应付“二十一条”时，袁谓外长孙宝琦曰：“日人乘欧战之际，以亡韩视我，我死，目不瞑也，自今日始，全国上下必须卧薪尝胆而后可。”又谓家人曰，“余尝以手握臂，率计月小三分，旬日之间，革带常应移孔，以此推算，岂能支久。”家人见其眼眶臼陷，为之怆然！

当是时，袁复诏示其子规庵与巽庵曰：“袁氏至余，已四世为公卿，可以观德矣。然为家主者，俱无寿征，年龄无逾花甲者。兹余容发衰谢，年事遒尽，汝辈可无努力向上以求自立之谋乎，父荫不足恃也。”

凡上所引，予欲证明丙辰称帝之前，袁已自信大限之将至，何复有此反常之举，以贻无穷之害于子孙。是诚不可思议之事也。费子彬先生就医理诊断，谓为神经失常，予无异辞。澜按项城存年仅五十有八，克定现尚健在，已属庞眉耆耇之老矣。袁殁之后，三五年内，吾尝见全体阁员乘京汉路车，特诣彰德袁林致祭，此亦不可思议之事也。要之，帝制之举，袁固无以对大众，然袁办事，多少还有责任心，未可一笔抹杀，彰彰可见矣。

泰山其颓，家属四散

先是，克定奉命主办模范团，因此与陆军总长段祺瑞，摩擦殊甚，克定与段个性不合，早有嫌隙，故段对帝制，暗中掣肘，袁氏父子大不利焉。按克定自坠马后，办事能力锐退，模范团之事，隐为陈光远所把持，陈亦阘茸无能，故模范团耗费不赀，而其成绩则远不逮小站练兵之时也。

项城既殁，泰山其颓，家属四散，景象萧条，或归彰德故宅，或寓天津小白楼，克文则赴上海，成为“大”字辈人物。惟克定独居天津德租界一号路，其母于太夫人不久弃世，而项城第三第四如夫人率先忧郁而终，家庭之事，可谓不幸矣。

窃按袁项城弱岁为宦，历据要津，身后财产遗有三百余万元，皆在北洋大臣任内所积储者，时乃兼差十八项之多。然而袁有妻妾子女约四十人，老仆世代相随者又数十人，此三百万元，每人所得几何，差幸袁家未染奢侈之风，各房犹能愔愔度日。观澜走笔至此，不禁重有感焉！

夫任公职者，应以廉洁为根本，苟其胸怀大志，决不能以财帛为重，例如袁世凯、段祺瑞、吴佩孚三人，比较清廉，故于失败后，犹能保持领袖之地位，至如黎元洪、冯国璋、曹锟、冯玉祥之辈，家有聚敛之臣，斯其把握权力之时机，仅如优昙一现耳。

克定居津，杜门息辙，韬光养晦，潜心学术，从此绝迹仕途，不问世事，仅与二三至好，如载振、张勋、陈光远等，互通款曲而已。四十年来，光阴如驶，从无劣迹，从无招摇，硁硁自守，此亦难能可贵者矣。且除读书外，克定别无嗜好，酒色皆无缘，对于中国雀战、西国桥牌，委实一窍不通，声乐之事，亦甚隔膜，斯与寒云大异其趣矣。

克定生平口吃，不善谈论，但喜诙谐，妙语连珠，平日待人接物，向无疾言厉色；每逢佳节新年，必与各房老姨太叩首为礼，从无间断，是故家庭辑睦，诸弟妹咸敬礼之。然自袁家失败后，克定内心痛苦，予深知之，何则，景薄桑榆，实有穷途之叹，亲朋日少，不无寂寥之感，且仆从数十人，相随不舍，坐此食指浩繁，经济本非宽裕，时或捉襟见肘，是以精采瞀乱，颇同宋玉，言辞蹇吃，更甚扬雄，坎壈失志，其可知已。

克定喜古琴，其岳丈吴斋蹇中丞，名士也，以七弦名琴赠之，克定大乐，负笈就教于白云观老道，向风甚勤，颇有所得，工拙则不可晓矣。诚以爇香抚琴，雅人之事，观澜所未逮也。按克定博学多能，中文有根柢，书法遒正，未逮寒云之娴熟耳。惟克定四弟克端，字诚斋，书法宗魏碑，未必逊于寒云也。克定又治英、法、日、德四国文字，而最擅长德文，伊与荫昌夫妇，感情最孚。荫昌夫人为德籍，克定遂得研讨德文之机会。

克定即习英、法、德、日诸国文字，又读拉丁文，此外，更研究光学、水电学、物理学、哲学、伦理学等六七种。入其书斋，西籍纵横，予不禁为之吃惊。当时克定延请有外籍教授三人：一授拉丁文；一授光学与物理学；一授日文。此时段祺瑞典掌机衡，与日本密订《中日共同防敌协定》以阻俄共十月革命，克定谓有精研日文之必要，其习各种学术，并非浅尝而止，在书本上多画以红线并撰有笔记，蝇头小楷，必端必正，可谓好学也矣。

克定好学，有颖悟性

克定寓居津门时，彼此常相过从，无所不谈，予尝笑谓克定曰："兄应专攻心理学一门，则兄之好友蔡松坡与兄之劲敌段芝泉，无所施其技矣。"克定每笑而不答。盖其既不能知己知彼，而又口吃，不善辩证，此其处世基本缺陷也。无何，克定肄习拉丁文，津津有味，问予尝习希腊文否。予大反对曰："拉丁文何用哉！习此仅知西字来源而已，兹兄见猎心喜，将宝贵光阴掷于虚牝，可乎哉！"（澜按：拉丁文虽为无用之学，然西人至今视为必修之课，职由西方文化，滥觞乎斯。）

忆在民初，王湘绮任国史馆馆长。榜眼夏寿田为其高第弟子，克定以夏氏之介，数谒湘绮，请授尚书，湘绮老人亟称其有颖悟之性，授以洪范正义。当是时，吾劝克定多读中国历史地理，庶几学以致用，彼谓早已涉猎，匪啻一次矣。窃按中国为全世界之绿洲，开花最早，故其历史舆地，最有研究价值，惟国人对于本国经界暨前代章制，习之者尠，良可慨也！邑人钱穆，治历史，享盛名，吾愿莘莘学子以彼为楷模也。

荏苒至民十五，褚玉璞为直隶省督办，褚氏任其妾父宋云同为政务厅长，代褚主政，权倾一时，诛求无厌，秽迹昭彰。予此际方任直隶交涉使，并兼任会丈处总办。宋氏与予积不相能，时有龃龉，予当时因有杨宇霆为奥援，彼固无如之何也。此时袁克定已任开滦煤矿督办十余年矣。按开滦矿务局为中英合办事业，系袁项城所创立，英人德之，故以其长公子克定为督办，不必问事，月俸三千两。宋云同遂觊觎此肥缺，可以拿钱而不做事，欲去克定以自代。

予谓宋云同曰："项城殁后，遗产甚薄。袁云台（克定字）自奉甚俭，而仆从甚多，皆系世代相随，其祖若父为讨捻殉难者，云台全恃开滦所入为挹注，若卸此职，彼将无以为生。我愿以会丈处总办让君，月入亦超二千元。"

宋摇首曰："会丈处要与洋人打交道，我办不了。听你方才所说，我很感动。也罢，我想认识认识袁大爷，你肯陪我走一趟么？"

予曰："诺，敬闻命矣。"

少爷送客，开罪于人

宋既有意拜访克定，彼此见面谈谈，总是好事，惟予深知克定之怪脾气，诚恐在无意中开罪于人，特于事先往访，并一再警告克定曰："宋云同仗女儿威势，在直隶省，以国丈自居，吾兄与彼寒暄，务要客气，不可王顾左右而言他。”克定曰：“诺！”

越日予陪宋氏往访克定，会晤之时，克定应付得体，宋似满意。予更在旁吹嘘，以克定所撰光学笔记示宋，宋大击赏。无何，宋告辞，临别之顷，克定送客，仅及客厅纱扉，迅即转身入内。时有随从两行，在门外站班，主人如此慢客，当堂使宋窘极，予处此尴尬场面下亦无从为力。于是克定之开滦督办职，终被宋氏攫夺而去，而克定生计益感据拮矣。据予所知，克定送客时，不论谁人，皆不送出室外，习惯如此，牢不可破。只有一次，清宫太傅世续奉隆裕太后命，进公府，谈贺礼，克定始送出大门以外。似此送不踰阈，尚非紧要，其予人印象不佳之处，在于临别之际，抽身过速，瞥若惊鸿，似以脱身为乐，实则彼因不良于行，故转身与常人有异，非有慢客之意也。由是观之，予劝克定专攻心理学之说，诚有旨哉！

民国十八年，予自沈阳丁忧回籍（江苏无锡），时予萧然疲役，乃有脱离政界之思。翌年，克定伉俪特自天津南下，访予于无锡，盖分手未遥，翘心且积，予与云台，感情素洽，故彼不远千里而来也。云台赠我居仁堂制花瓶一对，工致异常，确系郭叙五精心之作，胚釉甚细，堪与雍乾官窑竞爽一时也。云台伉俪所携随从甚多，止于予舍，在众多仆从中，有一抱古琴一张，另有一挟木板数块，古琴与木板雅俗悬殊，旁人观之，大可噱也。盖云台生平，最怕弹簧之软床，睡时须叠木板两方，加诸弹簧之上，若只垫一方，则夜不成眠矣。至于抽水马桶，更非云台所喜，其守旧如此。读书之时，手不释卷，不思饮食，其笃学又如此。

装束奇突，名士作风

按云台身材矬短而微胖，面色红润，由于无嗜好也。不好酒，不吸香烟，两目炯炯有光，酷肖其父。发作“滂沛陀”式，其光可鉴。年近知命，不留髭须，望之犹浊世佳公子也。云台好洁，梳洗费时，予性急，每敦促之，云台不顾也。惟其装束奇突，迥异流俗，路人皆目瞪视之，继以呵呵大笑，伊戴方顶黑色小帽，无帽结，上缀珍珠一颗，珠奇小，此种装扮与当年袁项城、段合肥燕居所御，无二致也。

云台不喜着西装，亦不喜军服，颇似段合肥，项城则喜着军服而恶中装也。按项城向有维新观念，平日若非祭祀，不穿中装，抑亦不喜西服，因其颈短而肥，不耐西装之硬领也。云台所御长衫，尺度甚短，马褂之袖，尤窄而短，内着西装裤，非如袁、段二氏以带绑腿者。手持斯的克，足登漆皮革履，彼所着之革履尺码特小，系泰西妇人所用者。云台常将左右脚着错，遂呈奇观，令人喷饭。

予尝谓云台曰："易经有之，当出门履错之初，敬之无咎。"

云台莞尔曰："余足有病，这样很舒服，二妹夫（呼笔者），请你不要管束太严。"按云台从未叫我名字，我则以大哥尊称之，彼此敬礼勿衰。

云台微有自虐狂，对人则存忠恕之念，犹为旧礼教所束缚也。其性格极度守旧，又极端维新，一面反对抽水马桶，一面研究水电之学。处世之道遂失其均衡。然其为人，予深表同情，因上述疵点，观澜似亦有之，故论名士作风，妙在天生不羁，并非矫情，读者应付胡卢一笑。

张宴迎宾，往事历历

云台甫卸行装，即欲参观吾邑工厂学校，并拟遍访名贤，聊表敬意。予嘉其志，乃陪往各处，踵门拜访，并谓云台曰："诸老来舍，兄应送出二门，祈勿忘怀。"云台曰："诺。"

顷之，邑中长者，争造蓬门，予特张宴，欢迎嘉宾。是日座中，忆有唐蔚芝、荣德生、唐保谦、杨幼梅、蔡兼三、杨翰西、钱子泉、杨章甫、钱孙卿、廉励卿、孙寒厓诸老，家兄毓津，舍弟寿萱亦与焉。

予为一一介绍于云台曰："当年徐菊人在小站辅佐先总统时，杨幼梅观察即参徐幕，旋在汴省供职有年，至今一口河南话，吾兄应有亲切之感。荣德生、唐保谦二老，为吾国实业界巨擘，旁及慈善事业，宏济世人。论文学，则钱子泉先生风格遒上。论书法，则孙寒厓先生挺秀拔俗。论经术，则唐蔚芝先生冠绝群伦，风轨德音，为世之范。至兄所喜光学与物理学，则家兄毓津天姿茂异，国学渊深，所著《易经与原子》之籍，连犿奇伟，独禀先觉，奥人史多氏为世界第二名物理学权威，阅其大旨，向若而惊，为作序言，揄扬备至。乡彦蔡兼三，汪汪轨度。吾师杨章甫，恂恂德心。诜诜众贤，遇之不能无欣，欣逢今夕之盛会，终感嘉契之难再。……”

是夕终席之后，唐蔚老以诗经一部赠予云台，云台则赠一千元于蔚老所办国学专修馆，以备购籍之需。是故吾邑父老皆以云台为贤公子也。

偕游名胜，乐也融融

翌日，予与云台偕高朋良侣，共游无锡公园，园址在古崇安寺，吾邑之乡校也，乃市民臧否时政之所，想见当年犹有民主之风度。下午乘舟赴乡，至军帐山，瞻谒先祖庸奄公之墓，山明水秀，风景幽恬，归途已万家灯火矣。

袁云台在锡，与愚道素志，论旧款，排日游览名胜，兴致甚豪，彼以为庄生之逍遥，尚子之清旷，不是过也，斯足乐矣，何必富贵乎？

一日，邀游惠山，安步当车，是为江南名胜之奥区，吾辈谒昭忠祠，游奇畅园，入园则名山全收眼底，日光回照，则众山倒影。昔日满人端方任两江总督时，寄宿园中，流连忘返焉。继登二泉亭，亭有二泉，一方一圆，水皆缥碧，一湜见底，泉水激石，泠泠作响，以水煮茶，芬芳扑鼻，乾隆帝饮而甘之，题为“天下第二泉”。实则杭州第一泉无以胜兹，不过得名有先后耳。

二泉亭在山麓，游客休息之处也，云台虽跛，直指山阿，予在壮年，落后甚远。抵黄公涧，适值山雨之后，急湍甚箭，猛浪若奔，吾侪搴裳涉涧，负杖登峰，杳然不复自知在天地间矣。按此处乃战国时楚春申君游憩之所在也，旁有仙石，石面平坦，星罗棋布，出于天然，故老相传为南北斗对弈之所。

无锡商业繁盛，河道纵横，承平之际，游艇甚多，其规模闳肆者，实变相妓寮也，与广州大沙头游艇，初无二致。惟无锡艇家较为高尚，因系富商名流所眷注，其流品决不低于上海书寓与北平清吟小班。最盛之时，灯船著名者，亦仅十数家，备有极大游艇，入夜晃耀夺目，故称灯船。内外雕绘甚工，髹以广漆，几案明净，陈设雅洁。每船容客可三十人，漫谈古今，心旷神怡，雀战奕棋，最为适宜。故当年外交部长伍朝枢誉之为河上璇宫，海军司令陈策则谓在船头可置小炮，足见游客向往之情矣。

袁氏昆仲曾闹太湖

船尾辟有小室，床榻俱全，可供游客休憩，并无狎邪作用。艇妓三四，淡装宜人，伺候游客，无微不至，亦兼向导之职，伴客游山玩景，洵良侣也。船菜尤享盛名，肴烝甚精，远胜菜肆，鱼虾尤新鲜，如蟹粉翅、桂栗羹、脆鳝背、罗汉斋等，最脍炙人口。袁云台独嗜湖鲚，谓为松江之鲈、江阴之鲥，不是过也。其实太湖之鱼，无不可口者，游罢归来，舟泊艇家之前，接通电线，于是电炬如画，游客亦可登岸消遣，益兴流连忘返之感矣。自民国十七八年，革命军抵江苏，烽火连年，花事已趋萧瑟，艇家渐归淘汰，其时雇艇费用，整日约二百余元，犒赏在外，固非穷措大所能胜任也。

云台伉俪既喜游名胜之区，更嗜船菜，故予常雇游艇，数至太湖。云台夫人最贤德，初见艇妓，谓观澜曰："彼花枝招展者，何其多耶？"

予曰："是女招待也，无伤大雅。"

盖予与云台夫人一问一答时，大有戒心，犹忆十余年前，云台之四弟克端、五弟克权、六弟克桓、七弟克齐、八弟克轸等，至锡会亲，克端、克权、克桓之夫人皆同来，而克权、克桓又皆新婚燕尔。一日，予单独请诸弟驾艇游湖，诸弟见艇妓而大乐，盖在府中极少出门之机会，不无少见多怪也。不料三位夫人不能放心，乘予家汽艇，自后赶上。克权夫人为端方女，性豪爽，见状大怒，立兴问罪之师，诸弟佯醉，竟以艇中家具尽掷湖中，大煞风景，其可噱也。

舟经五里湖时，风景如画，莲塘缥碧，故老相传为范蠡泛舟与西施探莲之所也。抵梅园，园为荣德生丈所经营，园绕山峰，故檐下流烟，共霄气而舒卷，园中桃李，杂椿柏而葱蒨。抵鼋头渚，杨翰西丈尝葺宇其上，吾等遂游憩其间，是为湖滨景致最胜之区，风烟俱净，水天共色，幽岫含云，深溪蓄翠。当年予偕吾国棋圣吴清源至此，彼曾慨乎其言曰："纵目四瞩，吾觉胸襟豁然开朗，无形之中，棋力可伸半子，仁智之乐，岂徒语哉。"时日本名家木谷实在旁闻言，矍然惊曰："诚如君言，棋力倏增，吾不知所税驾矣。然此地奇山异水，天下复绝，日本山水，瞠乎远矣！"

云台携琴以俱，亦最流恋此处，时一抚琴对水，独咏山阿，谓观澜曰："运丁百六，无事为贵，保其七尺，终其百年，斯已适矣，奚必以世事经怀哉！"

性僻而坚，老景堪怜

回忆民国十年，徐世昌获任总统，段祺瑞已告失败，克定与徐总统情款素洽，一度有出任河南督军之消息。此举系赵倜所建议，曹锟亦赞成，克定则无可无不可。吾等知徐总统大权旁落，并知克定壮情已歇，故竭力劝阻之，斯议遂寝。洎民十七，国民革命军底定平津，克定一家未受打击，因清末汪精卫谋刺摄政王，系狱之后，肃王善耆与克定二人回护甚力，故克定与汪精卫颇有渊源。据克定语予，伊当年所营救之革命党人，尚不止汪精卫一人，此事郑毓秀女士知之甚悉。厥后予在巴黎邂逅郑女士，伊犹殷殷垂询克定之近况也。

就予所知，当晚清末叶，中国有被风分之忧，故袁氏父子皆有维新观念，赞成君主立宪，请设各省咨议局之奏指，即为直督袁世凯与鄂督张之洞二人所缮。关于戊戌政变，袁世凯始亦赞成新政，附翁同龢，继因德宗信臣措置不善，袁氏遂被卷入涡游之中。此事论者已多，观澜不欲再述。

克定现年逾八旬，存亡未知。十余年前犹居北平颐和园，块然独处，早有离群之志。惟老仆数人，始终追随左右，且有亲戚数人，倚彼为生。据数年前大陆来人谈及，共产党并无虐待克定之情事，间或赠以小米之类。然彼经济久已拮据，年老如此，尚须排班购物，处今之世，求无冻馁而死，已属徼天之幸，嗟乎！老檠在涧，亦伤心事也。

克定所娶吴大澂长女，早已逝世。夫人有贤德，生女二人。长适雷震春之子。震春系陆军上将，尝任军警督察处长。次女最慧，精通翰墨，适吴江费仲深之子象仲。仲深知名当世，尝任总统府内史，其夫人为吴大澂幼女。象仲毕业于英国剑桥大学，后掌教于上海交通大学，对日抗战之时，违难入川，因其思想不满于国府特务工作，遂为特工所扼杀，沉尸江中，深堪悼惜。

克定无后，故纳宠。第一如夫人马氏，生子家融，幼年留学美国，姿质平庸，回国后，娶两湖巡阅使王占元之女，一度继任开滦矿务局督办。克定所纳第二如夫人张氏，早已下堂而去。克定家世，犗具于是矣，迹其为才，知足知止，性僻而坚，好学不倦，世故则浅也。

因刊《辛丙秘苑》且谈袁克定

杰　士

袁世凯拥有十位妻妾，生了三十二个儿女。大儿子袁克定、二儿子袁克文的名字，知道的人比较多。袁克文的生平琐事，几十年来，报刊上常有叙述。现在让我谈谈这个走在时代逆流、妄图做皇太子的袁克定吧。

总统大少爷原来是捐班

袁克定，字云台，号蝶庵，是袁世凯原配于氏夫人所生的长子，又是曾任湖南巡抚吴大澂（按：即当代上海画家吴湖帆的祖父）的女婿。少年时期，从家庭教师读些四书五经，同时学习外语。经常和一班纨绔子弟斗鸡走马、捧女伶，好挥霍，而待人却刻薄异常。

光绪廿七年袁世凯任直隶总督，因克定没有考取功名，为了便利他在政治上活动，就替他捐了个候补道，也就是花钱买资格。克定在家时，涉猎过一些兵书，却以知兵自命，好骑马谈兵。（又据说，他早岁曾负笈德国，跛足即在德驰马摔倒负伤所致。）

一九〇七年（光绪三十三年），清廷改革官制，把商部改组为农工商部，载振仍任尚书。奕劻、载振父子为了要和袁世凯加深联络，载振请授克定为农工商部右参议，其后迁右丞，署左丞。光绪帝死后，袁世凯被黜回籍，克定先到故乡河南彰德洹上村监工督造房屋，而农工商部的官职，还是挂名领干薪。辛亥革命以后，托着总统大少爷的招牌，更是到处招摇，向各方拉拢。

出谋划策攫取国家大权

袁世凯的文武属员，都叫克定为“大爷”。克定久随老袁左右，和当时北洋派将领都有密切交情。他看到新建陆军势力的成长雄厚，对于摄政王载沣竟把老袁罢黜，常怀切齿之仇；但目击奕劻的贪婪、载沣的庸懦，而载涛、载洵、毓朗之流则主张建立皇族军权，信任留日士官生之可为己用，又排斥铁良开缺闲住（后来铁良虽任江宁将军，这是恐怕铁在北京别有勾结，特为外放之故），以致弄到北洋将领栗懔危惧，离心离德。克定认为报仇的机会不远。到了一九一一年（辛亥年）秋，武汉革命军起义，袁世凯运用手段，再起东山，出任湖广总督，而至内阁总理大臣。克定此时已出谋划策，参与攫取国家大权的密谋，成为核心人物之一。

武昌起义不久，冯国璋奉清廷的命令，任前线第一军总统（按：此时所称之总统，即总司令也），率军南下，攻占革命军根据地汉阳时，两北军暂时停战。某日，忽有一人从武昌方面渡江北来，被冯军截获，疑为间谍。问他的名，为朱芾煌，身上藏有“钦差大臣袁”的龙票（即护照），难辨真伪。据朱自称：系受袁克定密命和南军黎元洪接洽和议。冯国璋据报，焉敢怠慢，命把朱芾煌暂行拘禁，密电袁世凯询问究竟。老袁复电说：“此事须问克定。”后得克定电报说：“朱即是我，我即是朱，若对朱加以危害，愿来汉与之拼命。”这样，冯才了解克定的行为，立即把朱释放。足见当时老袁对于克定既信任又放任之一斑。溥仪在《我的前半生》一书中，也有谈到克定在此时期的活动，如说：“袁世凯到北京，两人（指袁与汪精卫）一拍即合，汪精卫也很快与袁的长子克定变成了好朋友，从而变成了袁的谋士……”这更说明了克定向各方拉拢的事实。

袁世凯攫得临时大总统，踌躇满志，玩弄手法，借词北京兵变，而不肯到南京就职。个中策划，就是袁克定所预谋。

陆军模范团太子任团长

一九一四年（民国三年）十月，老袁为了扩充个人的实力，创办陆军模范团，自任团长，陈光远任团副，克定等为办事员。第一期官兵都经过严格的选择和保证，而以各师旅的团长充营长，营长充连、排长，正目也是下级军官。训练的目的，是绝对服从袁世凯个人的命令，能为袁效死出力不惜性命。每人宣誓有“违背誓言，天诛法谴”等语。第二期，即由克定升任团长了。团的官兵，薪饷被服，待遇优厚，毕业照原职升级任用，企图造成寻供老袁指挥的特别系统。按照老袁意旨，他自己既是创练新军的权威者，期望克定也能克承父业，树立“袁家军”势力。

王士珍（清末曾任陆军部大臣，民初任陆军总长）某次染病，克定奉命前往探问，见王时，作揖行礼。王在病榻只略略举手示意。克定沉不住气地说：“我不是公的部属，为什么这样的傲慢？”王说：“我是尊大人的朋友，论行辈，可答礼可不答礼。你虽然高贵，和我毫无关系，我不能颠倒秩序，来取媚于人的！”克定碰了钉子，悻悻而去。

老袁的独裁政治而至窃国称帝，固然其本人的野心作祟，而热心帝制，一力怂恿老子去干的却是袁克定。现在把他与老袁窃国称帝有辟的秘闻丑事，摭记一二如下。

冯李皆误信老袁不称帝

民国初年，克定奉老袁命赴德国，德皇威廉二世在宫里设筵款待，屡说中国如不采用帝制，绝不能图强。力劝转达老袁从速采用君主制度，德国当用全力相助，并亲笔写信给老袁。克定归国以后，所以悍然怂恿老袁称帝，是恃有德国做他的后援。当时德皇穷兵黩武，野心日炽，威胁欧洲。老袁更如迷信德制，竟不惜推翻民国，帝制自为了。

老袁阴谋帝制，初时不甚显露，到了成立筹安会，冯国璋从南京北上谒袁。冯问："外间有总统要改帝制的传说，不知确否？"

袁答："历史上开创之主，年皆不过五十，我已是将近六十岁的人了，须发尽白，精力也远不如前。大凡想做皇帝的人，必须有个好儿子，才能克绳基业。长子克定脚有毛病，是个无用的跛子。次子克文只想做个名士。三、四子（指克良、克端）都是纨绔，更没有出息。我如做了皇帝，哪一个是我的继承人呢？将来只能招祸，不会有好处的。"

冯后来每对人传说袁所讲这番好像入情入理的话，直到次年改元洪宪，才知受骗。

袁世凯和李经羲（李鸿章之侄，清末官至云贵总督，袁窃国时，封为"嵩山四友"之一）谈话，也有提到这个不中用的跛仔。一天，李经羲由天津到北京，访老袁于居仁堂。李问袁，外间盛传慰亭将称帝，究竟有此意否？老袁哈哈大笑地说："九爷（李行九），试思我行年将到六十了，功名忧患，都已饱尝，何必再干这劳什子！如果说是为子孙万世之业，那我的几个儿子，老大（指克定）跛脚，老二（指克文）天天和樊山、实甫们闹诗酒，都不能做大事的。老三、老四，年幼识浅，更谈不到了。九爷，谣言尽管谣言，你我相知有素，何必信它呢！"

李因老袁所谈的率直又有风味，也拍掌大笑。

献皇室规范，信风水大师

日本法学博士有贺长雄，是老袁的最高法律顾问，有贺对老袁极恭顺，自称"外臣"，为了迎合克定的意图，特把日本皇室典范，改头换面，替老袁起草《皇室规范》。其中：

第一条，中华帝国大皇帝传统子孙，万世延绵。

第二条，大皇帝位传统嫡长子为皇太子，皇太子有故，则传统嫡子皇太孙。

第三条，嫡皇太孙有故，则立皇二子为太子，立太子以嫡不以长。

这样一来，克定在皇室中规定取得了候补皇帝的资格，即使他有故，他的儿子家融也是皇帝的唯一候选人了。这是克定和有贺长雄勾结所弄的把戏。

山东贾某，原是走江湖的堪舆家。当时北京城一切新建造，都由克定负责料理，他特把贾某请来，尊为“风水大师”。贾某既惯走江湖，乃不惜油腔滑调、指东划西地说：

“帝王旺气，荟萃前门。储公大名是定，定没有座位，气嫌空泄，难以坐镇。前门皇运咸备，门内左右，应相对地兴建高楼洋侧两座，使储公制定座位，那就河山带砺、稳如泰山、安似磐石了。”

如此胡说八道，实在令人发笑。原来山东土语，“定”与“臀”字同音。贾读“定”为“臀”，才弄出这样的笑话。然而这位皇太子袁大爷，居然迷信到极，自己住所的陈设，也都要贾用罗盘定线来安排。

梁启超徐世昌含混其词

有一次老二袁克文和苏妓出身的妾侍雪莉清在颐和园游玩，克文一时兴起，写了歪诗两首，竟触怒了克定，几乎惹起杀身之祸。雪莉清看到此种封建家长的无理束缚（克定是嫡子，克文是妾侍子），因此竟与克文脱离关系，即到汉口再度挂牌当娼。常向嫖客诉说，袁克定未做皇太子，已经威福自恣，盛气凌人，将来在家庭中怎能忍受，所以宁愿做“胡同先生”（指妓女），不愿做皇帝的家中人。

老袁称帝，一切布置，多由克定发号施令，从中摆布，杨度之流只是等因奉此地出面办理，有时又两人协同密干。民国四年的春间，克定与杨度谈及变更国体事情。克定说：“此事关系极大，先要罗致一些有名望的人共同讨论，才可进行。任公（梁启超）领袖名流，如得他的一言，胜于十万毛瑟。”

于是，约梁会谈。克定先说：“近来有以共和不适合国情，主张变更国体的，先生高见如何？”

梁突然听着，一时不知所答，继而眉头一皱，才说：“我生平所研究的是政体不是国体。”杨度遂对克定说：“任公只问立宪与否，不管民主与君主的。”

等到帝制将要实现时，各方纷纷奉命上劝进表，但徐世昌绝无表示。克定特访徐世昌，征询意见。徐是著名老奸巨猾的狐狸精，他对克定说：“我不赞成，也不反对，你们去做好了。”

克定先后听了梁、徐两人的话，估量一切都可以平安过去，怎知结果上了大当。

既狂言怪状又制造舆论

筹安会气焰高张时，严修（字范孙、天津人，清末学部大臣）到北京，曾直接向老袁规劝，帝制有百害而无一利。在面谈之外，再用书面痛说帝王子孙朝士嗣绝杀戮之惨。中有“且帝制诸人，日挟云台（克定）以蔽大总统；外间真舆论，大总统得知其梗概乎？修为云台危，为大总统危，为袁氏危，愿弟言之不中也，愿大总统三思而后行之”等语。

老袁得书，深受感动，本拟决定摆出帝制之意。杨度等闻悉大为恐惧，星夜与克定商量对策，对付严修。第二天，召集帝制帮凶会议。克定痛骂严修，大声地说：

“今日之事，改行帝制，如再谈共和，出尔反尔，断无此理。果有人能担保取消帝制，袁氏家族，永无危险，那就姓袁的不做皇帝。试问谁人能够担保？”

说毕，两目炯炯，拿着手杖东颠西倒地破口谩骂，把室内窗户玻璃全部打破，又把大穿衣镜击碎，借此示威泄愤。在座某甲把当时克定的狂言怪状走告严修，严立即乘车返天津。后来老袁虽然卑辞谦函请严到京，严也置之不理。跟着克定和几个爪牙，入见老袁，反复呈述取消帝制之害。

老袁一心要做窃国大盗，不听老友严修的诤言，从此一错要错到底。

制造舆论，也是克定的伎俩之一。如每天将在北京出版的《顺天时报》改头换面后，送给老袁看。另一份《亚细亚报》的主持人薛子奇（大可），为有名的“臣记者”，每日趋承克定左右，在报上做克定的喇叭手，社会上戏称克定为“克宗定皇帝”。后来黎元洪明令宣布薛子奇为八大祸首之一，而列名筹安会的严复、胡瑛、刘光汉、李燮和反不在内。因此有人替薛呼冤。而好事者却以薛、子两字相连则为孽，奇字分开是大、可，薛以大可为号，无疑的天造地设“大可”实在是帝制余“孽”。

病榻托孤说了“约法”两字

老袁卧病时，每天还是举行“榻前会议”，后来病情恶化，却由克定主持代行。老袁指定托孤寄命的四人，即：段祺瑞、王士珍、张镇芳、徐世昌。克定也在床边参加。老袁吐着低微的声调说：“我已经不中用了。”

徐即说了两句安慰的空话，跟着又说：“万一……不知还有什么吩咐？”

老袁泛着垂死的眼，只说“约法”两字。

这真把在座的人搞得糊涂了。因为按之旧约法，总统不能行使职权，由副总统依法继任；若按新约法则将总统继任人选名单，藏在金匮石室。克定这时不肯放过他“继承大统”的机会，即补充了一句“金匮石室”。可是老袁却毫无表示，已经不能说话了。原来老袁初时写定的人选是袁克定、段祺瑞、徐世昌三人。到了病重时，却暗中把克定的名字改了黎元洪，此举连克定都不知道。好像预知克定必不能统驭北方将帅，只会应了帝王子孙必无噍类的成语，所以才决定把它改写的。

老境太颓唐，可怜袁大爷

袁世凯死后，克定还以大爷的身份，奔走各方，经常往来济南、苏州、上海等地，吃喝玩乐，招摇过市。随从十多人，如按摩医生、厨子、当差、卫士等，还有两三个帮闲的酒肉朋友。天津沦陷期间，日军司令坂西和他常有来往，克定兼通英、日语，不需传译。日本投降以后，他的生活潦倒不堪，在北京寄居在他的表弟张伯驹（张镇芳的儿子）的海淀别业，又一度寄居于颐和园内的一间旧轩中。有一次，张国淦（字乾若，湖北人，曾任教育总长，是黎元洪亲信）接他到城内闲谈，留他吃饭，有张联棻、恽宝惠等作陪，希望从这个落魄、过气太子的口中，探得一些内幕史料。结果，这个废太子支吾其词，无从探询。当时克定衣衫破烂、步履蹒跚，俨然一个老病的叫花子模样。恽宝惠掏了腰包，叫三轮车把他送回海淀。他晚年的生活，是靠地方政府按月所发的救济金维持。至一九五八年死于北京，得年八十一岁。（附志：袁世凯生于光绪三年十二月，死于民国五年，年五十八岁；克定母亲于氏夫人，死于民国八年，年六十三岁。）

袁克定治病记

林　熙

原编按：袁世凯帝制自为，谈者多谓此事之怂恿者，是袁的大儿子袁克定。袁克定曾经堕马伤足，左足不良于行，因此又有人嘲称他为跛脚太子。本文作者曾经亲聆颜世清说袁克定曾因堕马而半身不遂，赖一美国医生为之施手术治愈，却也不知道那位美国医生的姓名。最近，作者方从香港大学图书馆中获得这位美国医生的自传，书中，详述他昔年治愈袁克定的经过，并从美国人目光中看袁世凯的家庭，还谈到垂丝诊脉等许多可笑的事情。这是一篇有关袁克定治病的第一手资料，也可以说是民国初年的一段文史掌故。

一九一五年（民国四年乙卯）袁世凯搞帝制的时候，那批攀龙附凤的人，已暗中把袁克定当作太子看待了。后来袁世凯的皇帝做不成，而“太子”的诨号，还落在袁克定身上，很多人在背后提到他都叫他为“洪宪太子”，甚至也有人在“洪宪”之上加“跛脚”两字，以形容这个过气太子不良于行。刘成禺《洪宪纪事诗本事簿注》说颜世清于洪宪元旦入新华宫朝贺袁世凯后，即往“青宫”贺太子，颜世清微跛，跪拜后，克定还礼。这一趣事，刘注文云：

穀梁传，郤克升堂，妇人笑于房，谓使秃者御秃者，跛者御跛者，故妇人笑于房也。克定左足病曳，颜世清右足不良于行。洪宪元旦，世清朝贺新华宫，礼成，世清退值，疾趋储宫贺太子。世清行拜跪礼，克定还礼如仪。克定左跛，杖而能起；世清右跛，亦案地良久，身乃成立。左右各留半膝，有如抵角对蹲之戏。克文、克良大笑哄堂，克定盛怒，痛责诸弟，谓其儿戏朝仪。克良答曰："汝真以储君威权凌辱群季耶？世界上岂有跛皇帝、聋皇后者？"并讥克定妇，吴清卿大澄长女，两耳实聋，充不闻声也。克定纵怒掷物，世清又跛跪以求息怒。吴江费树蔚为清卿次婿，故克定荐授肃政使。（江夏汪哕鸾记事）

刘先生是根据汪君记事的，但这件事并不可靠。颜世清是广东连平县人，字韵伯，他的三代一向在北方做官，很少回广东。他是进士出身，清末受知于肃亲王善耆，袁世凯很赏识他的才干，世凯在北洋任上，世清做直隶道员，后来调任东三省。世清能鉴赏，富收藏，寒木堂藏品是有名于世的。刘成禺这一段文字登载于一九三六年五月五日出版的《逸经》第五期，我读后即往访颜先生，问他有没有这事。他说文人喜听谣传，不可信也。我就问他袁克定是怎样跛脚的。他说似乎是从马上摔下来晕过去，救醒后发觉半身不遂，袁世凯请了很多名医为他治疗，但总没有起色。后来经美国驻华公使芮恩施（Paul S. Reinsch）介绍一位美国大夫到养寿园医治，果然药到病除，袁克定的病好了，不过脚有点跛，走起来不大方便。

我听后赶紧问颜先生那个美国大夫叫什么名字，他说他也不知道，只知道是美国人罢了。记得五十年前读袁克文的《洹上私乘》，说他的大哥在河南故乡送他的母亲登程入京后，骑马回养寿园时坠马受伤的。一九六四年四月一日香港出版的《春秋》半月刊，载有薛观澜遗著《我所知道的袁大公子》，中有一段记克定在德国坠马事，有云：

一日，克定与德太子威廉并辔郊外，乘马受惊，绝尘而驰，克定踣地，被压马腹之下，右腿折断，克定晕去。差幸德医技术高明，生命得以挽救，出医院时，两足皆跛。回国见父，形容憔悴，项城见其讷讷不能出口，不禁声泪俱咽。……

薛观澜是袁世凯第二女之婿，也即是袁克定的妹夫，虽然他和袁家结亲时，世凯已经下世，但他和克定兄弟很熟的，何以所说与克文所记不符？可惜薛君已于一九六四年三月死了，不然的话，我很有机会问问他究竟的。

其实，医好袁克定的并不是什么“技术高明”的德国大夫，而是在中国的一个美国大夫。近日我从香港大学图书馆见到一册萨培（William Sharpe）医生的自传，因为三十年来我的脑海中常记有袁克定这件事，故此拿来一看，试翻目录，则其中第八章叫《为中国一个贵族动手术》（Operation on Chinese Royalty），我心中一动，难道这是和袁世凯克定父子有关的那个大夫吗？连忙翻阅一两页，果然不错，大喜过望，便托人把这部书借了出来，详细一读（我的阅书证只能在馆中看书，不能借出）。于是，袁世凯怎样请到这个大夫，他怎样到洹上养寿园为“太子”治疾，我都清清楚楚了。这一可贵材料，的确是“洪宪”朝一掌故，必为读者所乐闻，遂参考此书，草为此文。我只译其大意，但绝对是保存作者原意的。

一九一三年（民国二年）四月下旬某日早晨，萨大夫正在苏州一所基督教教会的医院里，替一位西洋胖妇割除胆囊。以下便是萨大夫所记的事。

这一天的天气很温暖，江南的风景，在暮春时候是特别令人可爱的。我为病家施行的割胆手术已经很满意地完成了，只是在缝扎伤口时还遇到一些小困难，但我的助手却能迅速地帮助我做完这项善后工作。正当此时，一位穿着长袍的中国人走到手术室，他把我拉向一个角落里，放低警音对我说：“北京袁大总统有急事，要请您入京一行。”

他所说的袁大总统，我是知道的，袁大总统从前是清朝的大臣，一九一二年，他的内阁奉命和南方的革命军谈判，和平转易政权，结果满清的皇帝退位，袁世凯水到渠成，做了中华民国的大总统。

我便问那人："袁大总统为什么要叫我入京呢？"

那人说："没有什么重大事情，我猜不过是一些医学技术问题要向您请教吧。请您放心，没有什么麻烦的。江苏的督军已经为您安排好专车了。"

我坐上为我准备的专车回到上海。为了入京公干，我便向学校请假一个月（按：萨大夫在上海创办哈佛医学院，后来北京的协和医学院成立才合并），当晚就乘坐一艘为我服务的专轮驶向黄海而去。

袁大总统不知有什么重要的医学问题和我商量，我猜一定是很要紧的，否则就不会花这么多公家的钱，派专轮来接一个外国大夫了。

航行两天，我到了青岛，火车站上已备了花车，坐上火车，到了济南府。我这次旅行，行李很是简单，只带一只小皮包和一个小皮箧。

在济南府停留一宵，第二天我又乘坐花车北驶，到达天津，转车向北京进发。车将到北京时，我还是不知道我此行的任务是什么。把我叫到北京看谁人的病呢？如果不是袁大总统本人，又何必如此劳师动众？假定是他有病，生的又是什么病，为什么这样神神秘秘，陪我同行的人，一丝儿口风都不泄漏？

北京的火车站上，早已有几个人在迎候我了，我只识其中一人是蔡廷干，他现任总统府英文秘书长，留美学生，一向追随袁大总统，是亲信人物之一。他招呼我坐上马车，开到六国饭店，我们进入一间布置很华美的套房。

安顿下来后，房里只有我们两人，到此时，蔡廷干才告知我生病的人是谁，还再三叮嘱我保守秘密，不可向外泄露。原来病人是袁大总统的长公子克定。大约两个月前，袁克定从马上摔了下来，自此即不醒人事。等到救醒过来，他的左腿左臂已经麻木了。到今日已六十多天，还未能恢复原来状况。这位三十九岁的袁大公子，听说很有才干，能协助他的爸爸处理困难的问题。袁大总统出身于仕宦之家，野心极大，而领袖欲又很强，看他的行事，他很想牢牢抓紧总统宝座，传之子孙。在他心目中，只有这个跨灶儿才有资格继承他的“大宝”。现在大公子患上这个半身不遂之症，将来传托无人，岂不是眼光光把总统宝座让给别人。有此种原因，不得不保持高度秘密把大公子的病早日医好，如果给人知道，就发生坏影响了。

正在这时候，哈佛大学的校长伊利奥脱到北京游历，他偶然和驻华公使芮恩施博士说到我从前在哈金斯大学曾接受古成博士指导，专门研究神经学，对于神经系统的解剖，尤为擅长。芮恩施博士忙把这些话向外交总长陆征祥说了。原来我这次被召入京是出于我国公使芮恩施博士的推荐。袁大总统是中华民国的统治者，为了要救回他的儿子宝贵的性命，不惜重金礼聘名医，到现在为止，已有九个医生在袁大公子左右了，可是他们都束手无策，不能为总统分忧。袁大总统急得要命，知道我薄有技能，就把希望寄在我身上，希望我能够把他儿子的病医好。

我了解这个情况之后，不免有多少慌张起来，袁总统既然这样期望我，教我怎样才好呢？把他的公子医好了，当然再好不过，设使不幸出了事，我个人的名誉有损还不打紧，但怎样对得起袁总统呢？我正在沉思着，翻来覆去地研讨这件事情，而蔡廷干又再三叮咛，要我保守秘密，因为袁总统不想他的人民知道他的继承人得了这个病。（按：蔡廷干，字耀堂，广东香山人，清同治十二年官费派赴美留学的第二批幼童，时年十三岁。归国后，初在大沽炮台鱼雷艇服务。甲午中日战争，任威海卫鱼雷艇指挥，力战被俘，囚于日本大阪监狱，和议后释放归国。光绪三十一年，直督袁世凯奏请，留在北洋差遣，宣统三年任海军部军制司司长。辛亥后，任总统府高等军事顾问，民国十三年任税务处督办，民国十五年，杜锡珪以海军总长兼代内阁总理，以蔡廷干任外交总长，数月后即下台，下一年辞去税务督办，隐居大连，九一八后回北京，一九三五年九月逝世，年七十五。萨培医生说他是总统府的英文秘书长，出于误会。不过袁世凯每与外国人谈话，或总统府发出的重要英文函件，都是他草拟，甚至亲笔书写。我曾见袁世凯聘莫理逊医生为公府顾问的信，就出于蔡的手笔。）

第二天上午，蔡廷干来陪我一同到南海总统府谒见袁大总统。袁大总统年逾七十（按：袁世凯只活到五十八，未到六十，此时正五十六也），是军人出身，个子矮胖，看来有些臃肿。

我们谈话时由蔡廷干翻译。蔡告我，总统多多拜托，请我务必帮忙，尽心医治他的公子。待断定是什么病症后，就决定怎样着手治疗，马上要向他报告。

当日我和蔡廷干又乘专车出发，下一天午后，我们到了彰德府的车站，已是黄昏时分。下了火车，乘坐一辆敞篷的车子，由四头满洲小马拉着走，走了不多久，便到达洹上村的养寿园了。

养寿园是一所颇大的花园，前几年，当袁总统还是清朝的大官时，摄政王硬说他的腿有病，迫令退休，赶他离开京师，他就在故乡筑这所园林为归隐之所。据说园子本是天津盐商何某的别业，前临洹水，右拥太行，风景幽胜。园的四周，绕以高达十英尺的围墙，地广约十六方里。园中的建筑很多，有台榭楼阁，还有湖沼。最使我觉得奇怪的是，园里不论什么地方，都有荷枪实弹的兵士巡逻，很像欧洲古代贵族的堡邸。这批武装军队日夜巡察，大批是用来保护袁总统一家人的生命财产吧。（按：养寿园设有卫兵二百名左右，当辛亥革命及京津兵变时，彰德也有乱事发生，故袁世凯要保护他的家族。又，袁寒云写过一篇《养寿园志》，据言地方百亩，有堂、榭、亭、台二十余云。）

我住在湖滨一所中国式高一层楼的房子，共有厅房四间。那一晚，我和住在园里那九位大夫谈话，以便了解病人的情况。这九人中，七位是中国人，两个是外籍传教士，一个是法国人，一个德国人。九位大夫中，有三位能讲纯正流利的英语。他们说："袁克定是从马背上摔下来的，颈部受了伤。但除了左臂左腿完全麻木外，病者的精神和肉体和正常人没大差异。"（按：这七位中国大夫的名字，可惜萨医生没有记下来，其中不知有没有屈永秋大夫。屈大夫是番禺人，字桂庭，久任北洋医官，受知于袁世凯，庆亲王推荐他为光绪帝医病。民国后，任总统府医官，一九四五年在北平逝世，年九十一。）

整个晚上我和他们谈话，希望得些资料来作参考，但我还不能确定他们的诊断是否正确，因为我还未见到病人，实在无法下一断语的。病人的母亲于氏夫人，是园子里最高的行政人，换句话说就是一家之主，她具有无上权威，在园里的人，没一个胆敢稍逆其意的。我和人们谈话中，知道袁大总统有八个太太，于氏是正室，袁克定是她的独生子。

第二天早上，袁夫人准我和病人见面了。这是第一次诊视。当我被领到病房时，前后左右围着看热闹的人可不少啦。有袁夫人、袁总统的儿子们、十来个仆役，还有几个卫士，当然也有那九位大夫。

置身在床上的病人神志清醒，和一般人没大差别。他讲得一口颇好的德语和英语，他说，除了头颅感觉到有些沉重，颈中有些僵硬外，并无任何痛苦。至于他的左臂和左腿是不能活动的。

我聚精会神很小心地为病人检视一下病况，发觉他的左脸下的筋肉有些不能活动，又看出他的脸肌受到头部的压力，而右眼所受的压力，较左眼尤甚。他左边的身躯已完全麻木不仁了，就是拿手指轻轻按他一下，或用小针刺他一针，他也没有些儿反应。

我的同事们都一致认为袁克定的病，完全由于脊髓受伤所致。但我对他们的断语，不很同意。根据我的诊断，病人受伤之处是右脑，脊髓根本没有受到影响。

当日下午，我又请求再诊一次。事后，我把诊断所得，对那九个同事说了，他们都认为很对。于是我们一同退出病房，到另外一个房间作下一步商讨。在过去两个月中，他们诊视病人后，作出诊断报告，一致认为病人患的是“颈脊髓受伤”，他们屡次向北京报告都是这样。我现在诊断所得的结论，乃是右脑受影响，与前说毫无关系。这么一来，对那九位大夫多少有点丢他们的脸吧。因此，我们同事之间，就少不了有一场斗争了。

就在这个房间里，我和共事的人谈论到神经这个问题。一提到这问题，使我十二分惊讶的是那七位中国大夫简直不懂得什么叫神经中枢组织。至于那两个外国大夫呢，也许他们客居中国太久了，很少见到西方医学报道的刊物，要不然，就是把以前学习的有关神经组织的课程忘个一干二净了。

我不惜开罪同事，给他们上了一课，拿粉笔写在黑板上给他们看看神经组织是什么样子的，而脊髓又怎样不会受到损害。我详细地解说一番后，作出一个决定：应该马上把病人送入医院，接受头部开刀的治疗手术。

开刀施行手术的建议，立刻遇到强烈的反对。反对的人包括病人的母亲和那九位大夫。尤其是袁夫人，自从她的独子得此病后，她简直寸步不离病房，送往天津或上海医院进行手术治疗，岂不是要她的命吗？我后来对他们再三譬解，说明非动手术不可，并说，袁总统再三嘱付，一经检验出病源，就要立刻向他报告，以便决定下一个步骤。现在既然已知是什么病，就应马上向袁总统请示如何办理了。

我们开会商量了后，结果一致同意，拟好一封电报给袁总统，略说：

我们这群大夫，经检视袁大公子之后，一致认为他的病，除右脑受伤出血外，脊髓也受影响。为彻底治疗起见，非从速把病人送往天津的医院接受开刀治疗，恐不能收效。

电报由我们几位大夫共同署名，但七位中国大夫中，有两人不愿意签名在电稿上。他们有其理由的，认为既然袁夫人不肯让她的儿子离开病房，又何必多此一举打电报去请示？我到彰德府不过两天，在此短期间内，便感觉到中国的封建家庭做母亲的人是具有这么大的权力。

远在北京的袁总统倒也很能合作，也深明事理，他吩咐蔡廷干复电，赞同我们的主张，还大张父权说，如果病人的母亲反对此举，不让儿子离开病房，那么就动用“军队”的力量去执行任务。至此，我又感觉到，中国的封建官僚家庭，父权尤高于一切。

至于病人又有他的一套理论。他对我很诚恳地说：“萨大夫，我很愿意听您的话，我知道，假如我不接受手术，从此我就成为废人，我又怎能统治中国呢？但是我的母亲又反对开刀的手术，我怎忍违背她的心愿？这真使我难做啊。”

电报发出后，在等待复电期间，为了争取时间上的胜利，我先行一种预期的减轻治疗法，其法是：不给含有蛋白质的食物与病人吃，每日饮泻盐清洁肠胃，用冰囊放在伤处，大力按摩，运动左面的手足，使血液流通。

那位中国首席大夫，虽然不敢公然反对我这种措施，但他却事事不愿和我合作。不过在我向病人使用泻盐后第二日，竟出我意外，他来个大转变，用很恳切的态度求我一件事，他说：假如我停止再用泻盐，他很乐意尽力帮助我。

这位忽然改变态度的大夫，何以忽有此举，在初时我的确有些莫名其妙，但这个谜不难解答，不久之后，我把事情弄清楚了，说起来倒也很有趣。

我从某人得到了解。原来中国的封建皇帝，他们处在深宫之中，凡事皆与寻常人不同，吃饭吃药都有一套把戏的。他们生怕有人陷害，在食物里暗中放毒，所以在进食时，指定一个太监当面将各种佳肴尝一遍，看过没有出乱子了，才放心大嚼。至于生病要吃药，则“消毒”的方法又略有不同了。太医院的医生为皇帝切脉开方，方单给皇帝看过后，又给内廷大臣过目，内务府官员把它登记起来，然后发下御药房，照方撮药。一共要配两份，但两份药却又放在同一药垆里煮。煮好后，分作两碗倒下来，一碗由那个处方的御医和撮的太监分尝，没有什么毛病了，才将另一碗送做皇帝去喝。袁总统在清朝做了十多年大官，对于这些宫廷制度是习知的，一旦贵为中华民国元首，无异为昔日“九五之尊”，当然在起居饮食方面都要摹仿前代的帝王排场了。

袁克定的母亲就是恐怕有人在药里下毒，陷害“太子”，故此凡是病人喝进胃里的药，她也要照清宫之例，药配二份，一份给那位首席大夫先尝，另一份给病人服食。那位首席大夫在此二日间吃过泻盐，也许曾把他泻个不停，实在吃不消了，才肯向我投降的。现在细想起来，真是令人可笑呢。

这一个步骤完成后，第二个又要展开了，我要说服袁夫人，使她不要反对开刀的手术。首先我做一项轻松而有趣的试验，使见到的人对我所做出的什么事都有信心，有安全感。我的小提包里有一个干电池，又有一具试验神经肌肉的电极器，想不到小小的这一副机器居然能创造奇迹。

我拿出这些“道具”后，做些把戏给大家看，我的手指头放在电极器上面，扭开电掣，手指头马上就震动起来。我以身作则，显示这个玩意于人无害，然后请在场众大夫轮流试一试。袁夫人亲眼看见那些大夫试过后，一些儿都没有损害，她似乎有些信心了。我立即抓紧机会，对她说，不妨请病人试一下，包管没有害。她听了大为震惊，忙问：“大夫，僵硬的手指头，用这个方法可以使它活动吗？”我说一定可以的。但她还是不大相信，认为这样的西洋医病法，未免太过儿戏。

这么一来，我几乎要束手无策了，但仍不放弃希望，耐心地去设法说服她。我花去两天多的时间，请住在园里的大夫、管家、仆役、卫兵来试验一下，在一百多个人中，并没有一个人受到电气的伤害。此时，袁夫人才觉得放心，答应不妨让病人试试。于是她拿起病人的手臂，战战兢兢地把它于在电极器的上面，然后轻轻地将手臂放下。

在试验的时候，病房里挤满了人，当我把电极器缚在袁克定的手臂上之时，人们都沉着气，不敢使呼吸有声，好像要等候有什么奇迹出现把病人拯救的。我把电掣开动了，就在这一刹那间，听到了“呀”的一声，病人的手指头有点活动起来了。于是我又再揿一下电掣，使机器继续工作不停。

袁夫人见到这些电气并没有使病人受丝毫损害，似乎又惊又喜。至于病人呢，他看见做母亲的没有惊骇之意，他也显出又惊又喜的神态。大约过了两三分钟后，她问病人道：“儿啊，你觉得怎么样？”病人说：“妈，很好过，您放心好了。”

初步试验的反应很好，我便把电极器绑到病人的左腿上，如法炮制。揿动电掣后，不一会儿，病人的大脚趾能够活动了。旁观的人见到这情形，都欢喜到几乎要发狂起来，而病人和他的母亲更是欢喜到笑作一团。自此之后，袁夫人对我有信心了。我在想，这次我可以成功了吧?

然而事情却不这样简单的，一个具有保守思想的人，尤其是女人，很不容易说服的，所以一提到开刀手术这一问题，袁夫人就强烈反对了。

袁夫人很顽固地不许把病人移往有 X 光设备和附有手术室的医院治疗。医院的手术室是消过毒的，在里面进行开刀的手术，包管没有危险。但她不信这些话，只是死硬地反对到底。我无法可施，几乎要放弃开刀这个念头了，但还是作最后一次的努力，希望能把她说服。

我对她说："既然反对在医院开刀，那么，就把这个病房改为手术室吧，我打算用局部麻醉法，在病人的头部奏刀。"于是我把医学上的理论全搬出来，慢慢地向她解释非开刀不可之意。我说，除了用这个方法外，已没有别的好法子可以阻止袁大公子变成废人。

她听后，没有什么表示，但似乎有些活动之意了。我便赶紧把握时机对她说："我要用一张小小的利锯向病人头部的左边锯开，这样便可以减轻大脑向脊髓的压力，甚而还可以减轻脑子本身的浮肿。"

结果袁夫人同意开刀之举了。我很高兴，立刻准备一切，进行工作。我先从小皮包里拿出应用的工具，用开水煮了三十分钟来作消毒，然后用肥皂把手掌、手指、指甲洗滌干净，然后又把手指浸在白兰地酒内约五六分钟之久，这一切做妥当后，才把病人移近窗前。

首先，我在病人面部右边太阳穴上的颅顶骨注射一些局部麻醉剂，然后割开一个约二吋大小的伤口，在伤口的两旁各安上一个牵引器，那位德国大夫用手轻轻地拉着牵引器的一端，另一端则由那位法国大夫拉着。这样，我就可以清晰地看见病人头颅内部的一部分。呈现在我眼前的是一块凝结着的紫黑色瘀血，约有两茶匙之多。

我轻轻地把那些瘀血移去后，见到头颅的弧形骨头有断折的形迹，广约八分之一吋。从这裂开之处再仔细搜寻一下，就发现有些半凝结的块状物出现，当然，这也是瘀血了。我小心翼翼地拿钳子把瘀血拿出。但拿去一些后，接连着又有一些冒出来。不消说，这是头颅里边的自然压力，使瘀血涌出来的。我认为只要把这些有害的瘀血尽行清除，便可以平安无事了。我有了这个信心，就轻松得很，于是耐心地继续工作。

一到我移去的瘀血约有四茶匙的分量后，过了一会儿，忽然又有大量瘀血涌出，约有两安士左右。把瘀血全部除清后，功德圆满，病人的脑不致再受到毒害，我也不必进一步向深层的地方开刀来探求究竟了。我只用两个小橡胶的吸干器放在裂口的两边，然后用丝线将伤口略略缝缀。这两个吸干器孜孜不倦地工作了整整三天，把伤口里的瘀血全部吸清。这时候，我才把吸干器拿开。到施手术后的第四天，病人左脚的脚趾，渐渐能活动了，下午的时候，左手的手指头也能活动了。

到了第八天，袁克定已能够移动他的左臂、左脚。第十二天，病况大有进步，病人居然能用一根拐杖来帮助，下了病床，就在床前走了几步。众人见了无不眉飞色舞，欢喜非常。

这个“奇迹”出现后，打从袁夫人起以至各位中国大夫，都把我当作活神仙看待。照他们的理论和观察，一个大夫能在病人的头颅剖开一小洞，把头里的瘀血全拿出来，而病人不会因此丧命，那不是“奇迹”是什么？假使依法炮制，不论什么病人，只要这个大夫在病者的头上开个洞，那还不是具有“起死回生”之妙？其实哪有什么“奇迹”可言呢？一切都是科学，没有什么“神”在其中主宰的。

做完这件大工作后，我如释重负。直到今日，我还认为我那一次的尝试成功，完全要归功于我的少年气盛的一股傻劲和愚妄得可以。我以为一个人有经验便可以为所欲为了。岂知在养寿园里那个病房来开刀，真是危险万分呢！然而我竟然没有闯祸，可说幸运之至。试看看，“手术室”里挤满了看热闹的人，既没有消毒设备，又没有经验丰富的助手、护士，而且灯光又不够亮。种种不合做手术室的条件皆备，而我这个大夫竟然胆大妄为，冒险一试，如果稍有差池，不知将发生什么局面，我现在想起来，真有点不寒而栗。那并不是我事后多虑，当我做完这个手术后，那位中国首席大夫静悄悄地对我恭贺，他说：“假如你的手术失败，病人不幸丢了生命，哼！那时候，他的母亲就要为了复仇，立刻命令卫士把你抓去枪毙来偿袁克定一命的。”

我听后觉得好笑，世界哪有这样野蛮的事呢，他未免危言耸听跟我开玩笑了。后来在北京，美国驻华公使对我证实此说之可能性，才把我吓个魂不附体，深幸没有闯大祸。

我曾问过那位中国首席大夫，袁克定的母亲为什么要我偿命呢？他说，如果袁克定开刀后忽然死了，她的身份就自自然然降低。因为长子既死，次子袁克文就可以当上中国总统的继位人，生下次子的那位朝鲜籍姨太太，母凭子贵，到了那时，袁夫人岂不是要让这个姨太太三分吗？袁夫人在一家之中，便失去主妇的地位了。（按：封建家庭的制度，嫡庶之分甚严，袁世凯的正室于夫人，即使她所生之子克定死去，她的主妇地位并不会因此而动摇的。除非袁世凯不恤人言，宠妾灭妻，那又是另外一件事。至于所谓袁克文在其长兄死后，有资格续承总统之位，这倒是一个有趣的问题。相传在当日袁世凯也颇有此意，因有此传说，所以外国人摭拾入文中也。）

手术之后，袁克定休养了一个很短的时间，他左边的手和脚不但能够活动如常，就是身体的其他部分也灵活了。袁总统一家人，打从袁太太起，由上至下，无一不感激我，竭力款待我。东方人有一种美德，他们受过人家一些好处，就会终身不忘，一有机会，便要尽其所能使到那个施恩的人欢喜。袁家因为我治疗好了他们的少主人，欢天喜地，对我特别客气，一到晚上，主人就差遣一个年轻貌美的女子到我房里供我“差遣”。主人的“雅意”何在，并不难明白，他们显然是以为我在客中寂寞罢了。

这个可怜的少女一踏进我的房间，就一屁股坐在靠近门口的一个垫子上。我们语言不通，没有什么话可谈。我就在此时细细地观看她一下。只见她的脸涂了一层厚厚的白粉，又再涂一遍猩红色的胭脂，她的纤纤十指，一律留长指甲，涂上了凤仙花汁，鲜红如血。她的头上结了一个长约一吋的髻子，髻子的前后都有黄澄澄的钗环等饰物支持着，使它不会堕下。过分打扮，满头满身都是金银珠宝，也许是东方女人的一种习惯吧？她往往坐到半夜以后，看看没有什么差遣，她静悄悄地又溜出去了。

有一天袁总统的第三子克良问我，是否我不喜欢中国女子，每晚派到我房里的女子，是不是她伺候不周到？他这一问使我觉得很为难，只好含糊其辞地说我生性怪癖，喜欢清静，但又用尽方法为那个可怜的少女着想，不要使她受到主人怪责，怪她开罪了贵宾。

在我住园期间，也曾到园外骑马驰骋为乐。初到的日子，我在园外的大路上来往跑马，有时遇见一些当地人，他们一见到我，大有“生人勿近”之概，好像遇到瘟神一般，避之则吉。曾经有过一次，在路上见到一个做妈妈的妇人，她一看见我，赶快一手把在路上玩耍的孩子拖回家中，口里喃喃地说了一大堆我不懂的话，但只懂得“洋鬼子啊！洋鬼子啊”那两句。后来我的开刀手术完成了，我在大路上跑马，当地的人不再拿我作瘟神看待，反而把我看作活神仙了。先前那个见到我一把拖她的孩子回家的妇人，现在碰到我，一反从前所为，居然抱着孩子的头朝着我，口中喃喃有词，好像要我把什么灵符或灵魂放进孩子的脑袋那样。

养寿园外的情形如此，园里头的又怎样呢？我居住在这所像王宫一样豪华奢丽的地方，可说是享尽人间富贵，冷眼静观一下那班公子哥儿的生活，不禁为中国一小撮“人上人”可悲。袁总统的“龙子龙孙”过的是什么生活，大概园外的老百姓完全未知的吧。这批“王孙”，在红日当空时，正拥着如花美眷呼呼熟睡，像躺在棺材里毫无知觉一般。一到太阳下山，华灯初上，他们一个个都活过来，精神奕奕了。他们群集在一起呼卢喝雉，饮酒猜拳，丝竹杂陈，哗声震瓦。饮宴的时间往往从晚间九点多钟开始，吃的东西千奇百怪，有很多是我生平所未见的。这一顿酒菜整整吃三四个钟头才完。我坐在筵前觉得这是一件大苦事，但那班公子哥儿却乐此不疲，好像开家庭会议一般，叔侄兄弟全部到齐，兴高采烈地一边谈话，一边吃酒。酒阑兴静，余兴上场，就是赌钱，赌到什么时候才收场，我因为睡去也不管这些闲事了。

这班公子哥儿耽于逸乐，过着不正常的生活，他们看来年龄不过二十岁左右，正是年富力强的青少年，但身体却非常羸弱，一旦有什么疾病向他们侵袭，他们的娇弱身躯是抵抗不住的。我从未见过他们作户外活动，有之，就只是当太阳将下山时，他们起床后，各捧着一笼心爱的鸟儿，在池边漫步，逗鸟儿唱歌，不时放些小蚱蜢入笼中，看小鸟啄食为乐。这就是他们的户外活动了。不过，他们在户内的运动多一些，他们高兴时，晚晚做“新郎”，请个把女子入园中做侍妾是闲事。

我的工作完成后，要回北京复命了。动身前一天，袁家的主妇在一所寺庙里举行酬神大礼，答谢神恩。神庙和一所寺院相对，围观行礼的人拥到水泄不通。行礼之时，作法事的大和尚朝着我说了一大堆话，蔡廷干译给我听了。他说，今日的法事是特别为我而设的，所以神坛上摆设的东西，我喜欢哪一样都可以随便要，这样绝对不会对神明有渎的。我见他们一番盛意，不便辜负，只得指着两座小神像说：“就这两个吧。”一个是佛，一个是孔子。一个和尚听后，连忙将神像拿下来，用红绫垫子盛着，送到大和尚跟前，大和尚鞠躬如也地接了过来，在神像的额头，指手划脚地念念有词，说的是什么，大概是念咒吧？蔡廷干也没法翻译出来，我更不消说了，我根本就不懂。

在我动身回北京那天，我给袁克定作一次最后的全身检验，事后，又嘱咐照料他的那几位大夫，最要紧的一件事是按时用劲为他按摩手脚。我对袁克定说，不久后他就会复原，行动一如常人了。我们握手道别。他说，他的病是我医好的，很感谢我，但抱歉的是不能亲往车站送行。

火车站上送行的人多如蚁群，密密麻麻地挤满整个月台。除了蔡廷干和我之外，同往北京的还有袁总统的第三子克良和五十名卫兵。袁克良又携同他今早才娶进门的第四房姨太太。

当我们的专车开往北京时，沿途就有人传说我把已死的袁世凯总统的大公子医活了，竟然轰动了每个市镇乡村，不少人特地跑到各个车站等候，希望能一见“活神仙”之面。每逢专车停留一个车站，月台上就满满地堆着成千上万的人，他们呼呼嚷嚷，好不热闹。袁克良和蔡廷干竭力劝我步上月台，让好奇的人们饱饱眼福，我只得照办。

我们到北京后第二天，蔡廷干来通知我，袁总统约我到中南海的总统府相见。这一天的情景是我毕生不能忘记的。我踏进袁总统的办公室时，他一眼看见我，就挣扎一下站起身来欢迎我。他坐在一张大椅上，在他的面前是一张很大的黄褐木办公桌。在他的身后，两旁分站着两个武装侍卫。袁总统请我坐下，喝过了茶，抽着纸烟，然后我才把动手术的经过和善后的方法，逐一向他详细叙述。最后，我对他说，袁克定的健康不久便可恢复，行动和一般人毫无分别。袁总统听后很高兴。这时候，刚好一个侍应员捧着一只大木桶，桶中堆满着雪块，埋着几瓶香槟酒。我们先为袁克定的健康干杯，然后为袁总统干杯。

干杯后，我们坐下来，一面啜着香槟，一面谈天。蔡廷干对我说，袁总统叫他问我，他很想我留在北京做他的私人医生，他很愿意给我极可观的待遇，比我在任何地方服务的薪水高出十倍，只要我答应，什么都好办。

袁世凯是一个古老大国的总统，他统治着四五亿人口，有无上权威，名为公仆，实乃皇帝。他以为我能在人的头颅上开刀，治好了群医束手的顽症，如果做了他的“御医”，早晚照料他的健康，这对于身体很好的七十老翁总可以延年益寿，做他的总统到死而仙去吧？（按：作者见袁世凯须眉皆白，便以为他是个古稀的人，其实这时候他不过五十多岁，只能算是中年人罢了。五年后袁世凯即“仙去”，未满六十，更难望七十了。）

这一请求真出我意外，我不得不老实对他说。首先我谦逊了一下，说开刀成功，只不过是侥幸而已，这是客气话。然后又对袁总统说，我的手术，完全是从科学训练得来，其中并没有什么神秘之处，任何一个在医学校受严格训练的学生都可以学得到的。我又说，现在上海的哈佛医学院也有这种训练设备，正在训练第一批学生。那家医学院也很需要我，所以我不便舍一群莘莘学子而去。

袁总统听后频频点首，连忙叫人拿一幅上海地图放在桌上。他看了一会儿，就指点给我看，他很乐意划出某地区的一幅十五英亩的地皮，用中国政府名义，赠予上海哈佛医学院，指定为建筑新医院的课堂、实验室之用。我很感动地多谢袁总统的盛意。

末了，袁总统问我这次的出诊手术费一共多少钱，请我开个数目，以便致送。这个问题倒令我有点难以回答了。我踌躇了一会儿才说，这个问题颇不易答复，但袁总统高兴给多少就给多少，我同样乐于接受的。

问题似乎得到了解决，大概过了十分钟左右，蔡廷干从外面再进来，他递给我一个信封，彼此心照，我们互相点首为礼，默默无言。我随手把信封塞进口袋里，继续喝酒。我们的酒喝到何时停止，我不知道，只记得下一天我一觉醒来，才知我在总统府过了一夜。

我起床后不久，蔡廷干来陪我回去六国饭店，稍作休息，他对我说，前清宗室有一个公主病得很厉害，中外名医都请遍了，但他们一致认为没法可以挽救她的生命，她的母亲听说我在养寿园表演过“起死回生”的本领，想请我去诊视。我答应了，便约定下午前往，蔡廷干说就三点钟吧，届时将有三位大夫来和我一起去。

客人辞出后，我记起口袋中那个信封，就伸手到口袋里掏出来，打开一看，是一张面额十万两银子的支票，约值美金七万余元。自从我执业以来，这是我所收最大的一笔手术费了。

下午，我到了某王府，有人领我走过了好多重门户，才到达公主的病房，但看不见病人。我正在疑讶之间，有人对我说，公主的母亲要“垂丝诊脉”。我不懂是什么把戏，经解释后，才知是怎么一回事。

据说古代中国贵族女子，不轻易被陌生人所见，但有起病来，不能不给医生摸她的手、摸她的额。为避免彼此“授受不亲”，发明了一种做法，用丝线按在病人的关寸上，引出帘外，大夫隔帘，按着丝线，便可探出病源是什么了。这样的切脉法是可笑的，我生平未做过，也不信这样做会有效，当然拒绝了。我说非见病人，无从得知患的是什么病，否则我只有敬谢不敏了。结果病人的母亲不再坚持，让我亲手摸摸病人。当我的手触及病人的手时，只觉得它冷冰冰的，僵硬得一点生气都没有，至少已死两三天了。她的母亲为什么要请我医治，大概以为我是“活神仙”，能起死回生呢？（按：这个“公主”不知是哪个满洲贵族的女儿，书中没说明，大抵是王公、贝勒的后人吧，外国人对于王族的女儿一律称以“公主”。其实此时清室中除了溥心畬那个姑母大公主外，咸丰、同治、光绪都没有女儿，何来公主呢？）

萨大夫在北京的故事，至此为止。现在略介绍他的生平。他出生于一八八二年，家境不很好。他们一家人先后曾在芝加哥、费城、匹兹堡等大城市的贫民区居住，所以他最憎恨那些歧视黑人的美国人。他在哈佛大学医学院学习四年毕业后，往德国柏林大学深造。回国后，在巴的摩尔的哈金斯医院为非驻院助理医生，在著名脑病专家以开脑著名的顾申（Havey H. Cushing）医生手下工作，因此获得很多经验，学业日进，顾医生倚之如左右手。在顾医生指导下工作两年期满，转往纽约罗斯福医院工作。

某日，萨大夫接到他的母校校长伊理略（Charles William Eliot）一封信，说哈佛大学决定在上海办一所医学院，他记得当一九〇六年暑假时，萨大夫曾在大学里为一班中国留学生补习功课，和他们的感情很好，所以聘请他做这所学院的外科主任教授，任期自一九一二年一月一日开始。

一九一二年的元旦，萨大夫到了上海，知道哈佛学院已开课了，校址在租界里，是一所旧式办公厅的建筑，圣约翰大学的课室和图书馆，可以借用，附近一间医院也可供学生实习。他为袁克定治病后仍回上海继续教学，一年期满，他回美国了，医学院当局希望他在例假之年再来上海教学一次，但没有实现。后来洛克斐尔基金委员会在北京设立协和医学院，上海的哈佛学院归并该校了。（按：光绪三十二年，即一九〇六年，学部已批准协和医学堂立案，何时始为煤油大王出资办理，尚待查考。）

袁克定做了我的芳邻

高山流

民国以来，有所谓“四大公子”，一般的习称是：袁克定、张学良、张孝若、孙哲生。在这四个人中，除了张孝若于七七抗战前两年，在上海私寓被其旧仆所暗杀，死得不明不白外，张、孙二氏如今都在台湾。惟袁世凯长公子克定陷身大陆，至今生死不明。（原编按：袁克定卒于一九五八年）

迁入了颐和园清华轩

在民国以来的“四大公子”中，我原来只认识张学良，当年他开府北平的时候，我还追随过他一段时间，对于他的一切，我还知道一部分。至于其余那三位，对于他们的生平事迹，我只是道听途说而已，所知非常有限。

后来在无意之间，我却碰到了袁克定，我们两个人比邻而居，整整地一块儿过了一个夏天。晨间月下，促膝深谈，使我对于他的往事，获得了不少宝贵资料。

那是抗战胜利后的第二年，北平成立了一个青年夏令营，召集北平各大学中的优秀男女青年，接受暑期训练，我被邀担任讲师。夏令营的位置在北平西郊，西郊是北平的风景区，颐和园、玉泉山这些名胜都在那里。炎暑天气，在这里集合青年学生们上上课、讲讲话，课余之暇，或游山，或游泳，这风味，却也别具一格。

我一来为了授课的便利，二来为了避暑，便把家眷从北平城里接到西郊去住，同时向颐和园管理当局接洽，希望借住他们园内的几间房子。承他们的盛情，就把万寿山排云殿右侧的清华轩，拨给我住了。

清华轩是前后两进院落，前一进是上房三间，东西两面是厢房，南面没有房子，只有一道影壁墙。在上房左右，各开了一道月亮门，住在后院的人，就从那里走出走进。颐和园管理当局为了增加本身经费的收入，把园内所有的空房子都辟为公寓性质，分别地向外出租，有些愿意躲避市区尘嚣的人，或是愿意来这里避暑的人，也都肯花钱租下来居住。

清华轩的比邻是介寿堂，据说当年慈禧太后的圣驾一到，清华轩等地就成了随从人员的住所，所以这些地方的建筑都很整齐。在我搬进清华轩去住以前，住介寿堂的是逊清皇裔名画家溥心畬先生。溥先生是我的老友，我们在北平城里，是时相过从，不拘形迹，交情可以说得上是“莫逆”两个字，这次比邻而居，来往自然更加密切了。

后院住客是袁大公子

我搬进清华轩去住的时候，住的是前一进的房子，后一进的房子，早已有人住在那里了。同居在一所院子里，虽然是前后进，总算得上是近邻。按照长江流域的习惯，后搬进来的人，是应该备点薄礼，送给先住下来的房客，以表敬意的。北方倒没有这个规矩，但是登门拜访打个招呼，这种礼节还是不能避免的。不过，这情形也因人、地而异，倘或对方孤芳自赏，不愿意与世俗往来，那时候登门探访也许会尝闭门羹，来个“挡驾”。所以我们在采取这项措施以前，不能不有适当的考虑。

依照我太太的意思，按照“行客拜坐客”的礼节，我们应当首先去拜访人家。后来我一打听，住在后院的人，乃当年洪宪皇帝袁世凯的大公子袁克定。我一想此公是“四大公子”之一，当年怂恿他老子“黄袍加身”，而且是出了名的“袁大架子”。虽然时移境迁，今昔情况不同，但在我们没有对他完全了解以前，还是不要冒昧过访的为妙。因此，前面那一番计划，便暂时取消。

为什么我说袁克定是“袁大架子”呢？我也是听到许多老前辈说的。以下我特别引证我听到的几件小故事，以证明我所说的话，是言而有据。

袁大公子的几件故事

其一：据说袁世凯称帝以前，北洋军系那些人物，胁肩谄笑，见到袁氏公子，早已恢复了跪拜的礼节。小人物倒无所谓，大人物们却有些不以为然。其中尤以段祺瑞反对最烈，他说：“革命，革命刚刚把辫子剪掉，把三跪九叩礼节取消，现在又闹这一套了。别的无所谓，唯独这作揖打恭叩头的礼节，我不赞成！”

有一天，冯国璋邀段氏一同到总统府去觐见，段氏就说出来自己的意见，冯氏说：“芝泉！你别任性了，老总就要做皇帝了，你能越过这个礼吗？再说，作揖叩头和脱帽鞠躬，又有什么分别？走吧！走吧！”段无奈只好跟他一块儿去了。见到袁世凯，冯怕段那个倔脾气发作，会把事情弄僵，赶忙自己率先倡导，卜通一声就跪下去，绷冬绷冬地叩起头来。段见事已至此，也只好依样葫芦，作揖下跪，倒是老袁非常客气，慌忙站起身来，伸手来扶，口中并且连连地说：“不敢当！不敢当！”

冯段两人走出来，又转身到袁克定那里，因为那时他马上就要成为“太子”了，所以段冯两人，也只好行跪拜大礼。不想这位大爷，架子非常大，坐在那里昂然不动，大模大样地受之而无愧。这一来，却把老段弄火了，一出来就埋怨冯说：“你看，老头子倒还客气些，这小子却是架子十足，他要真当了太子，还有咱们的好日子过吗？”弄得冯也摇头叹息，半晌无语。据说老袁后来“粉墨登场”，冯段两人都明示积极，暗中掣肘，这都是原因之一。

事后有人抱怨袁克定，说他不应该对这二位老将这样不客气，因为这是老头子的左右臂，应该略示优异，以为将来效忠地步。你猜袁克定怎么说？他说："老头子一向把他们娇宠惯了，我若是不当面折折他们的锐气，等到日后，我还能驾驭得了他们吗？"

开罪了陈宧与蔡松坡

其二：据说袁世凯在称帝之先，在西南方面预先安置的一着棋子是陈宧（二庵）。陈是北洋系的大将之一，那次他是以参谋本部次长的身份，外放为四川督军的，表面上是一省的军政大员，实际上则是派他去办川、滇、黔、粤、桂五省的军务；大概袁想做皇帝的心事，都透露给陈宧听了。由此可见袁对他倚畀之殷，付托之重！陈由北平动身之前，谒袁请训，袁说："四川为天府之国，明藩遗址犹存，你此去好好地加以修葺，也许将来我叫克定到四川来协助你，你还得给我负更大的责任！"又说，"回头你去和克定谈谈，你拿他就当自己亲兄弟一样的看待，我才放心，我才高兴。"

陈由居仁堂退出，即到丰泽园去拜访袁克定，谁想这位大爷，对陈又是哼儿哈儿的，满脸骄矜之色，把这位即将走马上任的股肱之臣，弄得一肚皮不痛快。后来还是袁世凯那边派人传话来说："大总统有命，叫大爷和将军磕头拜把子，就此结为金兰之好。"这才把空气缓和下来。礼毕之后，袁克定总算给了陈宧一点面子，留陈宧在他那里吃了一顿便饭。

其三：是袁克定与蔡松坡之间的摩擦故事。据说，老袁在称帝之先，对于蔡松坡将军是下了一番拉拢功夫的。他叫袁克定拜蔡做老师，而且每天定出一个时间来，请蔡到袁克定那里去讲学。他的用意所在，不过是多给袁克定一个接近蔡松坡的机会，希望他相机把蔡拉拢过来。谁知这位大爷，并不晓得他老子的苦心，对于蔡松坡一点礼貌也没有，反而把事弄糟了。

有一天，袁克定找来北京几位唱戏的名角，在他私寓里清唱。在他客厅里面有一个小房间，本来是蔡氏讲学之所，那天到了预定的讲学时间，蔡走进来一看，这样乱七八糟的情形，心里已经是老大不痛快了，乃问侍从人员道："大爷呢？"

侍从人员告诉蔡说："在小客厅里。"

蔡还以为是袁克定在里面等他，乃故意地咳嗽了一声，掀开了门帘想走进去。岂料克定正拥着一位名旦角，坐在那里温存，看见蔡进来，只喊了一声老师，身子连动也没动。蔡睹状，气得一句话也没说，便掀开门帘走出来，从此就借词请病假，停止了对袁克定的讲学。

其四：那是袁世凯死了以后的事了。据说，袁死后，灵柩由北平移往河南彰德洹上村归葬，这些孝子贤孙，当然扶柩而行。那时，民国当局为了对袁表示敬重，特派河南巡按使田文烈主持彰德的葬礼。如论官阶，一个巡按使，比督军省长的地位还低，是看不在袁克定眼里的，但田和老袁共过事，等于是袁克定的父执辈；再说，田是国家派来主持总统葬礼的专使，这情形又当别论了。论公论私，袁克定都应当对田表示特别客气。不料袁克定的积习不改，还是摆出在北京当太子时候那个神气，对田没有加以礼貌。这种做法，在田心里已经觉得不痛快。恰巧有这么一天，田因为某件事，需要与克定一谈，命人持片通报，通报进去，很久很久，才有一个大模大样的听差出来，说："大爷请。"这一来，更把田弄得浑身不舒服，心里暗忖：到了今天，他还摆这么大的架子，如果他做了皇嗣，又当如何？

以上这些故事，我虽都是耳闻，但谈这些故事的人，都是北洋时代的大员，若无多少根据，他们绝不敢造谣。我有了这些"先入为主"的成见，所以我对于这位芳邻，也就淡然处之，不亟亟地求见了。因为，我去拜访他，倒不是怕失掉了自己的身份，而是他如果也和我摆起架子来，岂不是闹过一场没趣？

可是话又说回来，一个同住在前后院的紧邻，我们又是后搬进来的，人家是先住在那里的，要是不去拜会人家一次，好像是与礼节上有亏似的；而且天天出出进进的，难免要碰到面，那时候该够多么难为情？别看这么芝麻绿豆大的小事，却也使人左右为难，煞费斟酌。

还好，当我们搬进清华轩那天下午，行装甫卸，问题解决了。

我对于拜会邻居的问题，正在踌躇未决，不料袁克定的管家送来一张名片，说："敝上说了，听说你们新搬进来住，非常欢迎。因为他的两腿有残疾，行动不方便，不能过来奉看，有空的话，请您到我们那边去坐坐，大家谈谈。"

我一想，人家既然先来打通招呼，这问题就好办了，因就回复那位管家，叫他回去向贵上致意，停会儿我就会来奉看袁先生。

一位六十多岁老头儿

我和袁克定在清华轩住的是前后院，只是一墙之隔，饭后，我就去拜访这位袁大公子了。后院里，除了景致和前院微有不同外，其他的房舍建筑，和前院并没有什么两样。上房三间，是个人所住；左右厢房，是他仆人下榻之所。这是自然的格局，倒也用不着加以推测。

清华轩的北房，那是一明两暗的屋子；所谓一明两暗，也许住在海外的人们，不知道这是一种什么格局，但到过北平的人，没有人不知北平的老式房子。"一明"是指的中间一个大厅，做会客之用；"两暗"是指在大厅两面，一面有一个套间，通常都是做卧室用的。

屋子外面是一带红漆走廊，看上去非常堂皇壮观，当管家进去通报的时候，我就在廊外略站片刻，不大的工夫，那管家从屋里出来，说一声"大爷请"。我一听这三个字，心里觉得好笑，不要这位先生，又把当年对付田文烈那一套，拿来对付我吧！

走进堂屋去，只见左上首椅子前，站着一位六十多岁、个子不高的老头儿，手扶着椅背，佝偻着一点腰，面带笑容，想来就是袁克定了。那管家抢在前面给我们介绍，此时袁克定抱拳拱手，连称："请坐！请坐！"态度表现得非常和蔼。

两腿残疾，气色非常好

袁克定的两腿有残疾，据说是过去骑马摔坏的，所以走动一下，都必须有人从旁扶持；就是坐下来或站起来，也必须两手扶着椅子背，慢慢地动作，看那情形，举动是相当吃力。他这时的生活，每天都是坐在堂屋里作画写字，很少外出。只有早晚两次，由他管家扶着他，在走廊下散步三十分钟，随即闭门养性，这一天再也不走出屋子来了。我同他在颐和园整整地同住了一个夏天，只在排云殿门前看见过他两次，其余从来没看见过他出过清华轩的大门。

他是六十岁以上的人了，两鬓都已斑白，额头和眼角，都已经有了重重叠叠的皱纹，但他的气色却非常好，虽然说不上是"童颜鹤发"，可是两颊丰满红润，好像他深深懂得养生之道。

他的身躯，只能算是中等身材，一张椭圆的脸形，两道秀长的眉毛，骤然一看，纯粹像个儒者，和他老子那副"豹头环眼，燕颔虎额"的样子，完全不同。

在我们初次会面那天，正是六月里的天气，外面尽管热，颐和园内还是比较清凉。那天，他穿着一件灰色纺绸长衫，外罩一件青缎子的大坎肩，下身穿着白串绸的裤子，脚上穿的是白洋线袜子，圆口青布千层底鞋。至于他头上，戴的是一顶小骨朵的青缎子帽盔。这种装束，不但在香港不时兴，就是倒数上去，至少也得在民国初年那个时代，才算合适。就凭这一点，也可以看出他的心境是如何的了。

我那时在北平战区还有一个挂名差事，份属军人，自然是全副戎装。虽然我自己以为我一向不脱离书生本色，但在袁克定眼中，依然把我当作武夫看待，因而在接待之中，不能不对我稍存几分客气，一叠连声地招呼管家“拿烟”、“倒茶”！

他堂屋里摆的那些陈设，什么紫檀桌椅、钟鼎彝器，都是颐和园管理当局的东西，与他根本没有关系。只有两边墙壁上挂着的几幅字画，那乃是袁项城的墨迹。堂屋中间那张大方桌上，摆着满插着大小毛笔的笔筒，笔筒侧，又有砚池、颜色碟、纸张之类的东西，大概他一天的生活，都寄情于这些书画上面去了。

老管家仍侍候小东人

因为清华轩这些房子，都是大玻璃窗，所以他这堂屋，却也说得上是“窗明几净”。在晚年有了这么一个安静的环境，让他自由自在地在那里作画写字，总也算是“老景堪娱”了！

他虽是河南项城人，然而却是一口地地道道的官话，说起话来，声带很低而且吐字缓慢，言说之间，意态萧然，已毫无当年那种豪情胜概了。

初次会面，我们不过是互道寒暄，各叙仰慕之意，自然谈不到别的地方去。但是，我总觉得见了这位袁克定先生，如果不谈谈洪宪称帝那回事，等于见了唐明皇不提杨贵妃一样，岂不是“如入宝山空手回”？不过，我如一见面就单刀直入地问到他那些不愿意轻易告人的往事，不仅是大煞风景，而且也是自讨无趣。要想和他深谈，打听一些珍贵的掌故，势必等待机会，慢慢地来谈不可。我因为有此一番顾虑，所以在初见面那次，也只略为盘桓一下，即行告辞。

慢慢地，我对于袁的近况，才略为了解。他在颐和园住，只孤身一人，并无眷属，身边所用的，有一个管家、一个听差、一个厨子。那管家除了搀扶他行动之外，还替他经管日常生活账目、收取房租，袁克定生活所需，就靠城里有些房产的租金来维持。说一句北平土话，也不算太坏。说起他那个厨子，当时已经七十多岁，是侍候过袁世凯的老人儿，现在侍候小东人，一半是帮着做做饭、烧烧菜，一半是养老性质。

从表面上看，他主仆四人，生活过得像古庙里枯僧一般，说不出来的那种冷落寂寞。可是自从我们搬进去住以后，清华轩里面立刻就显得热闹起来。

袁克定本身有残疾，行动不很方便，自然难于对外应酬，登门造访的人，却也很少见，这情形在我初次搬迁进去，却也觉得很奇怪！我想袁氏昆季很多，亲朋故旧也不在少数，这些人绝对不能不和他互相往来的；后来晓得，他有个四弟名叫克原，住在北平城里石驸马大街，偶尔来看看他，有时也在这里寄宿一夜。此外，和他来往的人，就寥若晨星了。

闭门谢客，常食窝窝头

袁克定所以如此冷清的缘故，也多半是他自己造成的。亲戚故旧和他往来，或是请他吃饭，他都谢绝，因为他那时的生活，是“闭门谢客”性质，他怕为了这些外务，而影响了他养性的身心，不得不这样做。

举个例来说：每次我到他那里去坐，只要工夫稍大，他都吩咐厨房里做些点心给我吃；但我请他吃东西，他却完全谢绝，只是由他管家或听差的，扶着他到我那边坐一下，表示赴席，算是已经十分客气了。

他并不是在饮食上有什么特别的讲究而不肯接受别人的招待，其实他日常所食用的，都是很粗糙的东西。他每天三餐，是用棒子面做的窝窝头或贴饼子，再有就是用小米熬成的粥。佐食的东西，是腌的酱萝卜、大头菜，以及豆芽、白菜、豆腐之类，连个炒鸡蛋，都列为上品。由此可见，他的生活是清淡到如何的程度了。

类似这样的饮食，在北方是贫苦之家才食用的东西，稍微景况好一点的人家，都不肯吃它。像袁克定这种膏粱子弟，过去是“重茵而卧，列鼎而食”，现在天天啃窝窝头，吃豆腐白菜，真难为他咽得下去！

他的境况会穷苦到这步田地吗？我想总不至于如此。然而，他的生活确是如此刻苦，唯一的理由，只好说是他为了“忏悔即往，修心养性”而素食罢了。其实这理由也很勉强，我们所看到过一些吃斋茹素的人，多数只是不吃鸡鸭鱼肉那些荤腥的东西而已，现在袁克定竟连大米白面都舍不得吃，这种修行法，未免使人看去有些奇怪之感！主人吃的是如此，仆人们自然不能例外，所以他那些仆人们，就是勉强吃了，也是天天皱着眉头。虽然他们吃的棒子面，是经过一番磨细工夫，与市面上所买的不同，但吃久了谁也受不了！

那时他身边那几个仆人，每月支给的薪水，仍是几十年前的称呼，叫作“关钱粮”。这份钱粮为数甚微，每次关下来，仅够买一包中等香烟，不知此公是一种什么想法？因此他那些仆人，也多半不安于位，除去管家厨子还能安之若素外，那个听差的，就时常更换。多的时候，听差的有上五六个，少的时候，连一个也成问题。据说，这些人都是袁家的老人儿，不过他们受不了这种清淡的生活，只好另寻出路。在外边没事情可做了，便又回到这里来啃窝窝头，领一份钱粮；一旦获得一项工作，便自动地离去，自来自去，漫无拘束。袁克定对于这些事，也一概不加闻问，完全采取放任态度，使人觉得他的作风，确有些特别的地方。

过去虽享福，并不舒服

他不但对于仆人如此，对于吃，作风更特别，每年所食用的口粮，都预先做好准备。每当秋收时节，他就把一年所需的粮食，加一倍地收购进来，储放在屋子里。对油盐酱醋以及柴炭之类，情形也是如此。这或许是他感觉到当时币值不稳，恐怕物价波动，影响到他的生活预算所致。舍此之外，实在找不出什么理由来解释了。

从他的生活情况中，我们可以看出他晚景的凄凉，再想想他当年那种“气焰万丈，不可一世”的气概，真是一个强烈的对照。

他自己闭门习画，不问外事，打算要和这个世界隔绝。其实，常在言谈之间流露出他的勉强，对于自己的情绪，不过是强自抑制罢了。

我们在一起住久了，闲来无事，就找他去闲谈。有时我看他生活过得太苦，碰上我领到粮饷时，就派人给他送去几袋面粉。他起初坚决不肯接受，后来经我再三说着，他算是勉强收下了，但也只留作待客之用，平常并不肯拿来吃，大概是怕打破他吃粗粮的习惯。

他的朋友虽少，但对于我这位紧邻，由于相处日子长，好像是特别投缘，不以为我频频去打扰他为可厌。有时我事情忙了，隔了几天不到后院去，他反而打发管家到前院来请我过去谈天。

彼此相处熟了，自然无话不说，我常常问他："这样的饮食，你如何吃得下去？"他笑笑说："正因为过去太享福了，这时要刻苦刻苦自己。粗粮素菜吃惯了，肠胃都是清爽的，也并不以为苦哩！"

他又说："当年的日子，衣锦绣，食膏粱，反而把人闹得昏天黑地，不知乐趣在何处？像今天这样的日子，我心里倒觉得舒服得多。"

我听见他这样说，只好顺着他的意思说道："这是因为你把人生的大道理看透了，所以才能说出这样大彻大悟的话来！"

以写字作画消磨岁月

有时，我也故意挑逗他的情绪，叫他谈谈当年的往事，他叹一口气说："当年的事，过去就过去了，还提它做什么？"但他有时高兴起来，还是愿意和我谈谈过去的一些掌故。话匣一开，他就滔滔不绝地，谈得眉飞色舞，不过结论总是说："年轻的时候，容易受旁人怂恿，至今想起来，那简直是愚不可及，就是老头子（指袁世凯）又何尝不是上了人家的当！这些话，今天也就不用再去说它了。"

我们在闲谈之中，对于洪宪"六君子""北洋三杰""嵩山四友""十三太保"等这些洪宪时代风云人物，只要碰着他高兴，他都一个一个的，如数家珍。就是对于项城称帝的往事，后来他也不讳言了。除去有关他父子两人的问题，他有意轻描淡写、故作遁词外，其他的问题，他都是侃侃而谈，毫无隐饰。

难为他记忆好，谈起来是巨细不遗。所以我觉得他这个人的天赋还是很高的，如果不是他老子想做皇帝，带累得他见不得人，像他这样的聪明才智，岂不是国家的一个大好人才？

袁克定每天所写的是八分隶书，像我这样的外行人，虽然看不出他的功力在什么地方，但总觉得他的字大体上看得过去，有时难免赞誉一两句。他一高兴，就给我写了“高山流水”四字的一张小条幅，我把它裱了起来，挂在客厅里，朋友见了都认为他写的字雄浑劲迈，落笔不俗。

他日常写画，以山水竹石居多，花卉也有些，用笔赋色，好像很有矩度，大约是画的日子久、功夫深的缘故。

他写字作画，目的只在消磨岁月，所以高兴起来，就写两篇、画两笔，不高兴时，也许十天半月不临池的。而且写画出来的作品，都是束之高阁，轻易不肯示人。曾有人建议他订出润格来，作鬻字卖画的打算，他却认为还没有这个必要。因此，他的墨迹留在外面的少之又少。

袁大少爷谈袁世凯与戊戌政变

高山流

袁克定是一位颇健谈的人，我和他即做了邻居，每天都可见面，在闲话时，我首先却希望引逗他谈些“洪宪称帝”时的秘辛；而他却常常询问我一些八年抗战时的故事。如此一来，我们谈天的资料就相当丰富了。有时话匣一开，我会在他那间书斋里坐谈三四小时，彼此都无倦容。本篇所记的，便是袁克定所谈有关戊戌政变的一段话。

康有为三次公车上书

关于袁世凯与戊戌六君子的一件公案，袁克定和我谈起来，倒是原原本本、有根有据。据他说：当光绪二十四年（戊戌）前后，他已经是个十七八岁的大孩子了，五年之后，他并且在邮传部当承参，对于这件事的前因后果，自然知道得比较清楚，而且也近乎事实。以下所记述的，都是袁克定的谈话内容。

袁氏劈头便这么说：

我父亲彼时的处境，确实尴尬到了极点，对戊戌政变的事，如果不向荣禄告密，不但自己的政治生命立刻宣告完结，何况先父即使接受德宗的旨意，尽愚忠愚孝，把个人牺牲在内，在西太后耳目众多、侦骑遍布之下，也挽救不了当时政变失败的厄运！

德宗皇帝锐意变法，是光绪廿四年四月下旬的事，四月廿三日下诏定国是，廿五日下诏命康有为预备召见，廿八日召见康有为于颐和园的仁寿殿。召见后德宗命他在总理衙门章京上行走，并准其专折奏事。其间距康有为公车上书，已经有五个月之久了。

康有为公车上书前后有过三次：第一次早在光绪十四年，他就以布衣卧阙上书，请求“变法维新”，书上，大家都说他是“疯子”，大臣们也没有人敢替他转递，所以书虽上，皇帝并没有看到，把他气得只好回广东原籍设馆授徒去了。第二次是甲午战争失败，割地赔款与日本，举国骚然，他又于光绪二十一年四月再度抵达京师，二度上书，力陈“变法维新”之不可或缓，书上，这次德宗倒是真的看到了，觉得他说得很有道理，于是命阁臣抄录副本三份：一份呈给西太后；一份留着自己看；一份分发给各省督抚，用作参考。由此可见，在那个时候，西太后与德宗之间，还没有因为“变法维新”的事，发生什么裂痕，否则，德宗又岂能抄个副本送给太后去看呢？

打李莲英，罢斥孙毓汶

西太后为什么终于反对“变法维新”呢？这是有一种缘故在里面的：原来，经过“太平天国”、“稔匪”等变乱，由于西太后重用曾国藩这些汉人，才完成中兴大业。她觉得清朝这摇摇欲坠的天下，是从她手中扶植起来的，如果不是她放心大胆地信赖汉人，清朝的天下早也就完了。因此，在她眼睛里的德宗皇帝，等于是乳臭未干的小孩子，什么也不懂，所以她虽然在光绪十六年，下了还政的诏书，但对于用人行政，她还是毫不放松，依然要处处干预。起初，德宗也许不感到压迫，日子多了，心里未免要不痛快，有时自己强自主张一两件事，不是被太后拦阻，就是大臣们不肯听命，反正总是阻碍难行，碰到这类事，年轻的人哪有不发火的，于是太后与德宗之间，摩擦日深了。

那时西太后所布置的党羽，在内有总管太监李莲英，在外有军机大臣孙毓汶。这两个人也恃着太后的护符，不把皇帝看在眼内，凡百事情，都与皇帝意见相左。所以德宗把他们两个人也恨透了，抓了两个错处，首先把李莲英打一顿板子（光绪二十年十月的事）；其次，是把孙毓汶予以罢斥处分（光绪二十一年六月的事）。德宗这种处置，直接是对付他们两个人，间接等于给太后难堪。

西太后在表面上是无可奈何的，心里却把德宗恨入骨髓，总想要把皇帝所宠幸的人，也处置几个，以平平她心中的气忿。

三年零十个月的斗争

凭了西太后当政几十年的积威，她想要找德宗手下人的麻烦，那岂不是易如反掌。所以自从李莲英被仗责之后，接二连三的，德宗平日所宠幸的一些人，这时都受到大小不等的处分，如：一、德宗的妃子瑾妃珍妃，在光绪廿一年十一月，被革去妃号，降为贵人；二、礼部侍郎志锐（瑾妃珍妃之兄），在光绪廿一年十二月，被谪于外蒙乌里雅苏台，形同放逐；三、军机大臣兼毓庆宫行走的翁同龢，在光绪廿一年六月，被革去毓庆宫差使；四、侍读学士文廷式，在光绪廿二年二月，革职回籍，永不录用。

此外，工部侍郎汪鸣鸾、兵部侍郎长麟，均于光绪廿一年九月，奉旨革职，永不录用。像这些事情，都很明显地表示着：西太后与德宗之间权利的冲突，日渐尖锐，也显示着德宗虽不甘心屈服，但格于环境，仍然是处处屈居下风。不过有一点是我们应该了解的，那就是：在这个时候，并没有掺杂什么“维新变法”等的事在内，戊戌“维新变法”，只是西太后与德宗决裂的导火线，并不是他们两个人决裂的主因。

德宗与西太后之间的利害冲突，即是如此的尖锐，如果德宗是个懦弱无能的人，他也就忍气吞声算了，偏偏他又不甘心做这种儿皇帝，所以西太后越来束缚他，他自己愈要振翅而飞，所谓压力愈大，反抗愈强。双方各走极端的结果，最后才爆出“戊戌政变”、光绪皇帝被囚瀛台之一幕。

从光绪廿年六月，西太后与德宗发生龃龉起，到光绪廿四年四月，德宗召见康有为下诏定国是之时止，其间有了三年零十个月的工夫。在这段期间，太后与德宗的明争暗斗，针锋相对，为天下臣民所共闻共见。

那时的满朝文武大臣，真正忠于德宗的，只有一个翁同龢。以翁当时地位之高——德办大学士，兼毓庆宫行走，然而他终于不免受到“撤去毓庆宫行走”的处分；在两年之后，就在康有为被德宗召见于颐和园仁寿殿的那一天——光绪廿四年四月廿七日，翁氏甚至被开缺回籍，以示保全了。

由此可见，彼时德宗虽是皇帝，但属于德宗宠幸的人，没有一个不触霉头的。这种情形，我父亲当时自然是看得很清楚明白的。

翁同龢开缺回籍的诏书，不用说是西太后逼着德宗下的，德宗看到这个文件，据说是战栗变色，痛苦万状，然而又无可如何！他内心的难过，自是不问可知。等到翁氏出京回籍那天，西太后的亲信大臣荣禄，还赶去送行，除了馈赠一千两银子的程仪以外，还一把鼻涕一把眼泪地对翁表示说：“不知道师傅何以把皇上得罪了，受到这样的处分，我们听到这个消息之后，心里万分难过！”这些猫哭老鼠的把戏，都是西太后玩出来的，其用意所在，不过是想把责任推卸到皇帝身上。

翁状元奉召入宫趣事

在戊戌变法之前，德宗和翁同龢极其接近的时候，有一年夏天的早上，翁氏在家里刚刚起床，盥洗方毕，突然接到苏拉来报（苏拉是满洲话，执役人之意，清代内务府中有之，执役于宫禁之中者），说奉到太后的懿旨，请翁师傅即刻进宫，在某处召见，老佛爷已在那儿等着。并且立即等着翁坐轿出发，不容稍待。本来，自从光绪十六年太后归政以后，她照例是不召见臣工的，但翁同龢在上书房侍读了多年，乃是两朝皇帝的师傅，情形又有不同。何况太后经常住在西郊颐和园内，这时忽然在宫内召见，怕是有什么紧急事情咨询，所以翁氏连点心也顾不得吃，匆匆地就上轿进宫去了。

翁到了太后所指定的宫殿门外，李莲英出来接着，说是老佛爷正在接见内务府大臣，请师傅到东边的屋里坐一会吧！说完这句话就把翁引到东边屋里坐下，又吩咐小太监们倒上盖碗茶来。李莲英搭讪着就走出去了。翁独个儿在那里足足等了几个小时，也不见太后有召见的消息，心里弄得七上八下，摸不清是怎么回事。隔着窗户看看院子里静悄悄的，连一个小太监的影子都没有，想要找人问问消息也无可能。这一下子可把翁急坏了，但他又不敢走开，怕是太后要找的话，可担不起违旨的罪名，只好在屋子里踱来踱去，这样一直挨到晌午，还是没有下文。

翁氏从早上起床，忙着赶到宫里来，连一点东西也没有沾唇，肚子里不免有些饿了。上了年纪的人，饿的时间太久，是受不了的。这时他放眼看看屋里，打算找点东西吃，一眼看到那八仙桌子后面的条桌上，有一个黄漆圆形盖盒，知道这是宫里边盛点心用的，便把盒盖打开一看，里面刚好放着几块御膳房所制的饽饽。翁氏觉得这也许是上头吃剩下来的东西，太监们留着自己吃的，随手便拿起来吃了两个。吃罢，喝了两口茶，又坐在那里等了一会儿，还是没有动静。估量着也不过半个钟头，只觉得下半个身体火辣辣的，一股热气直透丹田，两颊也像火烤的一般，额上的汗珠向外冒着。那形状又像喝醉了酒，又像抽多了大烟，一时春情勃发，不可遏止。翁那时已经六十多岁了，想不到忽然返老还童起来，弄得他只好把腰弯下去，两手抱着肚子，不敢抬头。

如果这个时候太后忽然召见，管保要弄个“欺上”的罪名，那才吃不了兜着走呢！幸亏他情急智生，整个人趴在坑上哎唷哎唷地哼了起来。其实，他老人家在吃那种特备点心时，躲在窗下的太监们早看到了。这时就走进来几个太监，问翁师傅这是怎么啦。他只好说是中暑发痧，肚子疼得厉害，请他们把他抬回家去。

翁同龢虽被太监们搞到狼狈不堪，恨不得插翅飞出宫禁，而这些太监有的还要开他的玩笑，要给他请太医来急治。翁以为如果那样，势必原形毕露，那还了得，便连连地摆手，说是“不必”。

至此，太监们像早有准备似的，替他预备了一副门板，铺上一条毛毡，叫他趴在上面，由两个小太监抬着，一路送回家去。翁氏吃了这场大苦，又不敢向外张扬，事后才知道这是李莲英使的坏，只好吃个哑巴亏算了。

谭嗣同拖老袁入漩涡

自从光绪廿四年四月廿三日下诏定国是，到同年七月底德宗被囚，西太后三度垂帘听政，其间不过是九十天的工夫。在这九十天里，有的人以为这就是实行“变法维新”的时期了，其实，这不过是西太后与德宗之间的冲突“短兵相接”的时候。德宗的失败，并非失败于“维新变法”解体之后，而实实在在是失败于宣布“维新变法”之初。也可以说“戊戌六君子”的被杀，在当时的情势下，是早已注定了的，与我父亲向荣禄告密一事，并没多大关系。

德宗在这短短的几十天里，所以能够自作主张，实行改革大计，而西太后又不予掣肘的原因有二：一方面是德宗抱定以身许国的精神，悍然不顾一切，决心要试它一试；一方面是西太后早已布置下了天罗地网，准备着实行废立，根本不把德宗放在眼内，觉得由他去闹，迟早也不过几天的事，这时又何必去管他，等到时机来临，不怕他不束手被擒！这种情形，在德宗这一方面的人，也许还蒙在鼓里，懵然不知；可是在重要廷臣方面，早已经是谣言满天飞了。我父亲当时是荣禄的部下，对于这件事，自然已早有所闻。

以我父亲当时的官阶和地位，本来不致卷入这场漩涡的，其故在于戊戌“六君子”之一的谭嗣同的一荐。谭向德宗推荐我父亲说：“袁某人练兵有为，深具将才，请不次拔擢，备为已用。”德宗也信了，于是命我父亲入京召见。

翻出了《戊戌政变日记》

袁克定谈到此处，特走到书桌抽屉里翻出一本手写的小册子递给我看，并说：“这是先父生前写的一篇《戊戌政变日记》，你看过之后，便知道谭嗣同当年是怎样推荐和逼迫我父亲的详情了。”我接过小册子，坐在窗前仔细读了一遍，原来老袁这篇日记的内容是这样的：

> 光绪廿四年七月廿九日，予奉召由天津抵京，定八月朔请安。初一日黎明在毓兰堂召见，上垂询军事甚详，退下，忽有苏拉来报，已以侍郎候补，并有军机处交片：“奉旨初五日请训。”次早，谢恩，召见，陈无尺寸之功，受破格之赏，惭悚万状。上笑论：“人人都说你练的兵办的学堂甚好，此后可与荣禄各办各事。”
>
> 初三晚谭嗣同突然夜访，谓有密语请入内室，摒去仆丁，心甚讶之。谭云：“公受此破格殊恩，必将有以图报，上方有大难，非公莫能救。下月天津阅兵，荣禄将废立弑君，公知之否？”因出一草稿如名片式，内开：“荣某废立弑君，大逆不道，若不速除，上位不能保，即帝命亦不能保，袁世凯初五请训，请面付朱谕一道，命其带本部兵赴津见荣某，出朱谕宣读，立即正法，即以袁某代为总督，宣布荣某

罪状，即封禁电局铁路，迅载袁某部队入京，派一半围颐和园，一半守宫，如不听臣策，即死在上前。”并谓：“此乃我即将上呈之奏折，保公干此大事，公以为何如？”予闻之魂飞天外！

谭云：“今要公以二事，诛荣某，围颐和园耳！如不许我，即死在公前。公之性命在我手，我之性命亦在公手，必须今晚定议，我即请旨办理。”予忙谓：“此事重大，今晚即杀我，亦不能决定，且你今夜请旨，上亦未必允准。”谭云：“初五日定有朱谕一道面交公。”予见其气焰凶狠，只好设词推宕，因答以：“青天在上，袁世凯不敢辜负天恩，因恐累及皇上，必须妥筹详商，以策万全。我无此胆量，决不敢造次，为天下罪人。”谭再三催促定议，几至声色俱厉，腰间似有凶器，予知其必不空回，因告以：“上九月即将巡幸天津，彼时军队咸集，皇上只需下一寸纸条，谁敢不遵，何事不成？”谭云：“报君恩，救君难，立奇功大业，天下事尽入公掌握，在于公！若贪图富贵，告变封侯，害及天子，亦在公，惟公自裁？”

初五日请训，因奏曰：“古今各国变法非易，请忍耐待时，如操之过急，必生流弊。即变法图强，亦须老成持重如张之洞者主持，方可仰答圣意。至新进诸臣，阅历太浅，办事不能慎密，倘有疏虞，累及皇上，关系极重，臣受恩深重，不敢不冒死直陈！”

上为动容，无答谕，请安，退下。即赴车站，抵津已日落，即谒荣相，略述内情。

越四日，荣相奉召入都，临行相约，誓以死力保全皇上，良以慈圣祖母也，皇上父亲也，处祖母父亲之间，为子孙者，惟有出死力以调和，至伦常之变，非子孙所忍言，亦非子孙所敢问！

尹榜眼献议毋尽愚忠

在老袁的这篇日记上、袁克定的口述中，都是把“戊戌政变”这件事说成是伦常之变，把一切罪过都推在年少无知的皇上和急进图功的谭嗣同身上。我看罢这篇日记，当着袁克定的面，自然要表示一番叹息，其实我内心里却另有一个想法：这可能是袁氏父子有意捏造事实和希图脱卸自己的责任，来洗刷千秋后世的骂名。如果根据袁世凯这篇日记所述，谭嗣同不但不成其为“行谊磊落、惊天动地”的奇男子，而且要变做一个轻举躁进的“妄人”了，那他的被杀，也就“死有余辜”。因为根据老袁日记所载，谭不但撺掇皇上派兵包围颐和园，有弑害西太后的嫌疑，同时他还身怀凶器，逼着袁世凯这样干。这在专制时代，一个身为四品京卿的大员，在辇毂之下，无论从法度方面讲，或是从人情方面讲，都是不允许他这样做的。

袁大少爷谈袁世凯与戊戌政变

至于老袁日记中所述“面见德宗”那一段话，以及他所说“向荣相略述内情”“相约誓死保全皇上”等语，是否可靠，那也只有天晓得！

袁克定等我读完这篇日记，正在表示叹息之际，似乎谈兴犹浓，不由自主地又向我说出了另外一项秘闻，袁说：

> 我父亲因谭嗣同的一篇，从天津奉召入京，遂被卷入了戊戌政变的漩涡中，一时曾感到无所措手足，不知怎样去应付才算是万全之策，在此际却是得力于一位幕府中智囊的献策，而后才加以决定的。这位智囊说起来也并非无名之辈，就是尹铭绶，引是湖南茶陵人，当时是以榜眼授翰林院编修，与我父亲往来颇为密切。我父亲在光绪廿四年八月初三的晚上把那位说客谭嗣同送走之后，就派专差把尹铭绶请过来，和他密商这件大事，经过尹氏分析当时北京内外种种情势及利害，他终于向我父亲献议，除了向荣禄告密之外，其他都是死路，因愚忠愚孝，无补大局也。尹最后还向我父亲郑重地说出“升官

途径，莫过于此”八个字，后来我父亲在闲谈中提到这件事时，曾经表示，他除了对于“愚忠无补大局”认为是一针见血的高论外，至于“升官”与否，他根本不曾计及哩！

闲谈至此，暂告段落。

北京吉祥茶园初晤袁寒云记

季　子

袁世凯之次子袁寒云（克文）一生遭遇，极不寻常，在短短数十年中，盛衰悬殊，有如天壤。世人对他的批评，亦毁誉不一，所谓见仁见智，难有定评。笔者此文为记述他的一件琐事，就是笔者和他第一次见面时的情形，从这里也可以约略想见其为人。

孙菊仙演《桑园寄子》

约在一九一六、一七年间，我在北京读书，寓所离东安市场很近，课余时，常往游逛。彼时东安市场内有戏院两所：一名“丹桂茶园”；一名“吉祥茶园”。我因爱看京戏，每到市场，必往两院门前走走，瞧瞧有没有爱看的戏目。有一天，看到吉祥门前贴出海报，即晚孙菊仙上演《桑园寄子》，不禁大喜过望。

孙菊仙是清末民初之际的京剧老生宗匠，和谭鑫培齐名，曾充内廷供奉。他的唱功自成一家，世称孙派。彼时因年事已高，久未登台。我因未曾看过孙菊仙的戏，常引为憾事！此次恐怕是孙菊仙最后一次登台，过后，孙腔将会成为绝响！因此下定决心，必往一观。

到场虽早，全院爆满

是日下午，我于下课后匆匆返抵寓所，吃了一碗面，抹一抹嘴，便赶往吉祥茶园。虽然到场特早，谁知全院早已满座，连在过路的地方临时加张椅子也绝无可能，不禁大失所望，又不甘就此退出，只好站着向四围张望，希望可以找出一点办法来。忽见密密麻麻中，大堂前列似乎还略有小小空隙，于是排除万难，挤上前去，果然在第三列正中有一张桌子，还没有人坐。（当时北京戏院的大堂，摆的全是桌位，就是在桌子的三面，围放着六个座位，两张有靠背的椅子，并排着放在中间，两旁各放着两张没靠背的凳子。）我因这是唯一的机会，于是绝不犹疑地就在当中的一张靠背椅子上坐下。案目看见了，慌忙上前，婉言拦阻，说是老早有人预定下的座位，万万不能卖出。我说："等定座的人来了，我自有理会，请放心，包管没你的事。"案目大概见我衣冠楚楚，说话斩截，不知我是什么来头，再也不说什么，唯唯而退。

同声喝彩，相视一笑

孙菊仙的戏刚上场了。在满院彩声雷动中，我的桌子前被案目引来三个人。第一个约有三十左右年纪，身穿灰布长袍，态度高贵，仪表甚都；后随两人，都穿丝绸长袍，穿着虽较前者华丽，但丰度却大大不如。穿灰布袍子的（以下称他）走到座前，看了我一眼，微笑点头，便在靠着我的那张椅子上坐下，其余二人分坐两旁的凳子。

他坐下之后，凝神地在听戏，很少开口，随来的那两人对他容色颇恭。

北京人看戏，喜欢喝彩，不喜鼓掌。喝彩时，又不限在唱完一节之后；但也不会边唱边喝彩，致碍听戏。总之，喝得恰到好处，不会叫人视为外行。他有时也同大家一齐喝彩，我却是虽在最欣赏时也绝少喝彩的。这晚孙菊仙唱的戏，有两句特别唱得出色，令人听了，荡气回肠，如饮醇醪。我不期然也大大喝了两声彩。最奇的就是全场都没有同时喝彩的人，只有他与我两人不约而同地喝了两声。于是，彼此相视一笑，立刻便交谈起来。

黄钟大吕，将成绝响

互问“贵姓”之后，他便问我对孙菊仙唱功的批评。

我说：“这是黄钟大吕，不同凡响。功固极佳，但仍可以学而致之；最可贵的是那种雄浑之气，那是孙的异禀，没有此气，不能唱出此腔，这是无法学的。当代祖有以学唱孙腔而成名的伶工，多不过是形似而已，气韵完全不同，孙过世后，此腔恐成绝响了。”

他听罢连说佩服。又说：“你年纪轻轻，听口音不像北京人，但听戏程度之高，生平少见，孙的长处，却被你数语道尽了。”

袁氏一语，意味深长

这时，原本放在桌子中间的茶壶、茶杯、果碟等物事，都已分别移开，桌子中间空了，露出了一张小黄纸条（这是预早定座的纸条）。这张纸条我一直都没有看见，这时我才向条子上一望，上面写着“袁二爷定”数字。我登时心中一动，他刚才说是姓袁，莫非就是袁老二，当即指着字条问他道：“可是寒云先生？”他微笑点头。我则连忙站起身来，向他点首为礼。我们就是在这样情形之下结识的。

我当时颇有愧色，向他略致占座的歉意，他笑着说：“小事，小事！难得，难得。”

他连说“难得，难得”，我虽然未明其用意所在，只觉得这句话说来颇有意味，颇耐人寻思。

而今事隔数十年，这句话在我的脑海中，还像当年一样的新鲜活跃。

自命为“风月盟主”的袁寒云

西山一皓

《春秋》第五四一期所载季子先生大作《北京吉祥茶园晤袁寒云》一文，内容生动而风趣，读后不觉引起笔者诸多回忆。

有关袁寒云的轶事，海内外报章杂志上记述已多，惟笔者在本文所引述的片断，似尚未见刊露。草成之后，乃投寄《春秋》，希能作为补白耳！

才气横溢，名士风流

袁寒云为袁世凯之次子，他自始即不赞成老袁做皇帝，而他自己却一心想做一位名士，与乃兄袁克定之梦想做太子，大异其趣！兹先录其讽父称帝之七律二首如下：

乍着吴棉强自胜，古台荒槛一凭陵。
波飞太液心无住，云起魔崖梦欲腾。
偶向远林闻怨笛，独临灵室转明镫。
绝怜高处多风雨，莫到琼楼最上层。

另有一首是：

小院西风送晚晴，嚣嚣恩怨未分明。

南回寒雁掩孤月，东去骄风黯九城。
驹隙去留争一瞬，蛩声吹梦欲三更。
山泉绕屋知深浅，微念沧波感不平。

在袁氏诸子中，克文才气最为横溢，民初即与易实甫、樊樊山时有唱和。自因这两首诗被乃兄克定斥为疯话之后，好开玩笑的龙阳才子易实甫，遂戏称他为陈思王，比为曹家的老二。

书画金石无所不精

袁克文本字豹岑，后改抱存，号寒云，又号龟厂主人。生于一八九〇年（清光绪十六年庚寅）阴历七月十六日，出生地为朝鲜的汉城。据说他的母亲金氏将分娩时，梦见一只大斑豹猛投入怀，一惊而醒，胎儿便出世了。金氏算是袁世凯的第三如夫人，和第二如夫人白氏、第四如夫人李氏同属三韩望族，为朝鲜国王李熙所赠给袁世凯者。

寒云生长富贵家庭，又是“名父”之子，但毕竟是旧式的公子哥儿。他的长兄克定，是嫡母于夫人所出，与他性情不甚投合。克定早于光绪卅二年便做了官，他虽在十八岁也以荫生授法部员外郎，但一心却喜欢做玩世不恭的名士。自幼天资聪颖，从江都方地山读书，捷悟异于常童，诗文词曲、书画金石，他靡所不精，旁及声色犬马，他无所不好。方地山原是个风流不羁的才人，所以师弟之间，更属沆瀣一气，征歌选色，绝无避忌。洪宪挫败之后，克文俯仰家国，不无私恫，而潦倒无俚中更以醇酒妇人自晦，应属别有雅抱，固不同于一般纨绔子弟也。

精于音律，昆乱不挡

寒云很早结婚，娶的是贵池刘氏女，名女丹，字梅真，出身豪富家庭，生性贤淑。婚后伉俪甚笃，克文虽多外宠，她也不妒，但对这风流自喜、挥霍无度的阔少丈夫，钱财方面却看得很紧。

寒云精于音律，尤擅昆曲，当项城全盛时，即时延名曲家赵子衡等在中南海流水音，按笛弹筝，擒唇辨韵，寒云于乱弹则工文丑，和红豆馆主溥侗溥五爷，尤称同嗜。

袁世凯逝后，寒云与诸弟僦居天津日租界百花村袁宅，为寒云之八弟克轸所居，文士伶工时有雅集，女伶碧云霞及于紫云、紫仙姊妹及名琴师苏少卿等，时为座上客。某夕，寒云与方地山亦在座，苏少卿和一个老笛工同来，大家知道这袁二爷精于词曲，昆乱不挡，寒云酒已半醺，微吟着："旧人惟有何戡在，更与殷勤唱渭城。"遂烦按笛按弦，高歌着《千钟禄·惨睹》一折："收拾起大地山河一担装，四大皆空相……"不禁泪随声下。一九一七冬间，河南水灾，北京各地发起演剧义赈，寒云与韩世昌串演《长生殿·惊变》，时冯国璋当国，此公以老袁新丧，颇不欲袁二公子粉墨登场，演出之夕，特遣副官驾车延寒云入府，意欲阻其登台。这副官找到寒云，寒云问：

"他干吗请我？今儿晚上我要参加豫赈演出的，他知道不知道？"

副官说："知道。总统和夫人（周道如，名砥，曾为袁家女教师）提起二爷呢！"

寒云顿悟，变色道："请你给我回一回，我不去啦……我唱我的，他管得着吗？"卒不往。

又一天，寒云在宣武门外江西会馆彩串昆曲《状元钻狗洞》，同日，红豆馆主傅五爷（溥侗）则唱乱弹《连营寨带哭灵牌》。毛壮侯闻之，为撰一联云：

公子寒云煞脚无聊钻狗洞；

将军红豆伤心亡国哭灵牌。

煞脚者，土语末路之意。徐凌霄以专电拍至上海《时报》登载，寒云见报，为之拊掌，不以为忤。

投身帮会，属大字辈

寒云的生活，可称为多彩多姿，一九一九至二〇年间，曾数度南来上海，而且投身“青帮”，为“大”字辈人物，并广收门徒，声势颇盛。他以贵介子弟而慕游侠行为，其动机自不是想借以凌人，更不是因而为利，一般人有缓急，反而每由他一言为解，所以一时春申文士多与交往，他也欣然相接。他的诗词书画、碑版金石、古泉，件件精通，声色狗马乃至吃喝嫖赌吹，也样样来得。

每次南游，来时裘马丰都，归去则典卖俱尽。他除了挥金如土之外，又染上了鸦片嗜好。公子哥儿的脾气，伸手不来，开口不便，到了没钱的时候，好生尴尬！他在上海时，有一年住在大东旅馆里，看看过不下去，因想到煮字疗饥，自写润格，开头说：

“二月南游，羁迟海上。一楼寂处，囊橐萧然。已贫典裘，更愁易米，拙书可帮，阿堵傥来。用自遣怀，聊将苟活。嗜痂逐臭，或有其人。廿日为期，过兹行矣。彼来求者，立可待焉。”

就这样十两八两银一副对联，居然求者相踵，廿日之期走不成，有了钱也不想走了。

他的书法峭拔隽逸，篆隶行草，任意挥来，自成家法，有时似若腕力不劲，则是就烟榻上，卧着仰书、悬笔上扫的作品了。

姬妾众多，尹去邢来

在十里洋场中，他以风月盟主自命，而惜玉怜香似生与俱来的情性。寒云的侍妾中，似无坤伶，却多是青楼中人，或小家碧玉，总共娶过多少，也没有确实资料可寻。陈定公所著《春申旧闻·袁寒云游侠北里》中说：“夫人梅真，贵池刘公鲁胞姊！……不幸萎谢。寒云续有所欢，为平湖小家女，字眉君，失其姓，寒溺爱之，尝为居平湖多时，后复仳离，平生所蓄仅余之古钱，皆化青蚨随之飞去，遂悔恨终身。”

又云：“寒云中年多奇遇，尝三宿灵隐酒家；后复至，则已成荫抱子矣，寒云亦以为恨，尝属余为灵隐感旧图并诗纪其事。……”

步林屋甲子九月所作《怜渠录序》，亦略有记，刘声木曾林屋之序录入其《苌楚斋随笔》中，原序开头云：“怜渠录者，寒云主人为朱姬月真作也。寒云诸姬，至是凡七，……”按甲子为民国十三年，寒云所纳，其数已有七人，似犹在定公所记之前。林屋山人并曾说到他旋娶旋离原因。

步林屋曾说：“寒云姬妾尹去邢来，并时常少，何哉？新人初至，宠爱方浓，有所欲为，不忍少怫；恃宠而骄，逞骄而悍，勃谿诟谇，渐不能堪。始而甘饴，继如饮酖，一旦决裂，无可挽回矣。”又说，“诸姬多乐籍，淫佚性成；自其始合，或别有所图，非出情爱，反颜为仇，不足怪也。”

但据周瘦鹃所辑寒云家人感时遗兴之作的《豕尾集》所载，集中作者计有：“夫人梅真、志君二女士，令妹绿弗，长公子伯崇，伯崇夫人初观，次公子仲燕，三公子叔选，高足林一，并寒云凡九人。”可知其晚年，刘夫人梅真之外，还有一个志君。

票戏高歌，借消块垒

寒云三子均留美国，长子伯崇，名家嘏，少于长房克定所出的家融一岁，故在大排行为老二；次子仲燕，名家彰，大排行为老三；三子叔选，大排行是老四，即中外知名的物理学博士袁家骝是也。

梅真夫人习礼明诗，雅擅章句，与寒云辄多唱和，所作如《与外子晓望》云：

小楼迴合碧阑斜，曙色苍濛织万家。
昔日都劳心缱绻，那堪回首忆京华。

《清明》云：

柳荫深处画桥横，水自潺潺草自生。
春尽吹残桃李色，和风微雨酿清明。

寒云自一九二四年秋末，由上海移居北京。又在一九二六年，迁到天津居住。翌年，又从天津移居上海。一九二七年冬，再迁回天津，以至谢世。当其第一次从沪上倦游北归时，虽是裘敝金尽，但对于金迷纸醉之场，还是不胜惓惓，有愿重来。

自一九二四至一九二七这几年间，国内军阀不断争战，文士则活该倒霉了。寒云以信陵君自况，其实何尝不是所谓穷大爷的排场？那些年里，他有限的金石碑版泉币以至宋版书，给人骗的骗了，卖的卖了，以支持他的豪侈放纵生活。他喜好词曲连带也喜好昆弋皮黄，所以票戏真是他的唯一娱乐。从前，票友大爷们是花钱讲气派的，票一次戏便要花一些钱来打赏前后台的，因此也是一笔开支；在扬州梦觉的晚年，更喜引吭高歌，借消胸中块垒。

身后萧条·仅余日记

一九二七春初，杨哲子在济南，寄食张宗昌幕中。正月十五日上元节，是张宗昌的生日，先期约集北国名伶梅兰芳、余叔岩、李万春、蓝月春、姚玉芙等十余人，准时到济南演戏祝寿。张长腿一时兴发，谈起袁二公子和溥五爷来，哲子很凑趣，邀同教育厅长王状元联电敬邀寒云赴济一游。寒云对长腿没有交情，但票戏却是他所高兴的，便应邀而往。那一晚他就和程砚秋合演《琴挑》。之后，他沿津浦路南下，又到上海，和一般文士名伶逍遥饮宴。

不久，国民革命军底定东南，有人以寒云和张宗昌有勾结之嫌，他的名字，也在军阀余孽之列遭了通缉，并禁其所著《洹上私乘》一书的发行。他住在上海租界里，静卧烟霞，自有闻人大亨为他奔走疏通，经过若干时日，这事也就过去了。是年六月初五日，他又在上海百星戏院，和当时电影明星王汉伦合演《游园惊梦》。可知此时已告无事了，但未几又迁居津门，以迄于死。

寒云是一九三一年阴历三月廿二日死于天津，享年四十二岁。他是七月十六日生的，实计年龄只是四十一。他的死，是患羊毛疹，医治罔效。当他伸着腿走了之后，一棺附身，萧条之极，几乎无以为殓，还是由潘馨航（复）出来，料理他的身后事；他的亲戚张伯驹，也送了一笔不菲的赙仪，并打算收集他的遗文刊印专集，但结果却没有实现。开吊之日，以诗文联语吊者很多，陈诵洛挽联云：

> 家国一凄然，谁使魏公子醇酒妇人以死？
> 文章余事耳，亦有李谪仙宝刀骏马之风！

在众多挽联中，以陈氏挽语推为首选！

一代清才，无用于世

寒云身后，仅余几本日记，自一九二四至一九三〇，每年一册，算来应共有七册，据说甲子、乙丑两年所记，为张学良借去，“九一八”之后，迄无下落，不知有无丧失；戊庚以后至庚午三册，也没有出现过，想来也是散佚了。仅有丙寅、丁卯两册，于寒云死后，辗转流到上海，为嘉兴刘秉义（字少岩）所得，于一九三七年在上海出版，由上海山西路二五六号大吉祥印刷厂承印，照原本大小影印，封面用磁青纸，线装包角，题签是褚德彝写的篆文“寒云日记”四字，下方楷书题“少岩藏，丙子春，褚德彝”九字，旁盖“松窗”二字白文小印，印得很精雅。第一册扉页，为寒云自为“甲寅日记”四字篆书，为第二册所无。

寒云以一代清才，竟无用于世。自称情种，或诮狂生。虽穷愁从不牢骚，论绮障亦关慧业。他的胞妹子韫和乃兄同具有倜傥不群的豪性。自幼许配杨毓珣（字琪山），婚后，感情不恰，各行其是。毓珣留学德国，曾做过北洋政府时代的陆军部次长；对日抗战时，出任伪山东省长；胜利后判处徒刑，瘐死南京监狱中。子韫于北京陷在日寇时，尚在华北，对我国志士掩护营救，不遗余力，侠声义气，播于遐迩。胜利后，薛子奇遇之于上海，赠诗四绝，录其二：

河山破碎几经秋，一室操戈未肯休。
惟有蛾眉解忧国，弥天烽火走幽州。

旷代名媛侠气充，高名久已震江东。
虬髯豪客闺中秀，莫不低头拜下风。

因述寒云，并及其事，为附于此。